WEGWEISUNGEN AUS DEM ZWEITEN VATIKANISCHEN KONZIL

30. Theologische Sommerakademie in Augsburg 2023
Veranstalter: Initiativkreis katholischer Laien und Priester
in der Diözese Augsburg e. V.

Wegweisungen
Aus dem Zweiten
Vatikanischen Konzil

Hrsg.: Gerhard Stumpf, Landsberg,
Eigenverlag: Initiativkreis, Februar 2024
ISBN 978-3-00-071226-5

Bibliografische Information der Deutschen Nationalbibliothek
Die Deutsche Nationalbibliothek verzeichnet diese Publikation
in der Deutschen Nationalbibliografie; detaillierte bibliografische
Daten sind im Internet über http://dnb.dnb.de abrufbar.

Satz und Layout: Gerhard Stumpf
Cover: private Ikone, Hodegetria,
die Muttergottes als Wegweiserin;
im 20. Jhdt. nach den Regeln der Ikonenmalerei erstellt

Wegweisungen
Aus dem Zweiten
Vatikanischen Konzil

Maria ist demütige Magd und Himmelskönigin.
Unter den Geschöpfen
nimmt sie eine Spitzenposition ein,
resultierend aus ihrer heilsgeschichtlich
einmaligen Verbindung zu Jesus Christus,
den sie in Glauben und Gehorsam
aufgenommen und zur Welt gebracht hat,
den sie begleitet hat bis unter das Kreuz,
wo sie mitlitt bei der Geburt der Kirche
und von Jesus selbst
im Lieblingsjünger allen Gläubigen
mütterlich verbunden wurde."

Achim Dittrich

WEGWEISUNGEN

AUS DEM ZWEITEN VATIKANISCHEN KONZIL

Inhaltsverzeichnis

Predigten

WEGWEISUNGEN AUS DEM ZWEITEN VATIKANISCHEN KONZIL

Vorwort

Die Theologische Sommerakademie, eine Veranstaltung des Initiativkreises katholischer Laien und Priester in der Diözese Augsburg, fand in diesem Jahr zum 30. Mal statt. Sie will der Vertiefung und Verbreitung des katholischen Glaubens dienen. Referenten, die sich unterschiedlichen Disziplinen der katholischen Glaubenslehre widmen, nehmen zugleich eine Verantwortung gegenüber dem Lehramt der Kirche wahr. Sie sehen in dieser Akademie ein Forum des Gedankenaustauschs und der gemeinsamen Feier der Liturgie.

Kardinal Gerhard Ludwig Müller, dessen Dienst in der Glaubenskongregation durch Papst Franziskus beendet wurde, hat sich nicht in einen Schmollwinkel zurückgezogen, sondern im Sinne des Dienstes eines Kardinals immer wieder klare Positionen in der Öffentlichkeit vertreten. Im CIC 334 heißt es: Hilfe bieten dem Papst u. a. die Kardinäle. Alle Personen und Einrichtungen walten „in seinem Namen und in seiner Autorität des ihnen übertragenen Amtes zum Wohl aller Kirchen“ ... Der Kardinal weist auf das Selbstverständnis der katholischen Kirche hin. Sie ist „in Christus das universale Sakrament des Heils der Welt, Zeichen und Werkzeug für die innigste Vereinigung mit Gott wie für die Einheit der ganzen Menschheit. (vgl. LG 1; 45; GS 48).“ Das wollen die Priester durch ihre Weihe und Sendung mit ihrer Verkündigung und Spendung der Sakramente vollziehen. Der priesterliche Dienst orientiert sich an Jesus Christus.

Sicherlich dokumentieren die Konzilien die Einheit der Kirche im Glauben und den Willen zur Verbreitung des Glaubens. Das schließt ein, dass die wissenschaftlichen Erkenntnisse berücksichtigt werden und macht verständlich, dass, wie es geschehen ist, im II. Vatikanischen Konzil in der Erstellung der Konstitution Verbum Dei, um die gesicherten historischen und literarischen Ergebnisse gerungen wurde.

In einem gewissen Maße wird von allen Gläubigen gleich welchen Standes Gehorsam verlangt. Wolfgang Tschuschke zitiert aus den Konzilstexten: „Dem offenbarenden Gott ist der ‚Gehorsam des Glaubens‘ (...) zu leisten. Darin überantwortet sich der Mensch als ganzer in Freiheit Gott, indem er sich dem offenbarenden Gott mit Verstand und Willen voll unterwirft und seiner Offenbarung willig zustimmt“ (DV 5). Hier geht es um den Gehorsam gegenüber Gott. Er hat sich uns geoffenbart in Jesus Christus. Wir antworten darauf durch den „Gehorsam des Glaubens“. Tschuschke ergänzt: „Die Gläubigen müssen mit einem im Namen Christi vorgetragenen Spruch ihres Bischofs in Glaubens- und Sittensachen übereinkommen und ihm mit religiös gegründetem Gehorsam anhangen. Dieser religiöse Gehorsam des Willens und Verstandes ist in besonderer Weise dem authentischen Lehramt des Bischofs von Rom ... zu leisten“ (LG 25). Das Konzil fordert also Gehorsam gegen Gott und Gehorsam gegen die Kirche.

Letztlich fordert der Gehorsam im Glauben und Willen von den Getauften und Gefirmten den Einsatz mit dem ganzen Leben. Prälat Helmut Moll dokumentiert in Deutschland die Märtyrer, die ihr Leben für Christus und seine Botschaft eingesetzt haben, die von den Päpsten Paul VI., Johannes Paul II., Benedikt XVI. und Franziskus unter die Schar der Seligen und Heiligen eingereiht wurden.

Wenn es aber in Glaubensfragen Verständnisschwierigkeiten gibt, gilt es die Ursachen zu analysieren. Ralph Weimann nennt Problemfelder: Schwierigkeit der Interpretation, Mehrdeutigkeit von Begriffen und Inhalten, bewusste und gezielte Umdeutung von Texten und Voraussetzungen ideologischer Art z. B. mit dem Menschenbild und Weltbild, die mit den katholischen Grundaussagen nicht kompatibel sind.

Monika Born stellt ihren Lehrer Josef Pieper vor, der während des 2. Vatikanischen Konzils auf mögliche Gefahren hinwies, gegen die man angehen müsse:

- gegen die Versuche, das überlieferte Stilprinzip der kultischen Feier zu zerstören
- gegen die Abschaffung der sakralen Sprache
- gegen den Verzicht auf die rituelle Form symbolischer Gebärden und Handlungen
- gegen die ausdrücklich gewollte Anpassung von Kultbauten an Büro und Fabrik
- gegen alle Versuche, die Sicht auf den Priester als eigens für den Vollzug der sakramentalen Mysterienfeier Geweihten abzuschaffen

Man wird mit Fug und Recht sagen können, dass Kern des katholischen Glaubens der sich in Christus geoffenbarte dreifaltige Gott ist und dass das Leben aus dem Glauben der Heiligkeit Gottes verpflichtet ist. Liturgie und Alltag gehören zusammen. Wo dies nicht geschieht entwickelt sich das Leben, wie es in den Sendschreiben an die Gemeinden in Kleinasien geschildert wird.

Sr. Theresia Mende OP nennt Ephesus. Es ist eine Gemeinde, die viel Lob und einen Tadel erntet. Die Gemeinde, die fleißig arbeitet, dabei aber das Wichtigste vergisst: die Liebe zum Herrn. Bemerkenswert ist das Ausharren der Gemeinde und das unermüdliche Ertragen der Last um Jesu Namen willen. Das Wohlgefallen Gottes ist damit aber nicht garantiert. Die Gemeinde hat nämlich ihre „erste Liebe“ verlassen. Die Umkehr zur „ersten Liebe“ und zur Treue ist das Gebot zu jeder Zeit. Diese Aufforderung, an die erste Liebe zu denken, wird in einem drastischen Bild aufgezeigt: „Bedenke, aus welcher Höhe du gefallen bist!“ (Apk 2,5).

In diese Nähe der ersten Liebe zu Gott sind wir durch die Taufe gehoben worden. Mit dem Empfang des Bußsakramentes können wir immer wieder in diese Nähe zu Gott emporgehoben werden, im Empfang der hl. Eucharistie werden wir der Gegenwart unseres Erlösers bewusst und, kurz gefasst, in der Gemeinschaft der Kirche erleben wir die Gegenwart Gottes im Wort und in den Sakramenten.

In der Nähe zu dem in Jesus Christus geoffenbarten Gott sehen wir die Mutter Jesu. Sie ist die wahrhaft Glaubende, die auf das Wort Gottes hört und danach lebt. Sie ist in ihrer Jungfräulichkeit und Mütterlichkeit Urbild und Vorbild für die Kirche. In ihr sieht die Kirche ihre Heiligkeit und ihre Zuflucht in allen Nöten der Zeit, wie Achim Dittrich ausführt.

Der Glaube findet seinen Ausdruck im Alltag, will aber auch im Kult zum Ausdruck kommen. Das Geheimnis des katholischen Glaubens entfaltet sich in besonderer Weise in der Feier der heiligen Eucharistie. Während der Sommerakademie gestalteten Chormitglieder, Solisten und Instrumentalisten unter Leitung von Michael Denk und mit der Orgelbegleitung von Peter Bader das Choralamt zur Eröffnung der Tagung, das Pontifikalamt am spirituellen Tag in Marienfried und den Abschluss in der Basilika St. Ulrich und Afra. Die Teilnehmer konnten den Zusammenklang von Musik, kirchlichem Raum und Sakrament erspüren.

Am Fest Mariä Verkündigung 2024

Gerhard Stumpf

Die Mariologie des II. Vatikanums und ihre Entfaltung durch die hll. Päpste Paul VI. und Johannes Paul II.

Achim Dittrich

Das Zweite Vatikanum (1962-1965) war ein großartiges Ereignis, etwas bisher nie Dagewesenes, ein Konzil mit Bischöfen aus fast allen Teilen der Weltkirche. Die gesamte Peterskirche musste mit Tribünen bestückt werden, damit alle Konzilsväter – knapp 2.500 – und Beobachter Platz fanden. Umfangreich ist auch der Text, den das Zweite Vatikanum speziell über die Gottesmutter Maria erarbeitet hat – seine Entstehung ist fast dramatisch zu nennen. Um diese Vorgänge verstehen zu können, braucht es eine zeitgeschichtliche Einordnung dieses Konzils.

Dem Augenschein nach hatte die katholische Kirche nach dem Zweiten Weltkrieg gerade in Deutschland eine kleine Renaissance erfahren – in den 1950er Jahren war der Gottesdienstbesuch nach den Repressionen der Nazi-Diktatur wieder deutlich angestiegen. Doch diese letzte Blütezeit der Volkskirche wurde nicht nur in Deutschland von dem latenten Unbehagen überschattet, dass der Mensch des 20. Jahrhunderts den überlieferten Formen und Lehren der Kirche nicht mehr gewachsen war und ihrer bald überdrüssig werden würde. Gesellschaftlich wollte die westliche Welt: Nordamerika und Europa, in der praktischen Modernisierung fortfahren und sich endgültig abstoßen von allem Überkommenen, das man als Hindernis oder gar verseuchtes Überbleibsel der untergegangenen Vorkriegswelt betrachtete. Das zeigte sich auch im deutschen Umgang mit den vom Bombenkrieg verschonten Gebäude-Bestand in den Altstädten, wo ab 1950 mehr abgerissen wurde, als im Krieg zerstört worden war.[1] In den deutschen Kirchen wurde schon vor dem Konzil eifrig ausgeräumt. So führte z.B. architektonischer Purismus zur weitgehenden Zerstörung der malerischen Fassung des Speyerer Domes von Johann Baptist Schraudolph (Mitte 19. Jh.), ohne dass eine neue Fassung geschaffen worden wäre.[2]

Politisch herrschte der Kalte Krieg zwischen den beiden Weltmächten USA und UdSSR, der just zur Konzilszeit heiß zu werden drohte. Die Stimmung war dennoch allgemein progressiv, russische Satelliten kreisten seit 1957 um den Planeten, die NASA strebte dem Mond zu. In Deutschland eroberte das Fernsehen zuerst die Gaststätten und dann die Wohnzimmer – es propagierte zunehmend Liberalität und lockere Sitten, selbst in den sog. Heimatfilmen. In diesem geistigen Klima strömten nun die Bischöfe erstmals zu einem Konzil der globalen Kirche zusammen. Papst Johannes XXIII. sprach von einem pastoralen Konzil, das offensiv der Welt die Kirche und ihre Sendung erklärt. Die Kirche sollte ihre Defensive verlassen, in die sie seit dem 18. Jahrhundert zunehmend geraten war. Und so öffneten die Konzilsväter die Fenster der altehrwürdigen Kirche („Aggiornamento") und wollten mit der modernen Welt in einen positiven Dialog treten. Eine neue Theolo-

---

1 Vgl. *K. v. Beyme u.a.* (Hg.) Neue Städte aus Ruinen. Dt. Städtebau der Nachkriegszeit. München 1992.

2 Vgl. *K.-M. Ritter* (Hg.), Johann B. Schraudolph, die Nazarener u. die Speyerer Domfresken, Darmstadt 2014. Man verteidigte damals die radikalen Maßnahmen mit der Behauptung, die romanische Urfassung des Domes sei steinsichtig gewesen, was wohl nicht zutrifft und auch einer historistischen Auffassung entspringt, die destruktiv zu Werke ging statt rekonstruktiv. Der Dom ist ein weiterhin liturgisch genutztes Gotteshaus, kein Stilkunde-Museum. Auch architektonische Geschichte kann nicht einfach zurückgedreht werden.

gie sollte helfen, den Anschluss an den Geist der Gegenwart in Wissenschaft und Gesellschaft zu finden. Optimistisch verließen die meisten Bischöfe den vertrauten Boden innerhalb der katholischen Bastionen und ließen deren Schleifung zu.[3] Die spröde, aber klar strukturierte neuscholastische Theologie wurde geächtet und unbedarft ein Markplatz der Ideen zugelassen, den das Lehramt nicht regulieren konnte und der von journalistisch-politischen Marktschreiern beherrscht wird. Die Bischöfe ließen sich zumeist von Beratern (Periti) leiten, manchmal in guter Weise (Ratzinger – Kardinal Frings), manchmal in unguter (Küng – Bischof Leiprecht). Jene Konzilsväter, die anfangs für die Eigenständigkeit der Konzilsversammlung gekämpft hatten, wie z.B. Kardinal Frings, mussten schon 1964 eingestehen, dass sich eine Dynamik entwickelt hatte, die das Konzil starken äußeren Einflüssen aussetzte. Meinungsmacher versuchten, mittels der Presse das Konzil in ihrem Sinne zu beeinflussen. Und nach dem Konzil versuchten die „Meinungsführer" in der Öffentlichkeit das Konzil und seine Texte zu entwerten und nur noch einen „konziliaren Geist" gelten zu lassen. Andere sahen im II. Vatikanum einen Bruch mit der vorangegangenen Tradition, eine Zäsur. Demgegenüber trat der verstorbene Papst Benedikt XVI. für eine „Hermeneutik der Reform" ein, nämlich die Konzilstexte im Kontext der kirchlichen Gesamttradition zu lesen, wie es seit jeher dem katholischen Glaubensverständnis entspricht.[4]

Das II. Vatikanum war ein dynamisches Großereignis, seine Texte sind theologisch wertvoll und leitend für die Kirche auch des 21. Jahrhunderts – sie sind noch lange nicht ausgeschöpft und wollen ohne

---

3 Man lese hierzu das programmatische Büchlein von *Hans-Urs von Balthasar:* Die Schleifung der Bastionen. Von der Kirche in dieser Zeit, Einsiedeln 1952. Er hielt das Ende der Isolierung (Verschanzung) für unausweichlich, forderte aber als überlebensnotwendigen Ausgleich für die Kirche und den modernen Christen die Vertiefung des Glaubens im Sinne von *Guardinis* „Unterscheidung des Christlichen".

4 Vgl. *Benedikt XVI. und sein Schülerkreis / Kurt Kardinal Koch*, Das Zweite Vatikanische Konzil – Die Hermeneutik der Reform, Trier 2012

eine „Hermeneutik des Bruchs" im Lichte der Tradition, im Rahmen der Kirche, einer lebendigen, geistgeleiteten Überlieferungs- und Entfaltungsgemeinschaft gelesen werden.

Der Werdegang des Marientextes auf dem II. Vatikanum [5]

Zu Beginn im Oktober 1962 war eine große Zahl von Konzilsvätern der Auffassung, dass ein Dokument über Maria verabschiedet werden müsse, in dem die Früchte des vorangegangenen „Marianischen Jahrhunderts" (ca. 1830-1954) ihren Niederschlag finden sollten, verbunden mit der feierlichen Proklamation eines Marientitels, wie Mediatrix omnium gratiarum, Corredemptrix oder Mater Ecclesiae. Carlo Balic OFM hatte die vielen Vorschläge von Bischofsstühlen, Klöstern und katholischen Fakultäten der Welt zu einem eigenständigen Dokument geformt, während der Sekretär der vorbereitenden Kommission, Sebastian Tromp SJ, für eine Integration der konziliaren Marienlehre in eine Konstitution über die Kirche (De Ecclesia) plädierte. Zunächst konnte sich Balic durchsetzen, doch sein Marientext kam auf der ersten Sessio 1962 nicht zur Abstimmung, ebenso wie fast alle anderen vorbereiteten Dokumente. In der zweiten Sessio wurde die Platzierung des Textes diskutiert, der nun den Titel: De Beata virgine Maria, Mater Ecclesiae, trug. Im November 1963 kam es zur spektakulären Abstimmung in der Konzilsaula – mit knapper Mehrheit votierte die Versammlung für die Integration in die Kirchen-Konstitution. Diese Einfügung und Kontextualisierung unterstützten der Erzbischof von Krakau, Karol Wojtyla, wie auch der neugewählte Papst Paul VI. Beide freuten sich auch über die Ansprache Mariens als Mutter der Kirche im Titel des Marientextes, der aller-

---

5 *Joachim Gnilka*, Das Matthäusevangelium, 1. Teil, HthK, 1986, S. 74. Ausführlich habe ich die Genese von LG VIII in meiner Arbeit: Mater Ecclesiae. Geschichte und Bedeutung eines umstrittenen Marientitels, Würzburg 2009, dargestellt.

dings bis zu seiner Verabschiedung im November 1964 noch eine massive Veränderung erfahren sollte.

Die Uneinigkeit, die bei der Abstimmung zur Marienlehre im November 1963 sichtbar geworden war, erschreckte nicht wenige. Man wollte keinen unversöhnlichen Streit, man wollte nicht mit Kampfabstimmungen die Konzilsdokumente verabschieden. Dem bisherigen Redakteur Balic wurde die Hauptverantwortung für den zu integrierenden Marientext entzogen; er wurde zum Co-Autor des Redakteurs der Gesamtkonstitution „Lumen gentium“, Gérard Philips von der Universität Löwen. Dieser sprachlich begabte Theologe, der schon auf dem Mariologischen Kongress 1958 in Lourdes für einen ekklesiotypischen Ansatz in der Mariologie geworben hatte, versuchte nun die vielfältigen Anregungen und Eingaben der Konzilsväter aufzugreifen. Die Bischöfe bildeten teilweise auch Gruppen, die ihre Textanregungen gemeinsam einreichten oder gleich ganze Gliederungen vorlegten, wie z.B. der englische Entwurf, bearbeitet von Cuthbert Butler OSB oder der chilenische, bearbeitet von René Laurentin, einem in dieser Phase sehr aktiven und einflussreichen Peritus. Schlussendlich musste Philips auch den Balic-Text würdigen und so kam es zu einem Kompromiss-Dokument, das deutlich die Signatur der sog. Neuen Theologie trägt und markante biblische, ökumenische und patristische Akzente setzt; die klassische Mariologie neuscholastischer Prägung ist noch als Unterbau von LG VIII erkennbar. Philips gelang es trotz des mariologischen Spannungsfeldes, einen strukturierten Text über die Gottesmutter zu gestalten. Die neue und endgültige Überschrift erscheint sehr sinnvoll: Die selige Jungfrau Maria im Geheimnis Christi und der Kirche. Christozentrische und ekklesiotypische Perspektive sind in dieser Überschrift miteinander vereint.

Die Kirchenkonstitution „Licht der Völker“ und ihr Marienkapitel [6]

Die Konstitution „Lumen Gentium“ spricht in ihren acht Kapiteln und 69 Artikeln vom Mysterium der Kirche als mystischer Leib Christi und Volk Gottes sowie von der Gottesmutter. Die ersten drei Kapitel thematisieren das „Geheimnis der Kirche“ (LG 1-8), das Motiv „Volk Gottes“ (LG 9-17) sowie die „hierarchische Verfassung, insbesondere das Bischofsamt“ (LG 18-29). Es folgt das vierte Kapitel über die Laien (LG 30-38); an das fünfte über die „allgemeine Berufung zur Heiligkeit in der Kirche“ schließt sich Kapitel VI über die Ordensleute an (LG 43-47). Relativ spät wurde das siebte Kapitel über den „endzeitlichen Charakter der pilgernden Kirche und ihre Einheit mit der himmlischen Kirche“ (LG 48-51) eingefügt, als Ansatzpunkt für das Marienkapitel: LG VIII (Nr. 52-69).

Die Verbundenheit von AT und NT, die Herkunft der Kirche Jesu Christi aus dem Alten Bund wird herausgestellt und ihr personaler Charakter akzentuiert (LG 6). An diese personal-kommunitäre Sicht auf die Kirche, die als Volk Gottes in Israel einen Vorläufer hat, kann sich die Marienlehre organisch anschließen. Man muss die Einfügung von Kapitel VII über den endzeitlichen Charakter der pilgernden Kirche und ihre Einheit mit der himmlischen Kirche als überaus sinnvolle Vermittlung im Rahmen einer Theologie der Communio sanctorum würdigen. Sonst erschiene das finale Marienkapitel nur als formaler Anhang ohne inhaltlichen Bezug zu LG. Die heilsgeschichtliche Kirchenlehre des Konzils erhält somit eine konkrete und eschatologische Perspektive.

Das umfangreiche Marienkapitel (LG 52-69) geht zunächst patristisch in einem heilsgeschichtlichen Rahmen vor, beginnend mit

---

[6] Einen profunden, 84seitigen Kommentar zu LG VIII hat *Ludwig G. Müller* unter Mitarbeit von *Karl Wallner OCSO* verfasst: Was bedeutet Maria uns Christen? Die Antwort des Konzils, Wien 1994.

Zweite Lesung Lesehore 11. Januar, Lesejahr I

der Heilsinitiative Gottes in der Inkarnation des göttlichen Logos aus Maria. Dieses Heilsmysterium setzt sich in der Kirche als mystischem Leib Christi fort. Die Gottesmutterschaft wird als die Basis aller Marienrede und -verehrung bestätigt.

Maria nimmt nicht nur historisch, sondern bleibend einen wichtigen Platz in der Kirche ein und kann als Mutter Christi und Mutter der Menschen angesprochen werden, da ihre Rolle und Sendung durch Christus, den Erlöser aller Menschen, ekklesialen, ja universalen Charakter erhalten hat. In LG 53 wird Maria mit Ambrosius als Typus Ecclesiae angesprochen, in LG 55 als Praecelsa filia Sion.

Die Erwartung des Alten Bundes erfüllt sich in Christus, mittels der gläubig-begnadeten Jungfrau, die in LG 56 als Causa salutis, Nova Heva und Mater viventium tituliert wird. Dabei bleibt Maria eine Tochter Adams und gehört in die Gemeinschaft der Erlösungsbedürftigen; sie wird als eine der „Armen des Herrn" (LG 55) angesprochen.

Der zweite Abschnitt (LG 57-59) betrachtet das biblische Marienzeugnis des NT, von der Verkündigung bis Pfingsten. Als Socia Christi begleitet Maria den Weg ihres Sohnes bis unter das Kreuz; der jungen Kirche steht sie betend bei. LG 59 greift die Mariendogmen von 1854 und 1950 auf sowie die Proklamation von 1954: Maria als Regina coeli.

Im dritten Abschnitt (LG 60-65) wird das Verhältnis von Maria und Kirche beleuchtet. Jegliche soteriologische Parallelität zu Christus wird ausgeschlossen; nur er ist Heilsmittler im eigentlichen Sinne. Aber Gott bezieht die Gläubigen, allen voran Maria, in die fortdauernde Mittlerschaft ministeriell ein. Unbefangener spricht der Konzilstext von der Mutterschaft Mariens in der Gnadenökonomie (LG 62), die andauert, seit sie Gott ihre Zustimmung bei der Verkündigung gegeben hat – sie wird andauern bis „zur ewigen Vollendung aller Auserwählten".

Die Kirche ahmt Maria als Urbild im Hinblick auf Glaube, Hoffnung und Liebe nach und wird so durch den Heiligen Geist als jungfräuliche Braut zur Mutter der Gläubigen (LG 64). Maria erscheint als das Vorbild schlechthin, da sie „zuinnerst in die Heilsgeschichte eingegangen ist" und „gewissermaßen die größten Glaubensgeheimnisse" widerstrahlt (LG 65). Diese Aussage bereitet den großen, finalen Satz über die Gottesmutter vor:

> *„Wie die Mutter Jesu, im Himmel schon mit Leib und Seele verherrlicht, Bild und Anfang der in der kommenden Weltzeit zu vollendenden Kirche ist, so leuchtet sie auch hier auf Erden in der Zwischenzeit bis zur Ankunft des Tages des Herrn (vgl. 2 Petr 3,10) als Zeichen der sicheren Hoffnung und des Trostes dem wandernden Gottesvolk voran" (LG 68).*[7]

Die Kirchenkonstitution endet mit einer Anrufung Mariens um ihre himmlische Fürbitte für die Einheit aller Christen, ja aller Menschen.

> *„Alle Christgläubigen mögen inständig zur Mutter Gottes und Mutter der Menschen flehen, daß sie, die den Anfängen der Kirche mit ihren Gebeten zur Seite stand, auch jetzt, im Himmel über alle Seligen und Engel erhöht, in Gemeinschaft mit allen Heiligen bei ihrem Sohn Fürbitte einlege, bis alle Völkerfamilien, mögen sie den christlichen Ehrennamen tragen oder ihren Erlöser noch nicht kennen, in Friede und Eintracht glückselig zum einen Gottesvolk versammelt werden, zur Ehre der heiligsten und ungeteilten Dreifaltigkeit" (LG 69).*

Das Konzil präsentiert die Kirchen- und Marienlehre in einem trinitarischen Rahmen und stellt somit auch „den wahren Ort der Ekklesiologie, ihren Anfang und ihr Ende heraus: den dreieinigen Gott"[8].

---

7 Alle LG-Zitate stammen von der Homepage des Vatikans: https://www.vatican.va/archive/hist_councils/ii_vatican_council/documents/vat-ii_const_19641121_lumen-gentium_ge.html

8 *J. Ratzinger*, Einleitung, in: Dt. Bischofskonferenz (Hg.), Konstitution über die Kirche, Münster 1965, S. 19. derselbe, Jesus von Nazareth, Teil 1,²2007, 356

Inhaltlich bietet LG VIII die ganze traditionelle Marienlehre; alle dogmatischen und viele biblisch-liturgische Aussagen sind vorhanden, wenn auch einzelne Themen aus dem „Marianischen Zeitalter“ nicht aufgenommen wurden. Nur beiläufig wird von Maria als Mediatrix gesprochen, die Corredemptrix-Frage wird ausgespart.[9] Immer wieder erkennt man die zumeist außerkatholische Kritik als Horizont, vor dem die Marienrede des Konzils formuliert und abgesichert wird, am markantesten bei LG 60 („Ein einziger ist unser Mittler…“)[10]. Auffällig ist das Auslassen von zwei bzw. drei traditionellen Bibelstellen, die in der Liturgie der Marienfeste schon lange vorhanden sind: Die Braut des Hoheliedes (Hld 6,10 u.ö.) und die Apokalyptische Frau (Offb 12).[11] Das verwundert umso mehr, als beide Stellen ekklesial-marianischen Doppelcharakter aufweisen. Die ebenso gewichtige Bibelstelle aus dem sog. Protoevangelium Gen 3,15 erscheint nur indirekt bei LG 63: Maria als die „neue Eva, die nicht der alten Schlange, sondern dem Boten Gottes … Glauben schenkte“. Und von den die Neuzeit besonders prägenden Marienerscheinungen (Guadalupe, La Salette, Lourdes, Fatima etc.) ist mit keinem Wort die Rede.

Erzbischof Wojtyla und Papst Paul VI. waren mit dem Kompromissdokument von Philips, das vielfach auch in der Theologischen Kommission des Konzils diskutiert worden war, grundsätzlich einverstanden. Wojtyla hatte für eine andere Positionierung des Marienkapitels geworben – es sollte gleich zu Beginn stehen und das heilsgeschichtliche Voraus Mariens zur Kirche

---

[9] LG 54 betont, dass das Konzil hier keine vollständige Lehre über Maria vorlegen oder strittige Fragen der Mariologie entscheiden möchte.

[10] Ausführlich habe ich die Genese von LG VIII in meiner Arbeit: Mater Ecclesiae. Geschichte und Bedeutung eines umstrittenen Marientitels, Würzburg, 2009, dargestellt.

[11] Vgl. *A. Dittrich*, Die Apokalyptische Frau. Marianische Zeugnisse aus Kunst u. Theologie, Kisslegg 2022, S. 10.

verdeutlichen.[12] Papst Paul VI. hatte dezent versucht, die Theologische Kommission für eine explizite Nennung des Mater-Ecclesiae-Titels im Marienkapitel zu gewinnen, denn der Titel war in der Überschrift nicht mehr vorhanden. Doch während der Mediatrix-Titel im Text genannt wird, blieb der Mater-Ecclesiae-Titel völlig unerwähnt, wenn auch in LG 53 eine Paraphrase der töchterlichen Beziehung der Kirche zu Maria formuliert worden ist. Papst Paul VI. wollte aber dem Wunsch vieler marianisch gesinnter Bischöfe entsprechen, auf dem Konzil einen Marientitel besonders hervorzuheben. Er setzte dabei auch einen theologischen Akzent, ähnlich wie bei seiner Erklärung zur Kollegialität der Bischöfe.[13] Bei seiner Ansprache zur Promulgation der Kirchenkonstitution am 21. November 1964 betonte er die Erhabenheit Mariens gegenüber der Kirche, ihr Voraus und ihre bleibende Verbundenheit mit Christus und den Gläubigen. Er empfahl der katholischen Christenheit ausdrücklich die fromme Verehrung Mariens als „Mutter der Kirche" – die Theologie sollte diesen Titel samt dem ganzen Marienkapitel als Verständnishilfe für die rechte Kirchenlehre aufgreifen.

Dies war ein frommer Wunsch gewesen! In der westlichen Welt meinten viele Theologen und Beobachter, dass die Einfügung der Marienlehre in eine andere Konstitution eine Zurücksetzung bedeute. Hans Küng und andere progressive Theologen der Nachkonzilszeit erklärten die Mariologie als erledigt, als überholtes Brauchtum, das wegen seiner vermeintlichen ökumenischen Schädlichkeit aufgegeben werden sollte. Diese und andere Positionen gegenüber dem katholische Depositum fidei erschreckten nicht wenige Konzilsväter bis hin zum Papst –

12 Vgl. *A. Ziegenaus,* Totus Tuus. Maria in Leben u. Lehre Johannes Pauls II. (Mariolog. Studien, 18), Regensburg 2004, Regensburg 2004, S. 57; zu Wojtylas Konzilsbeiträgen vgl. *J. Grootaers*, Actes et acteurs à Vatican II, Louvain 1998, S. 94 f.

13 Paul VI. ließ zur Wahrung der Rechte des Papstes im November 1964 der Kirchenkonstitution bzw. dem Kapitel über die Kollegialität der Bischöfe klärende *Adnotificationes* beifügen; vgl. *Dittrich*, Mater Ecclesiae 647 f.

man kam sich überrumpelt bzw. hintergangen vor. So erklärt sich, dass Paul VI. 1967 nachträglich ein „Credo des Gottesvolkes“ formulierte und in nicht wenigen Fragen vorsichtiger und konservativer agierte als zu Beginn seines Pontifikats.[14]

Insgesamt aber muss man den umfangreichen, ekklesiologisch gefassten Marientext des Konzils als etwas in der Theologiegeschichte Herausragendes anerkennen.[15] Trotz mancher Fehlstellen hat das II. Vatikanum mit LG VIII einen Gipfel erklommen, den viele Theologen seither aber nicht mehr besteigen wollen, wenn sie von der Kirche sprechen. Während die meisten Darstellungen der Mariologie LG VIII würdigen, haben nur wenige ekklesiologische Arbeiten seither mehr als eine Fußnote für den Zusammenhang Maria-Ecclesia übrig, so Medard Kehl (1992) und Walter Kasper (2011).[16]

Auswirkungen der Liturgie-Reform auf die Marienverehrung

Die postkonziliare Liturgie-Reform bedeutet einen massiven Umbruch und wurde maßgeblich von A. Bugnini CM als Vor-

---

14 Der Präfekt des Hl. Offiziums, A. Kardinal Ottaviani, hatte 1962 dafür geworben, als Bekenntnisfundament aller Konzilstexte vorab ein aktuelles Credo zu formulieren; weder Joh. XXIII. noch Kardinal Montini sahen damals dafür eine Notwendigkeit; vgl. *Dittrich*, Mater Ecclesiae, 583.

15 Vgl. die Wertungen zu LG VIII von P. Hünermann (2004) u. L. Scheffczyk (1997): Letzterer würdigt die Zurückhaltung von LG VIII gegenüber der Hypertrophie des vorangegangenen Jahrhunderts, bedauert aber die Marginalisierung der Mariologie nach dem Konzil (Einführung, in: *Graber-Ziegenaus*, Marianische Weltrundschreiben, Regensburg 1994, S. 10). *Hünermann* kommentiert: LG VIII habe die „drohende Verselbständigung der Mariologie, ihre Herauslösung aus dem Kontext der Ekklesiologie und der übrigen theologischen Sachgebiete“ aufgefangen; es stelle durchaus „einen Wurf“ dar, der aber hermeneutisch nicht klar sei und deshalb wohl keine besondere Wirkung in der bisherigen Theologie erzielt habe (HThKZVK II [Freiburg 2204], 535).

16 *M. Kehl*, Die Kirche. Eine kath. Ekklesiologie, Würzburg 1992 (Abs. „Die symbolisch personifizierte Kirche“, 24 f.); *W. Kasper*, Katholische Kirche. Wesen, Wirklichkeit, Sendung, Freiburg 2011.

sitzenden des Erarbeitungsgremium „Consilium“ bestimmt.[17] Sie steht in der zeitgenössischen Dynamik gesellschaftlicher Traditions-Um- und Abbrüche und ging weit über das hinaus, was das Konzil in der Konstitution „Sacrosanctum concilium“ formuliert hatte, erhielt aber die Approbation des Papstes. Ohnmächtig erlebten viele Bischöfe die schnelle Reform der Liturgie, halb zustimmend, halb furchtsam hinsichtlich des Kontrollverlustes im allgemeinen Gottesdienstleben, das darüberhinaus noch viel willkürlich Experimentelles erfuhr. Das neue Missale Romanum von 1969 sowie die Überarbeitung des römischen Kalenders brachten einschneidende Veränderungen, auch für die liturgische Marienfrömmigkeit.

Paul VI. wollte keinen Zweifel an der Legitimität der neuen Liturgie lassen, wie sie in den neuen Büchern approbiert worden war. So warb er 1967 mit dem Apostolischen Schreiben „Signum magnum“ anlässlich des 50. Jahrestages der Marienerscheinungen von Fátima auch für die Akzeptanz der marianischen Veränderungen in der neuen Liturgie. Eindringlich ruft er aus: „Habt keine Furcht, die Reform der Liturgie könne der einzigartigen Größe und Ehre Marias auch nur den geringsten Abbruch tun …“ (SM, Nr. 4), so Papst Paul VI. 1967, zwei Jahre vor Abschluss des neuen Missale Romanum.[18] 1974 sollte er noch umfangreicher für die neue Marien-Liturgie werben im Apostolischen Schreiben „Marialis cultus“.

In der Exhortatio „Signum magnum“ betonte der Papst erneut und eingehend die Bedeutung des Mater-Ecclesiae-Titels für das Mariendokument des Konzils.[19] Mit dem Titel und Anfang des Dokuments machte er jedoch deutlich, dass LG VIII

---

17 Vgl. *Yves Chiron*, Annibale Bugnini. Reformer of the Liturgy, Brooklyn 2018; *Stefan Heid*, Operation am lebenden Objekt. Roms Liturgiereformen von Trient bis zum Vaticanum II, Bebra 2014.

18 Zitiert nach: Das große Zeichen – Signum Magnum. Papst Paul VI. über die Frau, die Mutter. Hg. vom Arbeitskreis „Die Frau aller Völker“, Aschaffenburg 1971, S. 9.

19 Vgl. Dittrich, Mater Ecclesiae 710 ff.

keine abschließende und vollkommene Marienlehre darstellt. Markant verdeutlicht er, dass die Kirche sehr wohl in der Apokalyptischen Frau aus Offb 12,1 dem „Großen Zeichen am Himmel“, auch Maria sehen sollte, in ihrer Verbundenheit mit der Kirche.

Paul VI. – ein marianischer Papst

Giovanni B. Montini – Paul VI.[20] – er wird zurecht als marianischer Papst angesehen; er trat in den Umbrüchen der Konzilszeit für eine ebenso traditionsverbundene wie moderne Lehre und Verehrung von Maria ein. Viele seiner Ansprachen und Schreiben erwähnen Maria, einige sind ihr ganz gewidmet.[21] Er ist der Papst, der dem Mater-Ecclesiae-Titel seinen unverlierbaren Platz in der Liturgie und Lehre der Kirche gegeben hat. Dabei folgte er nicht einer persönlichen Vorliebe, sondern etablierte einen ekklesiologisch orientierten Titel, der die seit Benedikt XIV. allen Päpsten wichtige Maternitas spiritualis ausdrückt und theologisch konkretisiert.[22] Paul VI. wurde in seiner

---

20 Giovanni Battista Montini (1897-1978) wurde bei Brescia geboren; 1920 empfing er die Priesterweihe. 1937 wurde er Substitut unter Kardinalstaatssekretär Eugenio Pacelli, der als Papst Pius XII. ihn 1954 zum Erzbischof von Mailand ernannte; 1958 erhielt Montini die Kardinalswürde. Am 21.6.1963 wurde er zum Papst gewählt: Paul VI. Sein Name verbindet sich mit der Weiterführung des II. Vatikanum sowie mit den anschließenden Reformen (Liturgie, Kurie, Bischofssynode, etc.). Er zeigte sich „in seinem Pontifikat als überzeugter und anregender Marienverehrer“ (Bäumer, MarLex V,128); er starb am 6.8.1978 und ist am 14.10.2018 heiliggesprochen worden.

21 Apostolische Rundschreiben: Mense Majo (1965) und Christi Matri Rosarii (1966), Exhortatio Signum Magnum (1967), Adhortatio zum Rosenkranz Recurrens mensis october (1969), Adhortatio Marialis Cultus“ (1974). 1967 unternahm Paul VI. eine Wallfahrt nach Fátima, wie er überhaupt der erste Papst in der Neuzeit war, der internationale Reisen unternahm.

22 Die Maternitas spiritualis bedeutet für Paul VI. stets die Realverbindung zwischen Maria und den Gläubigen sowie mit der Kirche als ganzer. „Kirche“ ist ihm stets eine dem Gläubigen vorgegebene Größe. Maria kann Mater fidelium sein, da sie Mater Ecclesiae ist. Sie war historisch vor der Kirche Christi die Glaubende, die Stellvertreterin der werdenden Kirche,

Marien-Auffassung von Henri de Lubac inspiriert, speziell vom Buch Méditation sur l'Église (Paris 1952).[23]

Das Apostolische Schreiben „Marialis cultus" (1974)[24]

„Faktisch führte der Sieg der ekklesiozentrischen Mariologie zunächst zum Kollaps der Mariologie … Die Neubesinnung wurde vor allem durch apostolische Schreiben Pauls VI. über die rechte Form der Marienverehrung am 2. Februar 1974 in Gang gebracht", so wertet Joseph Ratzinger einige Jahre später.[25] Und Leo Scheffczyk bezeichnet diese Adhortatio als „reifsten Ausdruck" der Marienlehre Pauls VI.[26]

Das päpstliche Mahnschreiben „Marialis cultus – Über die rechte Pflege und Entfaltung der Marienverehrung" (MC)[27] ist ausschließlich der Liturgie gewidmet, soweit sie die Gottesmutter betrifft. Ausgehend von LG VIII betrachtet der Papst eingehend die verschiedenen marianischen Gedenk- und Feiertage des neuen römischen Kalenders sowie die klassischen Gebetsformen.

Gerne greift Paul VI. auf die Kirchenväter zurück und profiliert Maria als Neue Eva (MC 6). Unter Nr. 11 legt er das Geheimnis Mariens dar, die als Mutter des Hauptes (theotókos) auch als geistige Mutter der Glieder anzusprechen ist (Mater Ecclesiae). Er würdigt mittels der Gnadentitel Vera mater viventium (MC 6) und Mater gratiae (MC 14) Marias Mütterlichkeit, im Anschluss an LG 54 auch mit Mater hominum maxime fideli-

---

ihr Anfang; sie erscheint als Braut des Hl. Geistes seit der Verkündigung, erneut im Abendmahlsaal von Pfingsten.

23 *Henri de Lubac*, Méditation sur l'Église (Paris 1952; dt. „Betrachtung über die Kirche", Graz 1954).

24 Vgl. die beiden Abschnitte bei *Dittrich*, Mater Ecclesiae 712 f. / 768-772.

25 *J. Ratzinger*, Maria. Kirche im Ursprung, Einsiedeln 1997, S. 19.

26 *L. Scheffczyk*, Einführung, in: *Graber-Ziegenaus*, Marianische Weltrundschreiben, Regensburg 1988, S. 10. Der spätere Kardinal hat einen vollständigen Kommentar zu „Marialis Cultus" verfasst: Neue Impulse zur Marienverehrung, St. Ottilien 1974.

27 AAS 66 (1974); dt. Übersetzung bei *Graber-Ziegenaus*, Weltrundschreiben 317-57.

um. Der Papst weist Maria die Rolle einer Mater unitatis hinsichtlich der getrennten Christen zu (MC 32) – eine ökumenische Aufgabe, die in LG 69 schon anklingt, aber vom Konzil nicht ausformuliert worden ist. Paul VI. berührt die zeitgenössischen Fragen von Feminismus und Emanzipation, äußert ein gewisses Verständnis und verweist auf Maria, die auch der modernen Frau Vorbild sein könne.

Im Zentrum von MC steht die liturgische Marienfrömmigkeit, die post-konziliar manche Veränderung erfahren hatte.[28] Der Papst bestätigte die Bedeutung der Liturgie für eine lebendige marianische Devotion, da sie deren Ausdruck und Zeugnis ist (MC 15). Er wirbt für die Pflege der Gebetsformen Rosenkranz und Angelus. In der das Konzil bestimmenden Perspektive nennt er vier Kriterien der Marienverehrung: biblisch, liturgisch, ökumenisch und anthropologisch. „Die Bibel ist, indem sie auf wunderbare Weise den Heilsplan Gottes für die Menschen darstellt, als Ganzes vom Mysterium des Erlösers durchdrungen und enthält auch, von der Genesis bis zur Apokalypse, unbezweifelbare Hinweise auf die, die die Mutter und Gefährtin des Erlösers war" (MC 30).[29]

Schließlich beteuert Paul VI. hinsichtlich der Liturgie-Reform, dass diese – wenn sie treu befolgt wird – für *einen immer lebendigeren und innigeren Kult zum dreifaltigen Gott* und *für ein Wachstum des christlichen Lebens in den Gläubigen* sorgen werde. Die *erneuerte römische Liturgie stellt auch in ihrer Gesamtheit ein leuchtendes Zeugnis für die Verehrung der Seligen Jungfrau in der Kirche dar* (MC 58).

Papst Paul VI. ist sich treu geblieben und hat bis zuletzt für die Würdigung der sakramentalen Kirche sowie die Verehrung

28 Mit der Änderung des liturg. Kalenders sind einige traditionelle Marienfeste verschwunden (z. B. das Fest der Mutterschaft Mariens am 11.10.) bzw. in ihrem Gewicht herabgestuft worden. Die Adhortatio selbst hat die marianischen Feste u. Gedenktage qualifiziert u. dargestellt (MC 2-9).

29 Vgl. MC 30 – in dt. Übersetzung zitiert nach der Text-Ausgabe des Johannes-Bundes, Leutesdorf 1974, S. 68 (mit einer Einführung von W. Beinert).

der Gottesmutter geworben, besonders unter dem Titel „Mutter der Kirche“, dem er einen Seitenaltar im Petersdom widmen ließ. Dass er dabei auch die Komplexität, ja mitunter Paradoxie in der Sprache von Theologie und Frömmigkeit erfasste, mag abschließend ein Zitat von seiner Ansprache am Marienhochfest in Rom am 8. Dezember 1975 zeigen: „Wenn Maria wirklich die Mutter Christi dem Fleisch nach ist, und Christus das Haupt der Kirche, seines mystischen Leibes, dann ist Maria geistlicherweise auch die Mutter dieses mystischen Leibes, dem sie selbst in besonderer Weise angehört als Tochter und Schwester.“[30]

Man muss in wirkungsgeschichtlicher Hinsicht der skeptischen Wertung von Karl-Heinz Menke wohl zustimmen, der 1999 notierte: „Der Versuch Pauls VI., die Rezeptionsgeschichte des Konzils vor Einseitigkeiten und Missverständnissen zu bewahren, hat nicht viel bewirkt“.[31] Doch dieser vielgeschmähte und nun heiliggesprochene Papst hat das Marienthema nicht aufgegeben und so einen Ansatz geboten für seinen Nachfolger, der wirkmächtiger die Verehrung der Gottesmutter wieder ins allgemeine Bewußtsein zu heben verstand.

Der polnische Marienpapst Johannes Paul II.[32]

1978 trat mit Karol Wojtyla, dem Erzbischof von Krakau, ein dezidiert marianischer Papst an, der in Gesten und Zeichen seine Verbundenheit mit der Gottesmutter zum Ausdruck brachte:

---

30 Ital. Original: OR 9./10.12.1975, 4; dt. v. *W. Dürig*, Mutter der Kirche, St. Ottilien 1988, S. 44.

31 *K.-H. Menke*, Fleisch geworden aus Maria, Regensburg 1999, S. 15. Vom gleichen Autor stammt der spezielle Beitrag: Ein Spielball heftiger Kontroversen: das mariologische Schlusskapitel der Kirchenkonstitution, in: IKZ "Communio" 41 (2012) 652-668.

32 Vgl. das Kapitel 6.6 „Johannes Paul II. – Der marianische Papst und das erneuerte Marienthema“ bei *Dittrich*, Mater Ecclesiae 773-789.

Johannes Paul II. (+ 2005).[33] Schon die Gestaltung seines Wappens samt Vers zeigt die große Bedeutung der Marienfrömmigkeit für seine christozentrisch geprägte Glaubenshaltung: „Totus tuus"[34] sowie „Mater Ecclesiae" kann man seit 1981 beim Wappen auf einer Stirnseite des Päpstlichen Palastes am Petersplatz lesen, verbunden mit dem eingängigen Motiv „Maria mit Jesusknaben" – als leuchtendes Mosaik mit blauem Hintergrund.

Eindrücklich und volksnah gab Johannes Paul II. seinem Pontifikat eine dezidiert marianische Prägung. Er besuchte auf seinen vielen Auslandsreisen stets die örtlichen Marienwallfahrtsstätten und verband sich – nach dem Attentat am 13.5.1981 – besonders Fátima, das ihm neben Tschenstochau und Guadalupe als wichtigster marianischer Gnadenort galt. 1987 rief er ein marianisches Jahr aus und veröffentlichte hierzu die große Enzyklika „Redemptoris mater". In seinen Gebeten und Ansprachen kam Maria immer vor. Schließlich veröffentlichte er das Apostolische Schreiben „Rosarium Virginis Mariae" (16.10.2002) und führte den „Lichtreichen Rosenkranz" ein.[35] Er sorgte dafür, dass der konziliare Marientitel „Mater Ecclesiae" in die Lauretanische Litanei aufgenommen wurde und ließ in der offiziellen Sammlung marianischer Votivmessen drei Formulare unter dem Titel Mater Ecclesiae erstellen.[36] Durch seine Erlaubnis für einzelne Länder

---

33 Karol Wojtyla (1920-2005): geb. in Wadowice, studierte er Philosophie u. Theologie in Krakau und Rom. 1946 zum Priester geweiht, war er seit 1952 als Dozent u. Seelsorger in Krakau tätig. Dort 1958 zum Weihbischof ernannt, nahm er als solcher an der 1. u. 2. Sitzungsperiode des Konzils teil. Am 8.3.1964 wurde er als Erzbischof inthronisiert, als der er an der 3. u. 4. Konzilsperiode teilnahm. 1967 folgte die Kardinalsernennung, am 16.10.1978 wurde er zum Papst gewählt. Er starb am 2.4.2005 und ist am 27.4.2014 heiliggesprochen worden. Vgl. Art. von *R. Bäumer*, in: MarLex III, S.412 f.

34 Diese Worte stellen einen Devotionsausdruck aus dem Werk des L. M. Grignon von Montfort dar und lauten im Kontext: „Totus Tuus ego sum et omnia mea Tua sunt. Accipio Te in mea omnia!"; schon bei seiner Bischofsweihe hatte Wojtyla diesen Ausdruck gewählt.

35 Vgl. *A. Ziegenaus* (Hg.), Totus Tuus. Maria in Leben und Lehre Joh. Pauls II. (MarStudien 18), Regensburg 2004.

36 Vgl. hierzu *Dittrich*, Mater Ecclesiae 754-761.

bzw. Orden, am Montag nach Pfingsten einen Gedenktag „Mutter der Kirche“ zu begehen, hat er die Grundlage für die allgemeine Einführung dieses Mariengedenkens im Jahre 2018 durch Papst Franziskus geschaffen.[37]

Bereits der Konzilsteilnehmer Wojtyla formulierte seine klare Auffassung von der mütterlichen Verbundenheit Mariens mit der konkreten, gesellschaftlich verfassten Kirche und den Gläubigen.[38] 1971 bekräftigte der Erzbischof von Krakau die konziliare Marienrede in ihrer Verbundenheit mit der Kirchenlehre.[39] Als Papst knüpfte er bewusst am Konzil und Paul VI. an, indem er im Dezember 1978 in Santa Maria Maggiore sagte: „Die Konstitution Lumen gentium ist das wichtigste Konzilsdokument ..., ein Eckstein des gesamten Erneuerungswerkes, das das Zweite Vatikanische Konzil eingeleitet und dem es die Richtung gewiesen hat“.[40] Stets hat er auch das gläubige Individuum im Blick, das sich kindlich der Jungfrau Maria anvertraut, die – gemäß LG 53 (filialis pietatis) – *als eine Mutter im Geheimnis Christi lebt und wirkt.*[41]

Die erste Enzyklika 1979 war Jesus Christus als Erlöser gewidmet und erklärte die Basis der ganzen Verkündigung von Johannes Paul II: „Redemptor hominis“.[42] In dieser program-

---

37 Vgl. *A. Dittrich*, „Mutter der Kirche“ – ein neuer Gedenktag im röm. Generalkalender, in: Klerusblatt 98 (2018) S. 108-110.

38 *Karol Wojtyla (Krakau)*: AS I/4, 598 (Eingabe an die Theolog. Kommission des Konzils 1963): „Credimus proinde Mariam esse Matrem totius Ecclesiae ut societatis...“ – *Wir glauben daher, dass Maria Mutter der ganzen Kirche als Gesellschaft ist, besonders jedoch der Glieder, die am meisten leiden, da sie auch am meisten der mütterlichen Sorge bedürfen.*

39 *K. Wojtyla*, Quellen der Erneuerung. Studie zur Verwirklichung des Zw. Vatikan. Konzils, Freiburg 1981 (Krakau 1971), S. 92-101: Maria im Mysterium Christi u. der Kirche; S. 172-175: Geistige Mutterschaft.

40 Vgl. „Osservatore Romano“ (OR) – dt. v. 22.12.1978, Nr. 51-52, S. 6 (Homilie in Santa Maria Maggiore).

41 Vgl. OR dt. v. 20.10.1978, Nr. 42, 3.

42 Enzyk. „Redemptor hominis“ (RH) v. 4.3.1979: AAS 71 (1979) 257-324; dt. in: VAS 6, Bonn 1979; vgl. auch: Die Würde des Menschen in Christus. DieAntrittsenzyklika „Redemptor hominis“ Papst Joh. Pauls II. Mit einem Kommentar von B. Häring CSsR, Freiburg 1979.

matischen Schrift würdigt er bereits prägnant die große Bedeutung Mariens (RH 22):

„Maria gibt sozusagen dem Erlösungswerk ihres Sohnes und der Sendung der Kirche eine besondere Form: die mütterliche. Alles, was man in der Sprache der Menschen zur besonderen Eigenart der Frau und Mutter sagen kann, all das findet sich bei ihr. Immer ist Maria die vollkommenste Erfüllung des Heilsmysteriums – von der unbefleckten Empfängnis bis zur Aufnahme in den Himmel –, und stets ist sie eine machtvolle Vorankündigung dieses Geheimnisses."[43]

Er nannte Maria gerne „Kelch des Geistes" und akzentuierte die „geistige Mutterschaft Mariens" pneumatologisch:

„Seit der Stunde, da Jesus, am Kreuze sterbend, zu Johannes sprach ..., hat sich das Geheimnis der geistigen Mutterschaft Mariens in einer grenzenlosen Weite geschichtlich verwirklicht"; [...] sie „beginnt mit ihrer mütterlichen Sorge für ihren Sohn Jesus. Für ihn hat sie unter dem Kreuz Johannes angenommen und hat so jeden Menschen und den ganzen Menschen angenommen. Im Heiligen Geist umfängt Maria alle mit einer einzigartigen Sorge. [...] Die geistige Mutterschaft Mariens ist ... eine Teilhabe an der Kraft des Heiligen Geistes, an dem, der ‚das Leben gibt'. Zugleich ist sie der demütige Dienst derjenigen, die von sich sagt: ‚Siehe, ich bin die Magd des Herrn' (Lk 1,38)."[44]

Im November 1979 besuchte der Papst das historische Ephesus und erläuterte in einer Predigt die starke Verbundenheit von Christus und Maria, die dadurch auch zur Mutter der Kirche wird.

Die „unbedingte Zustimmung der ‚Magd des Herrn' (Lk 1,38) zum Plan Gottes war eine freie und bewusste Entscheidung. Maria war bereit, Mutter des Messias zu werden, der kam, um ‚sein Volk von seinen Sünden zu erlösen' (...). Das

[43] Ansprache bei der Generalaudienz, 2.5.1979 (OR v. 11.5.79, Nr. 19, S.2.).

[44] Ansprache in Fatima am 13.5.1982 (vgl. dt. OR v. 21.5.1982, Nr. 21, 8).

war... eine verantwortungsbewusste Entscheidung zur Teilnahme am Heilswerk [...] Mit ihrem ‚Fiat' wird Maria nicht nur Mutter des historischen Christus: ihre Geste macht sie zur Mutter des ganzen Christus, als ‚Mutter der Kirche'. ‚Vom Augenblick des Fiat an', bemerkt der hl. Anselm, ‚begann Maria uns in ihrem Schoß zu tragen'; deshalb ‚ist die Geburt des Hauptes auch die Geburt des Leibes', ruft der hl. Leo der Große aus. Auch der hl. Ephräm hat hier einen sehr schönen Ausdruck geprägt: Maria, sagt er, ist ‚die Erde, in welche die Kirche gesät wurde'.
Tatsächlich ist von dem Augenblick an, in dem die Jungfrau Mutter des fleischgewordenen Wortes wird, die Kirche gegründet – auf geheimnisvolle Weise, aber vollkommen in ihrem Keim, in ihrem Wesen als mystischer Leib, sind doch der Erlöser und die erste der Erlösten gegenwärtig. Die Eingliederung in Christus schließt nunmehr die Kindschaft nicht nur zum himmlischen Vater, sondern auch zu Maria, der irdischen Mutter des Sohnes Gottes, ein".[45]

Johannes Paul II. will mit seiner Hochschätzung die Gottesmutter nicht aus der Kirche ausgliedern, wozu er den Apokalypsenkommentar des Rupert von Deutz heranzieht:

„Maria ist die erste Frucht und das vollkommenste Abbild der Kirche: ‚ein sehr edler Teil, ein hervorragender Teil, ein bemerkenswerter Teil, ein wahrhaft auserwählter Teil' (Rupert, In apoc.) [...] Auch bleibt Maria in den Augen aller Gläubigen das ganz reine, ganz schöne, ganz heilige Geschöpf, das fähig ist, ‚Kirche zu sein', wie kein Geschöpf hier auf Erden es je sein kann."[46]

Er hat nicht nur in Orationen und als Anrufungen die Gottesmutter anvisiert – er hat vielfach eine heilsgeschichtlich strukturierte, biblisch inspirierte und lebensnah konzipierte Lehre und Verehrung Mariens dargeboten, von Anbeginn seines Pon-

45 Predigt in Ephesus (30.11.1979): OR dt. v. 7.12.1979, Nr. 49, 7.
46 Ebd.

tifikates. Das II. Vatikanum war eine wesentliche Grundlage seiner Verkündigung, besonders die Kirchenkonstitution Lumen Gentium samt ihrem finalen Kapitel über Maria. Mit Paul VI. profilierte er den Mater-Ecclesiae-Titel als Ausdruck des Konnex von Kirche und Maria, so bei einer regelrechten Relecture von LG VIII im September 1997.[47] Höhepunkt und ausführliche Erörterung seiner Marienrede stellt die Enzyklika „Redemptoris Mater" dar, mit der er am Hochfest Mariä Verkündigung 1987 ein marianisches Jahr eröffnete.

Die Marienenzyklika „Redemptoris Mater"

Zur Eröffnung des marianischen Jahres veröffentlichte der Papst am 25.3.1987 einen umfangreichen Text über die *Mutter des Erlösers*.[48] Diese Enzyklika stellt eine Gesamtdarstellung der päpstlichen Marienrede dar, mit biblischer und theologiegeschichtlicher Untermauerung. Die Betrachtung ist heilsgeschichtlich ausgerichtet, wobei die Geschichte getragen und geleitet wird von Gottes zeitlos-ewiger Vorherbestimmung, die mit dem Christus-Ereignis unlösbar das Geheimnis von Maria und Kirche zusammengefügt hat. Marias Glaubensweg erscheint als Leitlinie für die Pilgerschaft der Kirche.[49]

Die Enzyklika gliedert sich in drei Teile: *Maria im Geheimnis Christi* (RM 7-24), die *ekklesiale Auslegung des Ehrentitels „Mutter der Kirche"* (RM 25-37) und die *Mütterliche Vermittlung durch Maria* (RM 38-52). Der Papst bietet eine marianische Lektüre der Bibel und folgt dem Motiv von LG VIII, „die

---

47 Generalaudienz am 17.9.1997 (vgl. OR v. 18.9.1997; auch im Internet: www.vatican.va). Joh. Paul II. bespricht eingehend relevante Artikel von LG VIII und arbeitet dabei das Motiv der Mutterschaft Mariens für die Kirche heraus.

48 Enzyk. *Redemptoris Mater* (AAS 79 [1987] 361-433, dt.: VAS 75 (Über die selige Jungfrau Maria im Leben der pilgernden Kirche); vgl. auch: „Maria – Gottes Ja zum Menschen". Papst Joh. Paul II., Enz. ‚Die Mutter des Erlösers', Freiburg 1987 (mit Kommentar von J. Ratzinger u. H. U. v. Balthasar).

49 Vgl. die gute Kommentierung von *L. Scheffczyk*: Die Enzyklika zeichne „in sehr lebendiger Einzeldarstellung unter feinsinniger Ausschöpfung aller

Bedeutung Marias im Geheimnis Christi" und „ihre aktive und beispielhafte Gegenwart im Leben der Kirche" darzustellen.[50] Maria erscheint als personale Pforte der Ankunft des Logos, ihr *Fiat* markiert den geschichtlichen Punkt, an dem die *Fülle der Zeit* aufbricht. Als Erkenntnisschlüssel des marianischen Geheimnisses dient das Wort Elisabeths: *Selig, die geglaubt hat* (Lk 1,45). Die Kirche beschreibt Johannes Paul II. als das pilgernde Gottesvolk, das den Weg nachgeht, den Maria vorausgegangen ist.

Die Enzyklika ist reich an biblischen Bezügen und Zitaten aus der Theologiegeschichte des Ostens wie des Westens. Das Protoevangelium (Gen 3,15) wird gemäß der neueren Exegese ausgelegt: Jesus ist der *Nachwuchs der Frau*, der *der Schlange den Kopf zertritt* (semen illius ipsa conteret caput tuum); dies ist mit dem Kreuzesopfer Christi geschehen: „Die Worte, die Jesus vom Kreuz herab spricht, bedeuten, dass die Mutterschaft derjenigen, die ihn geboren hat, sich in der Kirche und durch die Kirche neu fortsetzt, die durch Johannes symbolisiert und dargestellt wird" (RM 29). Die Mutterschaft der Kirche entspringt Marias Mutterschaft (RM 29). Pfingsten nennt er die offizielle Geburtsstunde der Kirche, ihre Dynamisierung in der Geistausgießung; substantiell geht sie aus der Menschwerdung hervor. „Die Person, die beide Momente vereinigt, ist Maria", und zwar in Nazareth und im Abendmahlsaal; „In beiden Fällen ist ihre zurückhaltende, aber wesentliche Gegenwart ein Hinweis auf den Weg der ‚Geburt durch den Heiligen Geist'" (RM 29).

Im zweiten Kapitel der Enzyklika betrachtet der Papst die mütterliche Vermittlung durch Maria, die nicht in Konkurrenz zu Christi alleiniger Mittlerschaft steht. Aller *heilsamer Einfluss der seligen Jungfrau* geht aus dem *Überfluss der Ver-*

---

biblischen Zeugnisse diesen Glaubensweg Marias nach, angefangen mit dem glaubensstarken ‚Fiat' auf die Botschaft des Engels (vgl. Lk 1,38), auf die sie ‚mit ihrem ganzen menschlichen, fraulichen Ich geantwortet hat' (nr. 13 ...)" (Marianum 51 [Rom 1989] 97).

50 Siehe VAS 75,5 (Bonn 1987).

dienste Christi hervor, vermittelt im Heiligen Geist. Christus nimmt die Menschen in seine Heilszuwendung hinein, was ein *verschiedenartiges Zusammenwirken durch Teilhabe an der einzigen Quelle* ermöglicht (RM 44). Marias Teilhabe ist fundamental: Ihre Mutterschaft ist „ganz von der bräutlichen Haltung einer ‚Magd des Herrn' durchdrungen" und „stellt die erste und grundlegende Dimension jener Mittlerschaft dar, welche die Kirche von ihr bekennt und verkündet (LG 62)" (RM 46).

Die mütterliche Mitwirkung am Werk Christi weitet sich auf die Kirche aus – Maria übt auch und gerade in ihrer himmlischen Vollendung dieses Amt weiterhin als Fürsprecherin aus; die Gehorsame ist nun in die Herrschaft des Himmels gestellt: „Dienen bedeutet herrschen!" (RM 46). Dieses Herrschen vollzieht sich im sozial-kommunitären Zusammenhang der Kirche.

Im dritten Kapitel wird Maria in ihrer Relevanz für das Leben der pilgernden Kirche und des Einzelchristen betrachtet. So erscheint sie von *Lumen Gentium* her als Typus der Kirche auf der Ebene des Glaubens, der Liebe und der vollkommenen Einheit mit Christus. Deswegen darf Maria besonders geehrt werden (Cultus hyperdulia) und soll als Vorbild der Kirche gegenwärtig bleiben, um jener die jungfräuliche Mütterlichkeit zu vergegenwärtigen. Jesus selbst hat am Kreuz jedem Gläubigen Maria zur Mutter gegeben, was gerade für die Frauen von Bedeutung ist, da diese „durch den Blick auf Maria dort das Geheimnis" entdecken, „wie sie ihr Frausein würdig leben und ihre wahre Entfaltung bewirken" können.

RM 47 fokussiert die geistliche Mutterschaft Mariens auf die ganze Kirche hin, anknüpfend an Paul VI., der 1964 die Marienlehre als „Schlüssel für das genaue Verständnis des Geheimnisses Christi und der Kirche" bezeichnet hat.[51] „Mutter der Kirche" ist sie als Mutter Christi, und im Geheimnis der Erlösung auch Mutter jedes Gläubigen; sie umfängt mit ihrer

---

[51] Vgl. Maria, Gottes Ja (Freiburg 1987), S. 55.

„neuen Mutterschaft im Geiste" alle und jeden in und durch die Kirche.[52] Prägnant formuliert RM 47: „Wir glauben, dass die heiligste Gottesmutter, die neue Eva, Mutter der Kirche, für die Glieder Christi ihre mütterliche Aufgabe im Himmel fortsetzt, indem sie bei der Geburt und Erziehung des göttlichen Lebens in den Seelen der Erlösten mitwirkt." Ergänzend zu LG 67 kann Johannes Paul II. unter Einbeziehung von *Gen 3,15* und *Offb 12,1* die eschatologische Bedeutung Marias formulieren: In ihr ist die Kirche schon zur Vollkommenheit gelangt und kann nun allen helfen *in Christus den Weg zum Vater zu finden.*[53] Die aktuelle Aufgabe der Kirche in ihrer Verbundenheit mit der himmlisch vollendeten Muttergottes wird als Zielangabe für das Marianische Jahr ausgewiesen. Die Enzyklika schließt mit einer Meditation über die Marienantiphon *Alma redemptoris mater*, aus der auch der Titel der Enzyklika stammt. Sie präsentiert eine dynamische Marienlehre, verankert in der Gesamttradition der Kirche, ausgerichtet auf die Kirche und die Christen von heute.

Diese große Katechese zur Präsenz Mariens in Bibel und Patristik sowie im Gebetsleben der Kirche hat größere Wirkung entfalten können als die Adhortatio *Marialis cultus*. Das erklärt sich nicht zuletzt durch die Persönlichkeit des polnischen Papstes, die der Enzyklika quasi eine lebendige Bezugsgestalt zu geben vermochte, ihn als Subtext der marianischen Performance des Papstes erscheinen ließ. Die theologisch interessierte Öffentlichkeit ließ sich tatsächlich – nach der postkonziliaren Trockenheit auf marianischem Gebiet – wieder für die Gottesmutter und ihre aktuelle Bedeutung interessieren.[54] Doch trotz

---

52 Ebd.

53 Ebd. S. 56.

54 Herausragend unter den vielen Texten zu RM ab 1987 sind die Kommentare von: *H.-U. v. Balthasar* und *J. Ratzinger* in: Maria. Gottes Ja zum Menschen (Redemptoris Mater), Freiburg 1987, S. 129-143; *Stefano De Fiores*, La presenza di Maria nella vita della Chiesa alla luce dell'enciclica ‚Redemptoris Mater', in: Marianum 51 (Rom 1989) 110-44; Der Marienlexikon-Artikel

der zunehmenden Etablierung und Präsenz des Mater-Ecclesiae -Titels blieb die innere Verbundenheit von Maria und Kirche – ein Kernanliegen von LG VIII – im Schatten, was die Nichtthematisierung von LG VIII durch die meisten Ekklesiologen seit den 1980er Jahren zeigt.

Die Marienlehre des heiligen Papstes Johannes Paul II. ist theologisch bestens dargestellt worden, auch in ihrer Kontinuität mit der des Vorgängers Paul VI.[55] Der greise Johannes Paul II. krönte sein marianisches Pontifikat mit dem Apostolischen Schreiben *Rosarium Virginis Mariae* (2002), mit dem er dem Rosenkranz-Gebet mit seinen klassischen drei Geheimnissen ein viertes offiziell anfügte, den *Lichtreichen Rosenkranz*.

Neben dem Mater-Ecclesiae-Mosaik am Petersplatz[56] hat Johannes Paul II. ein weiteres materielles Denkmal schaffen lassen, das einen starken konzilsgeschichtlichen Zusammenhang darstellt. Die Jubiläumspforte der Basilika Santa Maria Maggiore in Rom wurde 2001 erneuert und zeigt nun zentral das Bronze-Relief des aus dem Grabe auferstehenden Christus, auf den Maria quasi als Hodegetria verweist. Auf den beiden Flügeln dieser *Porta santa* finden sich Reliefs der beiden Konzilien von Ephesus und des II. Vatikanums, verbunden mit den Marientiteln „Mater Dei" und „Mater Ecclesiae". So wie die Anrede Mariens als Gottesgebärerin und Gottesmutter zum Ephesinum von 431 gehört, so der Titel „Mutter der Kirche" zum II. Vatikanum. Schon Johannes XXIII. war 1962 die Ver-

---

von *Remigius Bäumer* bietet eine gute Einordnung von RM in das vorangegangene marian. Pontifikat: Art. „Johannes Paul II", in: MarLex III, S. 412 f. (St. Ottilien 1990).

55 Vgl. *Campbell, D. P.*, The Doctrine of Mary, Mother of the Church, in the Magistry of Pope Paul VI and John Paul II, in: EphMar 53 (Madrid 2003) 225-240.

56 Eindrucksvoll ist die Würdigung dieses Mosaiks durch den Nachfolge-Papst, Benedikt XVI.: „Die Wichtigkeit des marianischen Prinzips in der Kirche wurde nach dem Konzil in besonderer Weise von meinem geliebten Vorgänger Johannes Paul II. in Kohärenz mit seinem Wahlspruch Totus Tuus verdeutlicht. In seiner spirituellen Richtung und in seinem unermüdli-

Santa Maria Maggiore, Porta Santa
Aufnahme: Maximilian Henke, 2023

bindung des II. Vatikanums zum Ephesinum wichtig, auch Paul VI. thematisierte diesen Konnex; Johannes Paul II. ließ ihn künstlerisch darstellen an prominenter Stelle. Die stets auf Glaube und Apostolat ausgerichtete Marienrede von Johannes Paul II. zeigt sich inspiriert von *L. M. Grignon de Montfort*.[57] Er vertiefte von daher die mariologische Perspektive Pauls VI. spirituell, im konkreten Rückgriff auf Bibel und kirchliche Tradition, und verpflichtete sich der Marienrede des Konzils. Er hat das christozentrische Ressentiment gegenüber der Marienverehrung aus der Jahrhun-

---

chen Dienst wurde vor den Augen aller die Gegenwart Mariens als Mutter und Königin der Kirche sichtbar. Mehr denn je spürte er diese mütterliche Gegenwart im Moment des Attentats auf dem Petersplatz am 13. Mai 1981. Zur Erinnerung dieses tragischen Ereignisses wollte er, dass ein die Madonna darstellendes Mosaik von der Höhe des Apostolischen Palastes aus den Petersplatz beherrsche, um so die Höhepunkte und den ordentlichen Verlauf seines langen Pontifikats zu begleiten ..." (Homilie am 25.3.2006 im Kardinalskonsistorium, dt. in: Die Tagespost, 28.3.2006, Nr. 37, S. 5).

57 Besonders in „Redemptoris mater" kommt die Inspiration durch Grignon zum Ausdruck; vgl. *A. Ziegenaus*, Totus tuus, Regensburg 2004, S. 61.

dertmitte überwunden. Von den ökumenischen Skrupeln westeuropäischer Konzilsväter war er weitgehend unberührt; stattdessen würdigte er regelmäßig die intensive Marienverehrung des Ostens. Er schöpfte aus der ganzen marianischen Tradition unter Vermeidung neuscholastischer Begriffe; dennoch konnte er die Motive der Gnadenmittlerschaft und Miterlöserschaft Mariens thematisieren. Vorrangig war ihm die konziliare Marienrede, die er in keiner Weise kritisierte, deren reduktive Tendenz er aber effektiv umkehrte. Er nahm die Verbindung von Kirchen- und Marienlehre ebenso ernst wie Paul VI. und wies die Marianität als Formprinzip der Kirche aus: die Kirche muss sich zu Gott verhalten wie Maria – in Gottes Gnade dessen Willen gehorsam zustimmen und ihn gläubig in der Welt verwirklichen, indem man den Heiligen Geist wirken lässt.

Johannes Paul II. hat die marianische Ekklesiologie im kirchlichen Bewusstsein verankert. Den Mater-Ecclesiae-Titel hat er endgültig zum kirchlichen Allgemeingut gemacht, als umfassend theologisch eingeordneten Relationstitel, fern jeder Privilegientheologie.

Sein Nachfolger, Papst Benedikt XVI., würdigte mehrfach die marianische Kirchenlehre des Konzils und ihre Verkündigung durch Paul VI. und Johannes Paul II., ausführlich am 8.12.2005:[58]

> *„Das Konzil wollte uns folgendes sagen: Maria ist so sehr in das große Geheimnis der Kirche verwoben, dass sie und die Kirche untrennbar miteinander verbunden sind, so wie sie und Christus untrennbar miteinander verbunden sind. In Maria spiegelt sich die Kirche wider, sie nimmt sie in ihrer Person vorweg und in allen Stürmen, welche die leidende und sich abmühende Kirche erfassen, bleibt sie immer der rettende Stern…“.*

---

58 Homilie am 8.12.2005 in St. Peter zu Rom; dt. Übersetzung von C. Reimüller, in: Die Tagespost, 10.12.2005, Nr. 147. Vgl. auch *Dittrich*, Mater Ecclesiae 835-839 (Kap. 6.9).

Benedikt XVI. betrachtete 2005 Maria als Urbild und Spiegel der Kirche sowie als Mutter der Christen; er beschrieb die Intention der Mater-Ecclesiae-Proklamation.

„Papst Paul VI. hat all das bei der Verkündigung der Konstitution über die Kirche durch einen neuen, tief in der Tradition verwurzelten Titel hervorgehoben", um „die innere Struktur der während des Konzils entwickelten Lehre über die Kirche zu erhellen. Das Zweite Vatikanum musste sich über die institutionellen Bestandteile der Kirche äußern"; „dieser ‚petrinische' Aspekt der Kirche ist in jenem ‚marianischen' enthalten. In Maria, der Unbefleckten, begegnen wir dem Wesen der Kirche in nicht entstellter Weise".

Zusammenfassung

Die Marienlehre des II. Vatikanums bleibt trotz ihrer zeitgenössischen Form ein Meilenstein in der Theologiegeschichte der katholischen Kirche, nicht allein wegen ihres zuvor nie dagewesenen Umfangs als Konzilstext. Lumen Gentium VIII versammelt alle dogmatischen Aussagen und viele der spirituellen Motive der kirchlichen Tradition über die Gottesmutter und betont deren innere Verbundenheit mit Christus und der Kirche. Der Titel des Marienkapitels beschreibt in perfekter Weise den komplexen Zusammenhang: *Die selige Jungfrau Maria im Geheimnis Christi und der Kirche.*

Die Päpste Paul VI. und Johannes Paul II. haben die konziliare Marienlehre immer wieder gewürdigt, gedeutet, ergänzt und bereichert. Beiden Päpsten war der Marientitel „Mutter der Kirche" als Siegel und Kurzfassung bzw. Verständnisschlüssel der konziliaren Marienlehre besonders wichtig; sie haben ihn regelmäßig herausgestellt, haben ihn in das konkrete Leben der Kirche eingetragen: in eigenen Votivmessen, der Anrufung in der Lauretanischen Litanei, im „Credo des Gottesvolkes" und dem Weltkatechismus, in einem Seitenaltar des Petersdomes, im Mosaik am Peterplatz, im liturgischen Gedenken am Pfingstmontag, in der Gestaltung der Porta Santa von Santa Maria Maggiore.

Maria ist *demütige Magd* und *Himmelskönigin*! Unter den Geschöpfen nimmt sie eine Spitzenposition ein, resultierend aus ihrer heilsgeschichtlich einmaligen Verbindung zu Jesus Christus, dem Wort und Sohn Gottes, den sie in Glauben und Gehorsam aufgenommen und zur Welt gebracht hat; den sie begleitet hat bis unter das Kreuz, wo sie mitlitt bei der Geburt der Kirche und von Jesus selbst im Lieblingsjünger allen Gläubigen mütterlich verbunden wurde. Auch bei der dynamischen Aktivierung der Kirche im Pfingstsaal ist Maria präsent, als Betende und *Magistra Apostolorum*. Die Kirche blickt seither auf sie als ihr Vorbild und personales Urbild. Sie bleibt als Mutter Gottes auch Mutter für die Kirche, welche von ihr die nötige Haltung gegenüber Gott lernt und so als jungfräuliche Braut Christi zur Mutter der Getauften werden kann.[59]

Maria hat ihren irdischen Lauf vollendet, ist als außerordentlich Begnadete (Immaculata, Assumpta) ganz und gar im Himmel angekommen und so zum Bild und zur Zielgestalt der noch zu vollendenden Kirche geworden. In der Ewigkeit Gottes führt sie die Heiligen und Vollendeten als Königin an, in der von Gott gewollten Teilhabe an der fortwährenden Erlösung der Menschen. Als Fürsprecherin und himmlische Botin wirkt sie weiterhin für die pilgernde Kirche, für die Glieder an Christi mystischem Leib. Das Gottesvolk in der Welt strebt im Heiligen Geist ihrem Beispiel gemäß zur Vollendung im Reich Gottes. Diese marianische Perspektive auf das Heilsgeheimnis in Jesus Christus hat das II. Vatikanum, haben die folgenden Päpste treu bezeugt. In Jesus Christus ist das Heil – in der marianisch-petrinischen Kirche kann es der Gläubige empfangen.

---

59 Die Kirche sieht in der Mutter Gottes ihr eigenes Vorbild und Urbild. Sie zeigt den Getauften den Weg und der Kirche das Ziel ihrer Vollendung in Jesus Christus. Hodegetria (Wegweiserin) heißt ein Typus der orthodoxen Ikonen. Das Bild auf dem Cover wurde nach den Regeln der Ikonenmalerei im 20. Jhdt. erstellt und befindet sich im privaten Besitz.

Dienst und Sendung des Priesters heute

Gerhard Card. Müller

Das II. Vatikanische Konzil hat im „Dekret über Dienst und Leben der Priester" (7.12. 1965) „auf die große Würde des Priesterstandes in der Kirche hingewiesen" (PO 1). Gerade den Bischöfen, Presbytern (=den Priestern 2. Grades im dreigliedrigen Ordo) und Diakonen komme eine höchst bedeutsame Rolle zu für die „Erneuerung der Kirche Christi" in unserer Zeit.

Die Einzigartigkeit der katholischen Kirche bedingt die Besonderheit des Priestertums[1]

Denn die Kirche ist kein menschliches Unternehmen oder ein internationaler Konzern, keine Lobby für partikulare Interessen oder ein Geheimzirkel wie die Freimaurerei, die die Kirche als göttliche Stiftung bekämpft und ihr doch eine Nische zuweist in ihrem vom Menschenhand errichteten Tempel des „Humanismus ohne Gott" (Henri de Lubac). Sie ist vielmehr „in Christus das universale Sakrament des Heils der Welt, Zeichen und Werkzeug für die innigste Vereinigung mit Gott wie für die Einheit der ganzen Menschheit" (vgl. LG 1; 45; GS 48). Nur der ewige Sohn des Vaters, das Fleisch gewordene WORT, der Christus präsens in seiner Kirche, ist Grund, Inhalt und Kriterium des Glaubens, der uns rechtfertigt und durch Hoffnung und Liebe heilig macht. Der christliche Glaube an den drei-einigen

1 Die Zwischenüberschriften erfolgten redaktionell.

Gott hat nichts zu tun mit einer heidnischen Gottheit, die sich kundgibt in Mythen und Utopien oder in der Dynamik historischer Prozesse oder der pantheistischen Naturfrömmigkeit, im Blut der Rasse, im Volksgeist oder in faktischen Lebenswirklichkeiten, die sich nicht dem Gericht seiner Gnade stellen wollen.

Das Wort Gottes in der Heiligen Schrift und der Apostolischen Tradition ist der einzige und wahre locus theologicus, während dem Lehramt nur eine interpretative Funktion zukommt. „Und das WORT ist Fleisch geworden und hat unter uns gewohnt und wir haben seine Herrlichkeit geschaut, die Herrlichkeit des einzigen Sohnes vom Vater, voll Gnade und Wahrheit“(Joh 1, 14).

Es ist nur ein wiederauflebendes Heidentum, das schon Papst Pius XI. in seiner Enzyklika „Mit brennender Sorge“ (Palmsonntag, 14. März 1937) gegen die nationalsozialistische Verfälschung des christlichen Offenbarungsbegriffes mit aller Klarheit und Schärfe zurückwies, welches neben die Fülle der Offenbarung in Jesus Christus weitere angebliche Offenbarungen Gottes entweder in den dynamischen Prozessen des Volksbewusstseins oder in den Lebenswirklichkeiten vermutet oder anerkennt, auch wenn diese dem immer und unter allen Umständen verpflichtenden Willen Gottes im Naturrecht und dem Neuen Weg in der Nachfolge Christi widersprechen (vgl. die Enzyklika „Veritatis splendor“ des hl. Papstes Johannes Paul II.).

„Der im Evangelium Jesu Christi erreichte Höhepunkt der Offenbarung ist endgültig, ist verpflichtend für immer. Diese Offenbarung kennt keine Nachträge durch Menschenhand, kennt erst recht keinen Ersatz und keine Ablösung durch die willkürlichen ‚Offenbarungen‘, die gewisse Wortführer der Gegenwart aus dem sogenannten Mythos von Blut und Boden herleiten wollen.“

Dies gilt für alle altheidnischen Mythen, aber auch die neuheidnischen Mythen des 19. und 20. Jahrhunderts, die im liberalistischen Kapitalismus, sozialistischen Marxismus und rassistischen Nationalsozialismus ein pseudowissenschaftliches Ideologie-Konstrukt zur Basis ihres totalitären Machtanspruches machen. Das gilt aktuell auch von der narzisstischen Homo- und Genderideologie, die alle in der Reduktion des Menschen auf bloße Materie wurzeln. Alles, was Gott-los ist, wird unaufhaltsam Menschen-feindlich.

Wenn der sog. deutsch-synodale Prozess mit seiner radikalen Infragestellung des von Christus gestifteten sakramentalen Priestertums nicht im Desaster einer weiteren Verwirrung und Verweltlichung der Kirche enden soll, müssen sich seine Protagonisten die Feststellung Papst Pius' XI. in ihr Regiebuch schreiben lassen: „Jede wahre und dauernde Reform ging letzten Endes vom Heiligtum aus; von Menschen, die von der Liebe zu Gott und dem Nächsten entflammt und getrieben waren. Aus ihrer großmütigen Bereitschaft heraus, auf jeden Ruf Gottes zu hören und ihn in sich selbst zu verwirklichen, sind sie in Demut und mit der Selbstsicherheit von Berufenen zu Leuchten und Erneuerern ihrer Zeit herangewachsen. Wo der Reformeifer nicht aus dem reinen Schoß persönlicher Lauterkeit geboren wurde, ... hat er verwirrt, statt zu klären; niedergerissen, statt aufzubauen; ist er nicht selten der Ausgangspunkt für Irrwege gewesen, die verhängnisvoller waren als die Schäden, die man zu bessern beabsichtigte oder vorgab ... Aber Er, der die Kirche gegründet und sie im Pfingststurm ins Dasein gerufen hat, Er sprengt nicht das Grundgefüge der von Ihm selbst gewollten Heilsstiftung."

Das ist eben die hierarchische, d.h. sakramental verfasste Kirche des drei-einigen Gottes, wie sie im 3. Kapitel von „Lumen gentium" dargestellt wird (LG 18-29). Sie hat ihre Grundlage in der geschichtlichen Offenbarung als Selbstmitteilung Gottes in Jesus Christus und im Heiligen Geist, wie das II. Vatikanum erklärt in der Dogmatischen Konstitution über die Göttliche Offenbarung „Dei verbum" (DV 1-10). Dem Lehramt der Bischöfe und des Papstes ist nur die treue und vollständige

Auslegung des geschriebenen und überlieferten Wortes Gottes anvertraut. „Es dient dem Wort Gottes, indem es nichts lehrt, als was überliefert ist … und weil es alles, was es als von Gott geoffenbart zu glauben vorlegt, aus diesem einen Schatz des Glaubens schöpft“ (DV 10).

Die katholische Kirche versteht sich allein von Christus her.

Bischöfe und Päpste haben keinen direkten Draht zum Heiligen Geist, der ihnen neben dem Zeugnis von Schrift und Tradition eine neue Form des Christentums offenbart, in dem Christus auf eine historische Vorstufe des heute geltenden Paradigmas zurückfallen müsste. Jede zweideutige Redeweise (wie z. B. „wir brauchen eine neue Kirche“ oder „die Kirche muss sich bekehren“) verrät „die vielen falschen Propheten, deren Geist nicht aus Gott ist“ (1 Joh 4,1). Denn Christus baut Seine Kirche auf Petrus und nicht Petrus seine Kirche auf einen Jesus, wie ihn die Leute sich erträumen und wünschen und die wissen, was er sagen würde, wenn er heute leben würde (Mt 16,18).

Aber nur weil sie die Kirche Christi ist, wird sie von den Pforten der Unterwelt (Apostasie, Häresie und Schisma) nicht überwältigt. Bei aller Bedeutung des unfehlbaren Lehramtes des Papstes und der Bischöfe, die für den katholischen Glauben konstitutiv ist, erinnert uns das II. Vatikanum gegen jeden Lehramtspositivismus an die Tatsache: „Eine neue öffentliche Offenbarung als Teil der göttlichen Glaubenshinterlage (=fidei depositum) empfangen sie jedoch nicht“ (LG 25). Es ist nur noch bestürzend, dass in manchen sogenannten „Reformtexten“ Gott, Christus, die Heilige Schrift des Alten und Neuen Testaments entweder überhaupt nicht vorkommen oder das Evangelium unter dem Wust von sozio-psychologischen Analysen oder pastoraler Betroffenheitsrhetorik zu ersticken droht.

Was das Amt der Apostel ist, das vom Bischof in seiner Fülle und von den Priestern und Diakonen in unterschiedlicher Teilhabe daran ausgeübt wird (LG 21; 28), kann nur im Licht der Sendung Jesu vom Vater zum Heil der Welt verstanden und erklärt werden. Es ist Anteil (kleros) von Menschen an der Sendung und Vollmacht Jesu (LG 18-29), der nach der Auferstehung zu den Jüngern sagte: „Wie mich der Vater gesandt hat, so sende ich euch ... Empfangt den Heiligen Geist. Denen ihr die Sünden erlasst, denen sind sie erlassen …“ (Joh 20,21ff).

Das Priestertum steht in der Sukzession der Apostel

Als für Judas ein zwölfter Apostel nachgewählt werden musste, sagte Petrus, „seinen Anteil“ (kleros) am Episkopat der Apostel soll ein anderer erhalten. Dieser wurde dann aber durch den Heiligen Geist erwählt, während die Apostel das Los (kleros, sors) warfen und dann Matthias an seiner Stelle den Aposteln kooptierten (Apg 1,17. 20).

Daraus folgt, dass diese Repräsentanten der Kirche des dreifaltigen Gottes weder „von Menschen noch durch Menschen bestellt“ werden – wie Paulus im Hinblick auf seine Berufung zum Apostelamt allein „durch Jesus Christus und durch Gott, den Vater“ (Gal 1, 1) unterstreicht – noch sich wie die Funktionäre oder Aktionäre eines religiös-sozialen Konzerns betätigen können.

Aus dem einen Apostelamt der Ur-Kirche hat sich bei der Ausbildung der Ortskirchen das Kollegium der Vorsteher und ihrer Diener herausgebildet. Das Presbyterium ist in dem Vorsitzenden geeint, wird von einem Vorsteher geleitet, der dann den Titel Bischof erhält. Er bleibt als Glied des Presbyteriums und ist dessen sichtbares Haupt und Prinzip seiner Einheit in Christus und der apostolischen Sendung der ganzen Kirche. Schon bei Ignatius von Antiochien, einer petrinischen Bischofskirche, finden wir zu Beginn des 2. Jahrhunderts die klare Unterscheidung von dem einen Bischof als Leiter der Ortskirche und dem Kollegium der Presbyter, die zusammen mit den Diakonen den Gläubigen den Heilsdienst Christi erweisen. Diese heißen dann schon im Neuen Testament auch die Presbyter zusammen mit den Diakonen, die an diesem heiligen Amt der

Lehre, der Leitung und der Liturgie teilhaben. Sie stehen in der Sukzession der Apostel und haben teil an der Vollmacht und Sendung des Sohnes vom Vater. Das bezeugt der erste Clemensbrief, der um das Jahr 96 n. Chr. von Rom an die Kirche von Korinth geschrieben wurde. Sein Ziel war es, die dortigen von den Aposteln und ihren Nachfolgern legitimierten Bischöfe, Presbyter, die untadelig die Opfer darbrachten, dort vor der Besetzung durch machthungrige „Laien" (1 Clem 40,5) zu schützen (1Clem 44,4).

Der sakramentale Dienst der Priester

Dass Bischof und Presbyter dann auch Sacerdos heißen, hat nichts mit einer Anleihe am heidnischen Kultpriestertum zu tun oder ist als ein Rückfall in das jüdische Tempelpriestertum zu beklagen. Der Grund dafür, dass man den apostolischen Dienst des Bischofs und der Presbyter nun auch priesterlich-sazerdotal nennt, ist ausschließlich der Repräsentation Christi, des priesterlichen Hauptes der Kirche, geschuldet. Dieser wird als Mittler, Versöhner, Erlöser, der gute und erhabene Hirte (Hebr 13,20) oder auch der „Bischof eurer Seelen (1 Petr 2,25) im Hebräerbrief ganz prononciert auch der Hohepriester des neuen und ewigen Bundes genannt. Wie uns die erste große Weiheordnung um 200 n. Chr., die die Traditionen der beiden petrinischen Kirchen von Rom und Alexandrien wiedergibt, sagt, empfangen der Bischof und in Abhängigkeit von ihm auch die Presbyter in der konsekratorischen Handauflegung den „leitenden Geist", um als „Hoherpriester die Gaben der heiligen Kirche Gott (durch Jesus Christus) darzubringen" (vgl. Traditi-on Apostolica 3).

Im Hinblick auf die protestantische Leugung des sakramentalen Priestertums und des Messopfers 1300 Jahre später ist darauf hinzuweisen, dass die hl. Messe ein wahres Opfer ist, aber nicht neben dem einzigartigen Kreuzesopfer, sondern als dessen sakramentale Vergegenwärtigung, oder commemoratio, wie Thomas von Aquin sagt (Sth III q. 22 a. 2 u.3). Er schließt sich der Definition des hl. Augustinus an, der an zentraler Stelle im 10. Buch der „Civitas Dei" definiert: „Jedes sichtbare Opfer ist das Sakrament eines unsichtbaren Opfers, d.h. ein heiliges Zeichen der inneren Hingabe des zerknirschten oder reinen Herzens an Gott (nach Ps 51,12.19). Denn der Opferpriester und die Opfergabe sind in dem einen Kreuzesopfer und den vielen Messen derselbe Jesus Christus, der sich in der hl. Messe nur durch den sakramentalen Dienst der Priester und verbunden mit allen Gläubigen dem Vater darbietet, um uns in seine trinitarische Kommunion mit Gott dem Vater im Heiligen Geist einzubeziehen (Trient, Messopferdekret, 2 Kap. DH 1743).Im Hinblick auf die beiden Weihestufen des Bischofs und der Presbyter sagt Thomas von Aquin: „Die Priester des Neuen Bundes können Mittler zwischen Gott und den Menschen genannt werden, insofern sie als Diener des wahren Mittlers und an Seiner Statt den Menschen die heilbringenden Sakramente darbieten" (S.th. III q 26 a.1 ad 1). Denn nur aufgrund seiner Gott-Menschlichen Einheit konnte allein Christus der vollkommene Mittler sein, während die geweihten Priester des Neuen Bundes bei der Vereinigung der Menschen mit Gott nur dispositiv und dienend mitarbeiten (S.th. III a.26 i. c.).

Das Amt des Bischofs, der Priester und Diakone wird nicht wie ein weltliches Amt von Menschen an andere Menschen übertragen (vgl. Gal 1,1), sondern durch die sakramentale Weihe von Gott selbst und zwar nur denen, die Jesus selbst dazu berufen hat. So fasst das II. Vatikanum die gesamte katholische Glaubenslehre aufgrund von Schrift und Tradition zusammen: „Durch die Weihe und die vom Bischof empfangene Sendung werden die Presbyter zum Dienst für Christus, den Lehrer, Priester und König, bestellt. Sie nehmen teil an dessen Sendung, durch die die Kirche auf Erden ununterbrochen zum Volk Gottes, zum Leib Christi und zum Tempel des Heiligen Geistes auferbaut wird" (PO 1).

Sie handeln nicht in eigener Machtvollkommenheit, nach privatem Gutdünken und gemäß den selbst ausgeklügelten Lehren und Ideologien von Gnosis bis Gender, vom Neomarxismus bis New Age. Bischöfe und Priester sind wie die Apostel hingegen ausschließlich „Diener Christi und Verwalter von Mysterien Gottes, von denen man nur verlangt, dass sie sich treu erweisen“ (1 Kor 4,1f). Sie brauchen das Christentum nicht neu zu erfinden, indem sie sich selbst für klüger halten als Jesus selbst, der noch vom alten Weltbild begrenzt gewesen sei und dessen Lehren dringend der Anpassung an das aufgeklärte Denken seiner Jünger von heute bedürften. Das ist seit 2000 Jahren nun in der Tat neu, dass sich plötzlich Jünger über den Meister erheben (Mt 10, 24). Paulus schreibt Timotheus und damit allen katholischen Bischöfen nach ihm ins Stammbuch: „Wenn einer etwas anders lehrt und sich nicht an die gesunden Worte Jesu Christi, unseres Herrn hält und an die Lehre, die unserer Frömmigkeit entspricht, der ist verblendet“ (1 Tim 6, 3).

Paulus, der im Verständnis und der Praxis seiner Vollmacht und Sendung Vorbild für jeden Bischof und Priester sein muss, fragt sich und uns: „Geht es mir denn um die Zustimmung der Menschen oder geht es mir um Gott?“ Und er gibt uns die normative Antwort: „Wollte ich noch den Menschen gefallen, dann wäre ich kein Diener Christi“ (Gal 1,10).

Die entscheidenden Kriterien, die ein Bischof für die Weihe eines Kandidaten zum Bischof, Priester oder Diakon anwenden muss, sind also theologischer und nicht soziologischer oder psychologischer Natur. Soziologie und Psychologie sind für die Theologie nur empirische Wissenschaften – aber in Unterscheidung von ihrem Entstehungshintergrund im Atheismus eines Auguste Comte (1798-1857) und Agnostizismus Sigmund Freuds (1856-1939). Die Ergebnisse aller empirischen Wissenschaften, und auch der Philosophie, können nicht die Selbstoffenbarung Gottes in seinem Wort und die Erkenntnis seines Willens im Sein der Welt und in der Natur der Schöpfungsrealitäten in Frage stellen oder umdefinieren. Denn sonst würde der Mensch von einem Hörer des Wortes und Empfänger der Gnade zum Produzenten einer Selbsterlösungsideologie mutieren, die zwangsläufig in der Herrschaft von Menschen über Menschen und in der Verwüstung der Erde schon geendet ist und immer wieder enden wird.

So wie der Mensch generell von seinem Schöpfer nicht das Sein und Leben beanspruchen oder vor ihm sich nicht selber rechtfertigen kann, weil er IHM alles – Leben und Gnade – verdankt, so kann er auch nicht speziell das Apostelamt – und die daraus sich ergebenden Dienstämter des Bischofs, des Priesters und Diakons zum Gegenstand eines Anspruchs gegenüber Gott oder zu einer Forderung an die Kirche und deren Lehramt machen.

Die Berufung und Sendung des Priesters

Bei der Berufung der Zwölf zu den Aposteln Christi (und auch der Berufung der 72 Jünger zu Missionaren des Evangeliums und des Reiches Gottes) heißt es, dass Jesus – in dem er seine göttliche Vollmacht zeigt – „auf einen Berg stieg und symbolisch „von oben her" aus dem großen Kreis seiner Jünger namentlich diejenigen zu sich berief, „die ER *selbst wollte*" (Mk 3,13). Sie antworten *frei* auf diesen Ruf und kommen zu ihm. „Er setzte zwölf ein, damit sie mit ihm seien und damit er sie aussende, zu verkünden und mit Vollmacht die Dämonen auszutreiben" (Mk 3,14f).

Nach der Auferstehung ist dies die Sendung und Vollmacht zur Verkündigung des Wortes und zur Spendung der Sakramente (mit Sündenvergebung und Gnadenvermittlung). Die universale Versöhnung der Menschheit mit Gott in Christus wird gegenwärtig zu jeder Zeit im „Dienst der Versöhnung", der den Aposteln übertragen ist und der von ihren legitimen Nachfolgern ausgeübt wird, so dass sie wissen, was sie sind: „Wir sind also Gesandte an Christi Statt und Gott ist es, der durch uns mahnt" (2 Kor 5,20). Das ist der biblische Grund der wesentlichen Sendung des Priesters: in persona Christi, capitis ecclesiae, agere (PO 2). Dieser „herrliche Dienst des Neuen Bundes und der Gerechtigkeit" kann nicht aus eigener Vollkommenheit, angeborener und erworbener Intelligenz, aus dem Führungsanspruch von „Alpha-Tieren" und dem Präpotenzgefühl ego-manischer Karrieristen ausgeübt werden, sondern nur von denen, die von Gott dazu berufen, erwählt, befähigt und gesendet sind. Denn nach dem Vorbild des hl. Paulus muss ein Bischof und Priester jeden Tag sich klar darüber werden: „Wir sind nicht von uns aus dazu fähig, als ob wir uns selbst etwas zuschreiben könnten; unsere Befähigung stammt vielmehr von Gott. ER hat uns fähig gemacht, Diener des Neuen Bundes zu sein, nicht des Buchstabens, sondern des Geistes" (2 Kor 3, 5f). Erfolgte ursprünglich die Berufung und Bevollmächtigung der Apostel unmittelbar durch den historischen Christus und den auferstandenen Herrn, so vollzieht sich nachösterlich in der spät- und nachapostolischen Zeit die Bestellung der „Diener Christi und Verwalter von Geheimnissen Gottes" (1 Kor 4,1) als „Mitarbeiter Gottes" (2 Kor 6,1) für die einzelnen – nun entstehenden – Ortskirchen durch denselben Christus, aber jetzt im Sakrament der Weihe, d.h. im Zeichen von „Handauflegung und Gebet" (Apg 6, 6; 14, 23; 1 Tim 4, 14; 5, 22; 2 Tim 1,6). Bevor die Apostel den „Dienst an den Tischen" übertrugen, sollten „die Brüder aus ihrer Mitte Männer wählen von gutem Ruf und voll Geist und Wahrheit" (Apg 6,3).

In seiner Abschiedsrede an die „Presbyter-Bischöfe" der Kirche von Ephesus, die sich um ihn in Milet versammelt hatten, mahnt sie der Apostel: „Gebt acht auf euch und auf die ganze Herde, in der euch der Heilige Geist zu Bischöfen bestellt hat, damit ihr als Hirten für die Kirche des Herrn sorgt, die er sich durch das Blut seines eigenen Sohnes erworben hat" (Apg 20, 28). Es gilt für alle wie für ihn, „das eigene Leben nicht wichtig zu nehmen, wenn nur der Dienst am Evangelium von der Gnade Gottes erfüllt wird" (Apg 20, 24). Der wahre Diener Christi nimmt darum alle Strapazen des apostolischen Dienstes auf sich. In der Nachfolge Christi erträgt er Schmähung und Verfolgung durch die „reißenden Wölfe, die auch aus den eigenen Reihen kommen, und die die Herde Gottes bedrohen“ (Apg 20, 29).

Voraussetzungen zum Sakrament der Priesterweihe

Die Presbyter sollen im Dienst des „obersten Hirten“ (1 Petr 5, 4), „des Hirten und Bischofs eurer Seelen“ (1 Petr 2, 25) – wie Christus ausdrücklich im Ersten Petrusbrief genannt wird – die ihnen anvertraute Herde Gottes weiden, „nicht gezwungen, sondern freiwillig, wie Gott es will; auch nicht aus Gewinnsucht, sondern mit Hingabe“ (1 Petr 5, 2). Und wie schon Jesus die Jünger gemahnt hat, sich nicht am Machtgehabe und der Prachtentfaltung der weltlichen Herrscher zu orientieren, sondern am Menschensohn, der gekommen ist, um zu dienen (Mk 10 43ff) und an IHM, dem guten Hirten, der sein Leben hingibt für die Schafe (Joh 10,11), so sollen die Presbyter wie ihr Mit-Presbyter, der Apostel Petrus, (1 Petr 5,1) „Vorbilder für die Herde und nicht ihre Beherrscher“ (1 Petr 5,3) sein. In der Tat sind die „Vorsteher der Kirche“ im Bischofs- und Priesteramt Vorbilder der Gläubigen durch ihren Lebenswandel, die Festigkeit und Stärke ihres Glaubens, die sie nachahmen sollen (Hebr 13, 7). Und den Gläubigen wird für ihr Verhalten zu ihren Hirten nahegelegt: „Gehorcht euren Vorstehern und ordnet euch ihnen unter, denn sie wachen (wie Hirten) über eure Seelen und müssen Rechenschaft darüber ablegen; sie sollen das mit Freude tun, nicht mit Seufzen, denn das wäre zu eurem Schaden“ (Hebr 13,17).

In den drei Pastoralbriefen finden wir schon einen Kriterienkatalog, den der Bischof bei der Weihe der Bischöfe und Presbyter beachten muss. In den beiden Mit-Aposteln des Paulus und seinen Nachfolgern Timotheus und Titus haben wir das Idealbild des Bischofs vor uns. Immer und unter allen Umständen gilt die Mahnung des Apostels: „Leg keinem vorschnell die Hände auf und mach dich nicht mitschuldig an fremden Sünden“ (1 Tim 5,22). Der Bischof hat auch die Disziplinaraufsicht über die Priester. Aber er weiß auch, dass die Vorsteher der

Kirche „doppelte Anerkennung verdienen, die sich mit ganzer Kraft dem Wort und der Lehre widmen“ (1 Tim 5,17).

Die Voraussetzungen für die Weihe sind einerseits positive natürliche Charaktereigenschaften wie Besonnenheit, Gastfreundlichkeit, die Fähigkeit zu lehren, wie andererseits auch der Ausschluss negativen Verhaltens, wie Unbeherrschtheit im Triebleben des Essens und Trinkens, die Sucht nach Genuss und irdischem Reichtum, die zu Gewalttätigkeit, Geldgier und Habsucht führen (vgl. 1 Tim 3, 1-7). Der Priester muss nach innen und außen den Ruf eines untadeligen Lebens verbreiten. All das zeichnet das christliche Leben aus. Die Hirten müssen einerseits die Tugenden üben und anderseits die Laster meiden, indem sie die Nachfolge Christi vorbildlich-idealtypisch leben, als Typoi der Herde – forma facti gregis ex animo (1 Petr 5,3). Wenn Bischof und Priester im Namen Jesu Diener des Wortes (des Logos) sind wie die Apostel (Lk 1, 2; 1 Tim 5, 17), ist die wichtigste Voraussetzung ihres Dienstamtes das Verspechen, das sie – bei der Weihe – vor Gott und der ganzen Kirche ablegen, den katholischen Glauben treu zu bewahren. So sagte Paulus zu Titus: „Der Bischof muss ein Mann sein ... einer, der sich an das zuverlässige Wort (den Logos) hält, das der Lehre (d.h. der Apostel und der Kirche) entspricht, damit er in der Lage ist, in der gesunden Lehre (sana doctrina) zu unterweisen und die Widersprechenden zu überführen“ (Tit 1, 9; vgl. 2 Tim 2,2).

Es gibt zwar noch nicht (kirchenrechtlich) den Ehelosigkeitszölibat, aber vom künftigen Priester wird verlangt, dass er ein Mann ist, der nur einmal verheiratet war und folglich nach dem Tod der Ehefrau nicht wieder heiratet. Er muss seinem eigenen Haus gut vorstehen, denn nur eine solche Person ist geeignet, für die „Kirche Gottes zu sorgen“ (1 Tim 3,5). Der Bischof muss wissen, „wie er sich im Haus Gottes verhalten muss (1 Tim 3,5), … welches die Kirche des lebendigen Gottes ist, Säule und Fundament der Wahrheit“ (1 Tim 3, 15).

Aber das geistliche Amt – in den Stufen von Bischof, Priester und Diakon – ist nicht nur eine Last und eine schwere Verantwortung, die jeden Menschen überfordert. Der Eifer für das Haus des Herrn, der jeden Apostel wie Jesus selbst, den Hohenpriester des Neuen Bundes, verzehren soll, bringt auch die Freude innerster Gemeinschaft mit Christus, mit dem er kraft des Prägemals konfiguriert wurde (PO 2). „Denn, wer seinen Dienst gut versieht, erlangt einen hohen Rang und große Zuversicht im Glauben an Christus Jesus“ (1 Tim 3,13).

Gefragt nach den Voraussetzungen für den Empfang der Weihe muss man die Beziehung von Natur und Gnade ins Spiel bringen. Der Priesteramtskandidat muss ein psychisch gesunder, tugendhafter Mann sein und ein überzeugter Jünger Christi, der von sich sagen kann: „Nicht mehr ich lebe, sondern Christus lebt in mir. Was ich nun im Fleisch lebe, lebe ich im Glauben an den Sohn Gottes, der mich geliebt und sich für mich dahingegeben hat“ (Gal 2, 20). Er verkündet aber nicht sich selbst in seinen religiösen Erlebnissen und darf nicht meinen, er sei berufen, nach dem Maß seiner Träume, Visionen und Utopien den ihm anvertrauten Gläubigen die Welt und die Kirche erklären zu sollen. Die Gläubigen sind ihm nur zum religiösen Gehorsam verpflichtet, wenn er sich „an die gesunden Worte Jesu Christi, unseres Herrn, hält und an die Lehre, die unserer Frömmigkeit entspricht“ (1Tim 6, 3) – das depositum fidei (1 Tim 6, 20). Er muss mutig und fähig sein, „gelegen oder ungelegen das Wort zu verkünden, auch wenn die Zeit gekommen ist, da man die gesunde Lehre nicht erträgt, sondern sich nach den eigenen Begierden Lehrer sucht“ (2 Tim 4, 3).

Er wird auf den Ruf Christi in seinem Herzen hören und ihm freudig folgen, indem er aber – weil die Bestellung zum Bischofs- und Priesteramt durch ein Sakrament der Kirche übertragen wird – sich auch bereitwillig der Prüfung durch die kirchliche Autorität unterstellt. Diese muss freilich nach den von Christus und den Aposteln vorgegebenen Kriterien die Entscheidung fällen und darf nicht ihre geistliche Vollmacht nach der Art irdischer Machtausübung missbrauchen oder die Priesteramtskandidaten an den Werten des liberal-neomarxistischen

Mainstreams messen und vor den Boulevard-Medien einknicken. Es ist legitim, „nach dem geistlichen Amt zu streben, denn es ist eine gute und große Aufgabe“ (1 Tim 3,1).

So sehr die natürlichen Voraussetzungen einer humanen und ethischen Persönlichkeitsbildung gegeben sein müssen wie auch der Glaube an Gottes Wort und die Liebe zu Christus im Heiligen Geist aufgrund der christlichen Initiationssakramente, so wird das geistliche Amt doch durch ein eigenes Sakrament übertragen. „Dieses zeichnet die Priester durch die Salbung des Heiligen Geistes mit einem besonderen Prägemal aus und macht sie Christus gleichförmig, so dass sie in der Person des Hauptes Christus handeln können“ (PO 2). Paulus ruft dem Timotheus daher ins Gedächtnis: „Entfache die Gnade Gottes wieder, die dir durch die Auflegung meiner Hände zuteil geworden ist. Denn Gott hat uns nicht einen Geist der Verzagtheit gegeben, sondern den Geist der Kraft, der Liebe und der Besonnenheit“ (2 Tim 6f.).

Priester nach dem Herzen Jesu

Grund und Quelle des geistlichen Amtes liegt in der Berufung durch Gott. Die Teilhabe an Sendung und Vollmacht Christi und die Verleihung des Heiligen Geistes ereignet sich vermittels des Wirkens Gottes im Sakrament der Weihe, das der Bischof durch die Handauflegung und die Konsekrationsworte vollzieht.

Nach dem Willen und der Verfügung Gottes, wie sie die Kirche in ihrer Tradition unter der Führung des Lehramtes erkannt hat, kann das Weihesakrament gültig nur ein getaufter Mann empfangen.

Aber um es würdig auszuüben, bedarf es der charakterlichen Reifung, einer christlichen Lebensführung, einer gründlichen theologischen Bildung der künftigen Diener des Logos, des Fleisch gewordenen Wortes, und einer Spiritualität als ein Leben im Heiligen Geist der Wahrheit und der Liebe. Es ist der Geist, der die Jünger erinnert an das Wort der Schrift, als Jesus den Tempel, das Haus Gottes, seiner wahren Bestimmung zurückgab, der Ort zu sein der Danksagung an Gott, der Hingabe seines Lebens als Opfer und der Kommunion mit ihm in der Liebe.

„Der Eifer für dein Haus verzehrt mich“ (Joh 2,17).

In wem diese Flamme brennt, der ist ein Priester nach dem Herzen Jesu, aus dem – von der Lanze geöffnet – Blut und Wasser hervor geflossen sind (Joh 19, 34). Und „das Blut Christi, der sich selbst als makelloses Opfer kraft ewigen Geistes Gott dargebracht hat, wird unser Gewissen reinigen von toten Werken, damit wir dem lebendigen Gott dienen“ (Hebr 9,14).

„… die katholische Kirche in ihrer Autorität und Präzision“ (Romano Guardini) – Religiös gegründeter Gehorsam des Willens und Verstandes gemäß den Weisungen des Zweiten Vatikanischen Konzils

Wolfgang Tschuschke

Zwei Sätze aus den Konstitutionen des Zweiten Vatikanischen Konzils sollen uns in der nächsten Stunde beschäftigen. Beide Sätze handeln vom Gehorsam. Der erste aus der dogmatischen Konstitution über die göttliche Offenbarung Dei Verbum:

> *„Dem offenbarenden Gott ist der ‚Gehorsam des Glaubens‘ (...) zu leisten. Darin überantwortet sich der Mensch als ganzer in Freiheit Gott, indem er sich dem offenbarenden Gott mit Verstand und Willen voll unterwirft und seiner Offenbarung willig zustimmt“* (DV 5).

Hier geht es um den Gehorsam gegenüber Gott. Gott hat sich uns geoffenbart in Jesus Christus. Wir antworten darauf durch den Gehorsam des Glaubens.

Der zweite Satz aus der dogmatischen Konstitution über die Kirche Lumen Gentium fordert Gehorsam gegenüber der Kirche.

> *„Die Gläubigen müssen mit einem im Namen Christi vorgetragenen Spruch ihres Bischofs in Glaubens- und Sittensachen übereinkommen und ihm mit religiös gegründetem Gehorsam anhangen. Dieser religiöse Gehorsam des Willens*

und Verstandes ist in besonderer Weise dem authentischen Lehramt des Bischofs von Rom ... zu leisten" (LG 25).

Gehorsam gegenüber Gott und der Kirche

Das Konzil fordert also Gehorsam gegen Gott und Gehorsam gegen die Kirche. Was heißt das im einzelnen? Und wie gehören diese beiden Forderungen zusammen? Das ist unser Thema.

Gehorsam – ein Reizwort

Gehorsam ist nun freilich auch ein Reizwort. Die 68er Bewegung war ein Aufstand gegen Gehorsam in jeder Form. Das hat bei uns Spuren hinterlassen. In irgendeiner Weise sind wir alle von den 68er Jahren geprägt oder irritiert. Wir hinterfragen jede Gehorsamsforderung, und das ist ja auch wirklich notwendig. Denn Gehorsam kann missbraucht werden; es gibt irregeleiteten, verderblichen Gehorsam, der Menschen in die Unfreiheit führt. Dem müssen wir widerstehen. Aber wir dürfen deswegen das Kind nicht mit dem Bade ausschütten. Das ist auf dem Synodalen Weg geschehen ... In den Texten, die dort beschlossen wurden, erscheint zweimal das Wort Gehorsam im ganzen Korpus von Texten. Einmal in einem biblischen Zitat, das aber nicht wegen des Themas Gehorsam herangezogen wird. Beifang nennt man das in der Fischerei. Beim zweiten Vorkommen (Grundtext Macht und Gewaltenteilung 6) wird von einer *„Spiritualität des Gehorsams"* geredet, die für Fehlentwicklungen in der Kirche verantwortlich gemacht wird. Man muss nur einmal das Zweite Vatikanische Konzil dagegenhalten. In der dogmatischen Konstitution über die Kirche zähle ich 21 mal das Wort Gehorsam, neun mal im Dekret über Dienst und Leben der Priester. Und immer wird Gehorsam eine gute und erforderliche Haltung genannt, wie in den beiden Sätzen, die uns hier beschäftigen sollen.

Synodaler Weg und 2. Vatikanisches Konzil – zwei verschiedene Welten.

Gehorsam im Alten und Neuen Testament

Hören wir aber zunächst auf die Heilige Schrift. Das Wort Gehorsam als Substantiv und als Adjektiv begegnet uns in den Briefen des Neuen Testaments. Im Griechischen lautet das Substantiv hypakoe, das Adjektiv hypekoos. Akouo, hören, ist das Grundwort. Wenn wir die Belegstellen ordnen, muss an der Spitze ein Satz aus dem Brief des Apostels Paulus an die Philipper stehen.

> Jesus Christus *war „Gott gleich, hielt aber nicht daran fest, Gott gleich zu sein, ... er entäußerte sich ..., er erniedrigte sich und war gehorsam bis zum Tod, bis zum Tod am Kreuz“* (Phil 2,6-8).

Diesen Satz können wir in seiner Tiefe nicht ausloten, denn er lässt uns in das innerste Wesen Gottes schauen, in das Herz der allerheiligsten Dreifaltigkeit: der Sohn – dem Vater gehorsam. Das ist der innerste Kern unseres Glaubens. Gott ist in sich gehorsam. Sein Erlösungswerk beruht auf dem Gehorsam des Sohnes gegenüber dem Vater, Gehorsam bis zum Tod, bis zum Tod am Kreuz. Der Hebräerbrief legt dem Sohn ein Psalmwort in den Mund (10,5): *„Siehe, ich komme ... um deinen Willen, Gott, zu tun.“* Dieses Wort, sagt der Hebräerbrief, spricht Christus *„bei seinem Eintritt in die Welt“.* Paul Gerhardt, der große lutherische Dichter des 17. Jahrhunderts, hat im Lied daraus einen Dialog von Vater und Sohn im Himmel gestaltet.

> *„Geh hin, mein Kind, und nimm dich an / der Kinder, die ich ausgetan / zu Straf und Zornesruten. – Ja Vater, ja von Herzensgrund, / leg auf, ich will dir's tragen; / mein Wollen hängt an deinem Mund, / mein Wirken ist dein Sagen.“*[1]

Wenn wir in der Kirche von Gehorsam reden, müssen wir immer dieses Niveau halten, müssen ausgehen vom Gehorsam des

---

[1] Evangelisches Gesangbuch 83: „Ein Lämmlein geht und trägt die Schuld.“

Sohnes gegenüber dem Vater. Nur so können wir dem modernen Freiheitspathos etwas entgegensetzen, nur so ist unser Reden 68er-resistent. Gott ist in sich gehorsam. *„Ja, Vater, ja, von Herzensgrund"*.

Der Vater, wir sind noch beim Philipperbrief, bestätigt den Gehorsam des Sohnes: *Darum hat ihn Gott über alle erhöht und ihm den Namen verliehen, der größer ist als alle Namen.* Auferstehung und Himmelfahrt des Herrn und sein Sitzen zur Rechten Gottes haben den Gehorsam am Kreuz zur Voraussetzung. Der Erhöhte ist der Gehorsame.

„Damit alle im Himmel, auf der Erde und unter der Erde ihr Knie beugen vor dem Namen Jesu und jeder Mund bekennt: Jesus Christus ist der Herr zur Ehre Gottes, des Vaters" (Phil 2,9-11). Den Gehorsam des Sohnes sollen die Menschen mit ihrem Gehorsam beantworten, und zwar nicht nur die Frommen, sondern wirklich alle Menschen – *im Himmel, auf der Erde und unter der Erde* – sie sollen das *Knie beugen* vor ihm und ihn anerkennen als *den Herrn* und so *Gott die Ehre* geben. „Die Ehre geben" aber heißt: gehorsam sein.

Im Alten Bund schon hatte Gott den Gehorsam gegenüber seinem Sohn gefordert.

> *„Nun denn, ihr Könige, kommt zur Einsicht"*, heißt es im zweiten Psalm, *„lasst euch warnen, ihr Richter der Erde! Mit Furcht dient dem HERRN, jubelt ihm zu mit Beben, küsst den Sohn, damit er nicht zürnt und euer Weg sich nicht verliert"* (Ps 2,10-12).

Im Neuen Bund wird diese Gehorsamsforderung nicht zurückgenommen oder auch nur ermäßigt. Aber Gott zeigt uns den tiefsten Grund für diese Forderung an uns, nämlich den Gehorsam des Sohnes gegenüber dem Vater. Unserem Gehorsam geht sein Gehorsam voraus.

Was im Christushymnus des Philipperbriefes in gedrängter Form uns vorliegt, wird in anderen Briefstellen entfaltet.

> *„Wie durch den Ungehorsam des einen Menschen die vielen zu Sündern gemacht worden sind, so werden auch durch den*

Gehorsam des einen die vielen zu Gerechten gemacht werden" (Röm 5, 19).

Christus erlöst uns durch seinen Gehorsam, den er Adams Ungehorsam und damit unserem entgegensetzt. Im Hebräerbrief:

> *„Obwohl er der Sohn war, hat er durch das, was er gelitten hat, den Gehorsam gelernt; zur Vollendung gelangt, ist er für alle, die ihm gehorchen, der Urheber des ewigen Heils geworden"* (5,8f.).

Ihm, Christus, gehorchen, das drückt der hl. Paulus mit der Formel vom Gehorsam des Glaubens aus. Am Anfang des Römerbriefes proklamiert er seine Aufgabe und seine Sendung:

> *„Durch ihn, Christus, haben wir Gnade und Apostelamt empfangen, um unter allen Heiden Glaubensgehorsam aufzurichten um seines Namens willen"* (Röm 1,5).

Gehorsam des Glaubens – dieser Genetiv muss mit guten Gründen doch wohl so verstanden werden: der Gehorsam wird durch den Glauben charakterisiert. *„Glaube ist für Paulus primär Gehorsam"* [2].

Auch der 1. Petrusbrief formuliert als Ziel seiner Verkündigung den Gehorsam der Gläubigen. Seine Adressaten, so schreibt er, sind *„von Gott, dem Vater, von jeher ausersehen und durch den Geist geheiligt, um gehorsam zu sein und besprengt zu werden mit dem Blut Jesu Christi"* (1,2). Er nennt die Christen *„Kinder des Gehorsams":*

> *„Als Kinder des Gehorsams gebt euch nicht den Begierden hin, wie früher in eurer Unwissenheit! Wie er, der euch berufen hat, heilig ist, so soll auch eure ganze Lebensführung heilig sein"* (1,14f.).

Gott sollen wir gehorchen und Christus, dem Herrn. Aber auch der Apostel fordert Gehorsam von den Gläubigen – weil und insoweit er der Bote Gottes ist. Ich führe nur einen Satz an, der vom Gehorsam gegen den Apostel spricht:

---

[2] Heinrich Schlier z. St. Unglaube ist Ungehorsam

„Darum, liebe Brüder – ihr wart ja immer gehorsam, nicht nur in meiner Gegenwart, sondern noch viel mehr jetzt in meiner Abwesenheit –: müht euch mit Furcht und Zittern um euer Heil!“ (Phil 2,12).

Nun zu den Evangelien. Das Wort Gehorsam, hypakoe, begegnet uns dort nicht. Fehlanzeige. Das ist ein sehr merkwürdiger Befund, wo es doch in den Briefen an so prominenter Stelle gebraucht wird. Die Evangelisten gebrauchen das Wort Gehorsam nicht.[3] In Lk 2,51, „Jesus war seinen Eltern gehorsam“ wird das Wort hypotasso, unterordnen, gebraucht. Ist das eine Parallele zum Synodalen Weg, der das Wort Gehorsam meidet? Nein, die Dinge liegen im Evangelium ganz anders.

Ein sprachlicher Grund ist die Ursache für das Fehlen des Begriffs. Jesus, der Herr, hat aramäisch gesprochen. Die Evangelisten schreiben griechisch, aber sie bewahren das semitische Aroma seiner Rede. Nun hat aber das Aramäische und auch das Hebräische kein eigenes Wort für „gehorchen“ und „Gehorsam“.[4] Gleichwohl reden die Evangelisten auf jeder Seite davon. Und zwar in vier Richtungen:

1. Der Gehorsam des Sohnes gegenüber dem Vater zeigt sich in der Taufe am Jordan. *„Lass es nur zu! Denn so können wir die Gerechtigkeit ganz erfüllen“,* sagt der Herr dem zurückschreckenden Johannes. Und der Vater nimmt den Gehorsam des Sohnes an: *„Dieser ist mein geliebter Sohn, an dem ich Wohlgefallen gefunden habe“* (Mt 4,15 und 17). Wenn der Herr sich immer wieder zum Gebet zurückzieht, übt und betätigt er seinen Sohnesgehorsam, er hört auf den Vater. In Getsemani sehen wir ihn, wie er den letzten Schritt seines Gehorsams tut: *„Mein Vater, wenn es möglich ist, gehe dieser Kelch an mir vorüber. Aber nicht wie ich will, sondern wie du willst“* (Mt 26,39).

---

3 In Lk 2,51 Jesus war seinen Eltern gehorsam wird das Wort hypotasso, unterordnen, gebraucht.

4 Deichgräber, Reinhard Gehorsam und gehorchen in der Verkündigung Jesu, ZNW 52, 1961, 119-1

2. Der gehorsame Jesus fordert Gehorsam von seinen Jüngern: *„Kommt her, folgt mir nach! ... Sofort ließen sie ihre Netze liegen und folgten ihm nach“* (Mt 4,19). Maria ist seine Mutter geworden durch den Gehorsam: *„Siehe, ich bin die Magd des Herrn; mir geschehe, wie du es gesagt hast“* (Luk 1,38). Und sie, die Gehorsame, weist uns bei der Hochzeit zu Kana in den Gehorsam gegenüber ihm ein: „Was er euch sagt, das tut“ (Joh 2,5).
3. Was der hl. Paulus im Römerbrief Gehorsam des Glaubens nennt, ist im Mund Jesu der Ruf zum Reich Gottes: *„Kehrt um und glaubt an das Evangelium“* (Mk 1,15). *„Nicht jeder, der zu mir sagt: Herr! Herr!, wird in das Himmelreich kommen, sondern wer den Willen meines Vaters im Himmel tut“* (Mt 7,21). Und: „Wer Ohren hat zum Hören, der höre!“ (Mk 4,9)
4. Auch der kirchliche Gehorsam wird in den Evangelien gefordert:
   „Wer euch aufnimmt, der nimmt mich auf, und wer mich aufnimmt, nimmt den auf, der mich gesandt hat“ (Mt 10,40), sagt der Herr zu den Zwölfen. *„Wer euch hört, der hört mich, und wer euch ablehnt, der lehnt mich ab; wer aber mich ablehnt, der lehnt den ab, der mich gesandt hat“* (Lk 10,16).

Im hebräischen Alten Testament haben wir dasselbe Bild wie in den Evangelien. Statt „gehorchen“ heißt es dort „hören“, šama‘.
„Schema Jisrael
> *Höre, Israel! Der HERR, unser Gott, der HERR ist einzig. Darum sollst du den HERRN, deinen Gott, lieben mit ganzem Herzen, mit ganzer Seele und mit ganzer Kraft.“ (Deut 6,4-6). Oder: „Höre, mein Volk, ich will dich mahnen! Israel, wolltest du doch auf mich hören!“* (Ps 81,9).

Auf dem Höhepunkt seiner Auseinandersetzung mit dem König Saul ruft ihm Samuel entgegen: *„Gehorsam ist besser als Opfer“ (1 Sam 15,22)*. So ist uns dieses Wort aus den deutschen Übersetzungen vertraut. Die hebräische Bibel hat auch hier das

Wort „hören, šama'": *„Hören ist besser als Opfer"* wäre die wörtliche Übersetzung. Weitere Umschreibungen für „gehorchen" sind: „hören und tun" und „jemandes Willen tun". Und alle Gebote und Gesetze des Alten Testamentes sind natürlich Gehorsamsforderungen.

Also: Die ganze Heilige Schrift redet vom Gehorsam, aber nur die Briefe des Neuen Testaments bringen es auf den Begriff mit dem Wort „Gehorsam". Ich vermute einmal, dass hier ein Grund dafür zu suchen ist, wenn unsere Gläubigen mit dem Gehorsam fremdeln. Die Evangelien sprechen zu unserem Herzen, die Briefe aber sind den meisten Gläubigen nicht so gegenwärtig und sprechen eher unseren Verstand an. Dann wird auch noch in den Predigten und in den Kirchenzeitungen das Wort Gehorsam gemieden. So kommt es dazu, denke ich, dass bei vielen Katholiken das Wort Gehorsam keinen guten Klang hat.

Aber doch: *„Der Elementar-Akt der Religion ist Gehorsam."*[5] So schreibt Romano Guardini einmal und mit diesem Satz können wir die Botschaft der ganzen Heiligen Schrift zusammenfassen. „Der Elementar-Akt der Religion ist Gehorsam."

Der Glaubensgehorsam als personales Geschehen

Damit kommen wir zum 2. Vatikanischen Konzil mit jenen zwei Sätzen und beginnen mit der dogmatischen Konstitution über die göttliche Offenbarung „Dei Verbum". *„Dem offenbarenden Gott ist der ‚Gehorsam des Glaubens' ... zu leisten."* Das Konzil greift hier das Wort vom Anfang des Römerbriefs auf, in dem der hl. Paulus das Ziel und den Zweck seines Apostelamtes formuliert:

> *„Durch Christus haben wir Gnade und Apostelamt empfangen, um unter allen Heiden Glaubensgehorsam aufzurichten um seines Namens willen"* (Röm 1,5).

---

5 Guardini, Romano: Auf dem Wege. Versuche, Mainz 1923, darin: Der religiöse Gehorsam (1916), S. 9-18, hier S. 12.

In diesem Gehorsamsakt, sagt das Konzil weiter, „überantwortet sich der Mensch als ganzer in Freiheit Gott". Der Glaubensgehorsam ist demnach nicht Ausführung eines Befehls, sondern ein personales Geschehen. Der Mensch *überantwortet sich Gott* und zwar ohne etwas von sich zurückzubehalten, *als Ganzer*. Das ist nur dann möglich, wenn es *in Freiheit* geschieht. Der Gehorsam darf nicht blind sein. Wer ihn leistet, muss seinen Verstand gebrauchen, er muss prüfen, ob das, was uns als Offenbarung vorgelegt wird, glaubwürdig ist. Dann aber betätigt er seinen Willen. *„Er unterwirft sich dem offenbarenden Gott mit Verstand und Willen und stimmt willig der Offenbarung zu."*

Dieser Satz entält ein Zitat aus dem Ersten Vatikanischen Konzil. Dort lesen wir: *„Wir sind gehalten, dem offenbarenden Gott im Glauben vollen Gehorsam des Verstandes und des Willens zu leisten"* (DH 3008).

Unser zweiter Satz aus der dogmatischen Konstitution über die Kirche „Lumen Gentium": *„Die Gläubigen müssen mit einem im Namen Christi vorgetragenen Spruch ihres Bischofs in Glaubens- und Sittensachen übereinkommen."*

Kirchlicher Gehorsam

Er wird dem Bischof geschuldet. Er besteht nicht nur in intellektueller Zustimmung, sondern darin, dass die Gläubigen mit ihrem Bischof „übereinkommen". Im lateinischen Text steht „concurrere", „zusammenlaufen". Was für ein schönes Bild! Der Glaube ist kein Gedankengebilde, keine Ideologie, sondern ein Weg, den die Gläubigen mit ihren Hirten gemeinsam gehen – „concurrere". Das heißt nicht, dass jeder Katholik immer mit seinem Bischof übereinkommen muss. Wir erleben in diesen Tagen schmerzhaft, dass wir mit unseren Bischöfen nicht immer übereinkommen, „zusammenlaufen" können. Das ist aber auch nicht verlangt. Nur wenn der Bischof *im Namen Christi* eine Lehre *in Glaubens- und Sittensachen vorträgt,* sollen wir ihm folgen. Und zwar *mit religiös gegründetem Gehorsam, re-*

ligioso animi obsequio. Was ist damit gemeint? Das kirchliche Gesetzbuch, das ja auch ein lehramtliches Dokument ist, gibt einen Hinweis. Dort lesen wir: *„Nicht Glaubenszustimmung, wohl aber religiöser Verstandes- und Willensgehorsam ist einer Lehre entgegenzubringen, die der Papst oder das Bischofskollegium in Glaubens- oder Sittenfragen verkündigen."* (CIC Can. 752). Glaubensgehorsam und kirchlicher Gehorsam, den wir dem Papst und den Bischöfen schulden, sind also von einander verschieden. Ich will das hier nur anmerken. Die Frage, was denn mit religiösem Gehorsam gemeint ist, möchte ich nachher noch einmal aufgreifen.

Zunächst noch einige Beobachtungen an dem, was das Konzil über den kirchlichen Gehorsam lehrt. Er ist begrenzt auf Glaubens- und Sittenfragen. Und weiter, er ist abgestuft. Der Papst kann *„kraft höchster Lehrautorität"* sprechen oder aber mit geringerem Anspruch. Er macht das deutlich durch die *„Art der Dokumente, die Häufigkeit der Vorlage ein und derselben Lehre, und der Sprechweise"* (LG 25).

Ich lasse das einmal so stehen und nehme einen neuen Anlauf, um tiefer und besser zu verstehen, was Gehorsam ist. Bei Romano Guardini habe ich dazu Entscheidendes gelernt, und zwar in einem Text, der nicht so bekannt ist, wie er es verdient. Den möchte ich Ihnen jetzt vorstellen.[6]

Guardini berichtet von einem gnadenhaften Augenblick in seinem Leben. Es ist keine Bekehrung, vielmehr eine entscheidende Weichenstellung, die seinem Leben eine endgültige Richtung gegeben hat.

1905. Guardini war Student der Nationalökonomie. In den Semesterferien ist er daheim in seinem Elternhaus, in Mainz, zusammen mit seinem Freund Karl Neundörfer. Sie sitzen beieinander und reden über die Ausrichtung ihres Lebens und über Gott. Das Gespräch mündet in die Worte: *„Es wird wohl auf*

---

[6] *Romano Guardini*, Berichte über mein Leben. Autobiographische Aufzeichnungen 1984, Seite 71 f. (geschrieben 1943 - 1945)

den Satz hinauskommen: ,wer seine Seele festhält, wird sie verlieren; wer sie aber hergibt, wird sie gewinnen'" Guardini hat damit ein Wort des Evangeliums, ein Herrenwort, recht frei übersetzt, und zwar so, dass es von einem Gehorsamsakt spricht: *„die Seele hergeben"*. (Mt 10, 39: *„Wer das Leben findet, wird es verlieren; wer aber das Leben um meinetwillen verliert, wird es finden."*) Der Freund, so berichtet Guardini weiter, geht hinaus auf den Balkon, er selbst sitzt alleine vor seinem Tisch. Der Gedanke geht in ihm weiter:

> *„Meine Seele hergeben – aber an wen? Wer ist im Stande, sie mir abzufordern? So abzufordern, dass darin nicht doch wieder ich es bin, der sie in die Hand nimmt? Nicht einfachhin ,Gott', denn wenn der Mensch es nur mit Gott zu tun haben will, dann sagt er ,Gott' und meint sich selbst. Es muß also eine objektive Instanz sein, die meine Antwort aus jeglichem Schlupfwinkel der Selbstbehauptung herausziehen kann. Das aber ist nur eine einzige: die katholische Kirche in ihrer Autorität und Präzision. Die Frage des Behaltens oder Hergebens der Seele entscheidet sich letztlich nicht vor Gott, sondern vor der Kirche. Da war mir zu Mute, als ob ich alles, – wirklich ,alles', mein Dasein – in meinen Händen trüge, wie in einer Waage, die im Gleichgewicht stand: ,Ich kann sie nach rechts sinken lassen oder nach links. Ich kann meine Seele hergeben, oder sie behalten.' Und da habe ich denn die Waage nach rechts sinken lassen. Der Augenblick war ganz still. Da war weder eine Erschütterung, noch eine Erleuchtung, noch irgendein Erlebnis. Es war die ganz klare Einsicht: ,so ist es' – und die unmerklich leise Bewegung: ,so soll es sein!' Dann ging ich hinaus zu meinem Freund und sagte es ihm. ..."*

Guardini hat diesen Bericht in den letzten Kriegsjahren aufgeschrieben, also nach vierzig Jahren. Es ist keine Bekehrung – *„weder eine Erschütterung, noch eine Erleuchtung, noch irgendein Erlebnis"* – aber doch eine Entscheidung für das ganze

Leben in einem grundlegenden Gehorsamsakt. Wer eine Wahrheit oder gar die Wahrheit erkannt hat – *„so ist es"* – muss eine Entscheidung treffen – *„so soll es sein!"* Die Erkenntnis der Wahrheit fordert gebieterisch eine Entscheidung: *„die Waage nach rechts sinken lassen oder nach links"*. Guardini hat sie nach rechts sinken lassen – *„der Wahrheit gehorsam"*, wie es im 1. Petrusbrief heißt (1,22).

Wem aber gilt der Gehorsam? *„Meine Seele hergeben",* das war Guardinis Formulierung für den Gehorsamsakt, *„meine Seele hergeben – aber an wen?"* Darauf gibt Guardini diese so sehr zugespitzte Antwort: *„Nicht einfachhin ‚Gott', denn wenn der Mensch es nur mit Gott zu tun haben will, dann sagt er ‚Gott' und meint sich selbst."* In der Tat, so ist es. Denn wenn ich mich auf Gott berufe und nur auf ihn, muss ich selbst entscheiden, was denn tatsächlich Gottes Wort und Wille ist. Jedes Wort der Bibel? Oder muss ich nicht auch in der Bibel unterscheiden zwischen Gottes- und Menschenwort? Der hl. Paulus verurteilt im Römerbrief homosexuelle Handlungen. Ist das Gottes Wort oder eben nur Menschenwort? Und wenn es Gottes Wort sein sollte, muss ich es dann wörtlich verstehen oder darf ich es nicht vielmehr so interpretieren, dass es mit unseren heutigen wissenschaftlichen Erkenntnissen kompatibel ist? Oder: Im 1. Korintherbrief lesen wir: *„Die Frauen sollen in den Versammlungen schweigen; es ist ihnen nicht gestattet zu reden"* (14,34). Die Exegeten sagen uns, diese Stelle sei später von fremder Hand hinzugefügt, also kein originales Pauluswort. Muss ich in diesen Worten immer noch Gottes Willen erkennen? Wenn ich mich nur auf Gott berufe, muss ich in eigener Regie unterscheiden. Ich habe keine *„objektive Instanz, die meine Antwort aus jeglichem Schlupfwinkel der Selbstbehauptung herausziehen kann"*. Es kann einer noch so fromm sein und ehrlich bemüht, Gott zu gehorchen, er muss mit innerer Notwendigkeit die Frage stellen: „Hat Gott das wirklich gesagt?" Damit aber kommen wir der Frage der Schlange im Garten Eden gefährlich nahe: *„Hat Gott wirklich gesagt: Ihr dürft von keinem Baum des Gartens essen?"* (Gen 3,1). Hat Gott wirklich gesagt: Homosexuelle Handlungen sind eine schlimme Abirrung? Ist es wirklich Gottes Wille, dass nur Männer die Priesterweihe empfangen können? Hat Christus wirklich das Petrusamt eingesetzt? Und das Priestertum?

Die Kirche und ihr Lehramt

Wer seine Seele nur an Gott hingeben will, hat keine objektive Instanz, die ihn in diesen Fragen vor sich selbst, vor seinen Wünschen und Strebungen schützt. Das kann nur die Kirche mit ihrem Lehramt.

> *„Die Aufgabe, das geschriebene oder überlieferte Wort Gottes verbindlich zu erklären, ist nur dem lebendigen Lehramt der Kirche anvertraut, dessen Vollmacht im Namen Jesu Christi ausgeübt wird"* (DV 10).

Wir haben Gottes Gehorsam forderndes Wort niemals unvermittelt. Sein äußeres Wort in der Heiligen Schrift muss verstanden und interpretiert werden. Wer versteht? Wer interpretiert? Entweder eine mir gegenüberstehende Instanz oder aber ich selbst. Der Protestantismus sieht im Buch der Bibel diese Instanz. Die Schrift allein genüge, hat Luther gelehrt, sie lege uns Gottes Wort autoritativ und eindeutig vor. Aber das ist kein gangbarer Weg. Joseph Ratzinger hat das einmal mit einer genau treffenden Formulierung widerlegt. Ein *„als Buch alleingelassenes Wort"*, sagt er, ist *„wehrlos der Manipulation durch vorgegebene Wünsche und Meinungen ausgeliefert"*.[7] Das protestantische Prinzip „sola scriptura" liefert das Wort Gottes unseren Wünschen und Meinungen aus. Die Schrift allein, das *„als Buch allein gelassene Wort"* ist keine mir wirklich gegenüber stehende Instanz.

Wenn der Angehörige einer anderen kirchlichen Gemeinschaft in die volle Gemeinschaft der katholischen Kirche aufgenommen wird, muss er das nizänische, das große Glaubensbe-

---

7 *Joseph Ratzinger*, Was heißt Theologie? In: JRGS 9, 368-375, hier 372

kenntnis sprechen und daran folgenden Satz anschließen: *„Ich glaube und bekenne alles, was die heilige, katholische Kirche als Offenbarung Gottes glaubt, lehrt und verkündet.“*[8] Vor vielen Jahren habe ich diesen Satz feierlich im Gottesdienst gesprochen bei meiner Aufnahme in die Kirche. Immer wieder erinnere ich mich daran mit großer Freude. Schade, dass die geborenen Katholiken keine Gelegenheit haben, diesen Satz feierlich auszusprechen. Denn er verpflichtet natürlich nicht nur ehemalige Protestanten. Jeder Katholik muss *„alles glauben und bekennen, was die heilige, katholische Kirche als Offenbarung Gottes glaubt, lehrt und verkündet“.* Wir haben den Glauben nicht direkt von Gott, sondern die Kirche legt uns den Glauben vor. Wir glauben, was die Kirche *glaubt, lehrt und verkündet.*

Guardini hat recht: *„... wenn der Mensch es nur mit Gott zu tun haben will, dann sagt er ‚Gott‘ und meint sich selbst.“* Wir brauchen eine objektive Instanz. *„Das aber ist nur eine einzige: die katholische Kirche in ihrer Autorität und Präzision. Die Frage des Behaltens oder Hergebens der Seele“,* die Frage des Gehorsams, *„entscheidet sich letztlich nicht vor Gott, sondern vor der Kirche“.*

Die heutige Problematik

Aber können wir eine so steile Aussage in den Niederungen unseres kirchlichen Alltags durchhalten? Ist die Kirche damit nicht überfordert? Guardini hat seine Erkenntnis vor mehr als hundert Jahren gehabt, 1905, da regierte der hl. Papst Pius X. Als Guardini seinen Bericht um 1944 niederschrieb, regierte Pius XII. Hilft uns denn heute noch eine Erkenntnis aus der Zeit der Pius-Päpste? Heute, wo die Kirche ein Bild der Zerrissenheit bietet, wie wir uns das noch vor zehn Jahren kaum vorstellen konnten? Papst Franziskus verwirrt uns heute mit Aussagen, die nicht zu dem passen, was er noch gestern gesagt hat.

---

8 Die Feier der Aufnahme gültig Getaufter in die volle Gemeinschaft der katholischen Kirche in den Bistümern des deutschen Sprachgebietes, 1973

Die Bischöfe widersprechen einander, sie hören nicht auf den Papst, bzw. hören nur dann auf ihn, wenn er das sagt, was sie auch sagen wollten. Mit Hilfe des Synodalen Weges soll die Kirche verändert werden. Wem soll ich dann gehorchen, der Kirche von heute oder der Kirche, wie sie morgen sein wird? „Vorauseilender Gehorsam“ wurde das in der Zeit nach dem Konzil genannt. Aber damit wurde nur der Ungehorsam schöngeredet.
Hören wir noch einmal auf Guardini. Er hat nicht einfach von der Kirche geredet, sondern von der *„katholischen Kirche in ihrer Autorität und Präzision“*. Hier, so meine ich, entscheidet sich alles. Die Kirche in ihrer Autorität und Präzision kann unseren Gehorsam fordern.

Die Autorität und Präzision der katholischen Kirche

Was heißt Autorität? Woher hat die Kirche ihre Autorität? Da müssen wir auf Christus schauen. Er ist dem Vater gehorsam. *„Ja Vater, ja von Herzensgrund ... mein Wollen hängt an deinem Mund, mein Wirken ist dein Sagen.“* Weil Christus gehorsam ist, weist der Vater uns an ihn. *„Dieser ist mein geliebter Sohn, an dem ich Wohlgefallen gefunden habe; auf ihn sollt ihr hören“* (Mt 17,5). Der Herr hat Autorität, weil er gehorsam ist. So hat auch die Kirche Autorität, insofern und soweit sie gehorsam ist. Die dogmatische Konstitution über die göttliche Offenbarung des 2. Vat. Konzils beginnt so: *„Gottes Wort voll Ehrfurcht hörend, Dei Verbum religiose audiens“*. Damit ist der Ursprung jeder kirchlichen Autorität benannt. Solange die Kirche diesem Ursprung treu bleibt, ist sie nicht überfordert, wenn wir ihr Gehorsam erweisen.

Zur Autorität, sagt Guardini, muss die Präzision kommen. Was meint er damit? Im Text erläutert er das nicht weiter. Ich versuche, mich dem Verständnis anzunähern. Zunächst ist sicher Klarheit und Deutlichkeit gemeint. *„Wenn die Trompete unklare Töne hervorbringt, wer wird dann zu den Waffen greifen?“*, fragt der Apostel Paulus (1Kor 14,8). Gehorsam braucht eine klare Ansage, klare Töne. Eine notwendige Bedingung, denn ohne diese Präzision, ohne Klarheit und Deutlichkeit können wir gar nicht gehorchen, auch nicht in der Kirche.

Und, das ist doch wohl auch mit Präzision gemeint, es braucht Eindeutigkeit im Sinne von Widerspruchsfreiheit. Der Papst und die Bischöfe können Gehorsam nur fordern, wenn das, was sie sagen, widerspruchsfrei im Einklang mit der Tradition steht. Das Lehramt soll nicht einfach wiederholen, was es früher einmal gesagt hat. Aber was es heute sagt, muss auf dem Früheren aufbauen und darf dem Früheren nicht widersprechen. Wir haben gesehen, wie im zweiten Vatikanischen Konzil das erste zitiert wird. Damit stellen sich die Väter in den Zusammenhang der Tradition. Sie zeigen und betonen die Kontinuität der Lehre. Mit dem Zweiten Vatikanischen Konzil beginnt eben nicht eine neue Ära der Kirchengeschichte, wie so gerne behauptet wird. Vielmehr steht alles, was dort gesagt wird, in Kontinuität mit dem, was die Kirche früher, mit dem, was die Kirche immer gelehrt hat.

Jede neue Aussage des Lehramtes muss deswegen sehr genau formuliert werden. Sie muss wie ein Puzzlestein in das Ganze der kirchlichen Lehre passen. Ein Puzzlestein muss ganz präzise zugeschnitten sein, sonst passt er nicht, man kann ihn nicht gebrauchen.

Beispiele auf dem Prüfstand: die Todesstrafe

Man kann das studieren beim Thema Todesstrafe. Der hl. Papst Johannes Paul II. war ein entschiedener Gegner der Todesstrafe und wollte sicher seine ganze Autorität dafür einsetzen, dass nirgendwo noch ein Mensch hingerichtet wird. Nun wird aber in der Heiligen Schrift die Todesstrafe nicht geächtet, und die Kirche hat in ihrer Lehre die Todesstrafe niemals ausgeschlossen. In dieser Situation konnte und wollte Papst Johannes Paul II. kein Verbot der Todesstrafe lehren. In der ersten Fassung des KKK 1993 heißt es: Die Kirche erkennt das Recht und die Pflicht der öffentlichen Gewalt an, angemessene Strafen zu verhängen, *„ohne in schwerwiegendsten Fällen die Todesstrafe auszuschließen"*. In der endgültigen Fassung des Katechismus 1997 wird aus der zwischenzeitlich verfassten Enzyklika Johannes Pauls II. Evangelium Vitae zitiert, nach der solche Fälle *„sehr selten oder praktisch überhaupt nicht mehr gegeben"* sind. Das ist Präzision des Lehramtes. Der Puzzlestein wird so genau zugeschnitten, dass er in das Ganze der Lehre hineinpasst. Die überlieferte Lehre wird weiter entwickelt, nicht aber zu einem Widerspruch gegen das früher Gelehrte. Auch Papst Franziskus ist ein Gegner der Todesstrafe. Aber er wählt einen anderen Weg. Er ändert den Katechismus im Widerspruch zu der bisherigen Lehre. *„Die Kirche"*, heißt es jetzt (KKK 2267), *„lehrt im Licht des Evangeliums, dass ‚die Todesstrafe unzulässig ist, weil sie gegen die Unantastbarkeit und Würde der Person verstößt'"*. Dieser Puzzlestein passt nicht hinein in das Bild. Er ist nicht präzise zugeschnitten. Das ist nicht die Stimme der *„Kirche in ihrer Autorität und Präzision"*.

Beispiele auf dem Prüfstand: die Liturgie

Das Thema Todesstrafe betrifft nun glücklicherweise niemanden hier existentiell. Näher kommt uns das Problem der Präzision, wenn es um die Liturgie geht. Papst Benedikt hat 2007 mit seinem Motu Proprio „Summorum Pontificum" den Gebrauch des alten Messbuchs von 1962 großzügig erlaubt. Vierzehn Jahre später schränkt Papst Franziskus mit dem Motu Proprio „Traditionis Custodes" den Gebrauch des alten Messbuchs wieder ein. Das ist zunächst einmal legitim. Hier geht es um disziplinarische Vorschriften, und die müssen den aktuellen Bedingungen entsprechen. Es ist Aufgabe des Papstes, dafür zu sorgen. Nun aber hat Papst Benedikt nicht einfach disziplinarische Bestimmungen erlassen. Er hat sie vielmehr begründet mit einer lehramtlichen Aussage. Das neue Messbuch, schreibt er 2007, *„ist die ordentliche Ausdrucksform der ‚Lex orandi' der katholischen Kirche des lateinischen Ritus."* Das alte Messbuch *„hat ... als außerordentliche Ausdrucksform derselben ‚Lex* *orandi' der Kirche zu gelten ...*" Es gibt also nach Papst Benedikt XVI: *„zwei Ausdrucksformen der ‚Lex orandi' der Kirche"*. 2021 schreibt hingegen Papst Franziskus (Art. 1): *„Die von den heiligen Päpsten Paul VI. und Johannes Paul II. ... promulgierten liturgischen Bücher sind die einzige Ausdrucksform der lex orandi des Römischen Ritus."* Das ist ein klarer Widerspruch zu dem, was sein Vorgänger gelehrt hat. Wie sollen wir da gehorchen? Was 2007 richtig war, kann doch nicht vierzehn Jahre später falsch sein. Das ist nicht die Stimme der *„Kirche in ihrer Autorität und Präzision"*.

Ich bin so ausführlich auf Romano Guardini eingegangen, weil er uns den inneren Sinn von religiösem Gehorsam erschließt. In den beiden Sätzen des Konzils stehen Glaubensgehorsam und kirchlicher Gehorsam zunächst nebeneinander. Bald aber zeigt sich, dass beide miteinander verschränkt sind. Glaubensgehorsam gibt es nicht ohne kirchlichen Gehorsam und umgekehrt. *„Der Elementar-Akt der Religion ist Gehorsam"*, hatte Guardini gesagt. Wir können hinzufügen: Gehorsam muss religiös sein. Wer Gott gehorchen will, ist an die Kirche verwiesen. Und wer der Kirche gehorcht, tut es um Gottes willen.

Der Glaubensgehorsam hat klare Konturen. Die Kirche legt uns die Offenbarung vor. Der Akt des Glaubensgehorsams richtet sich nicht direkt auf Gott, sondern bezieht sich auf Menschenworte, die der Glaubende in der Kirche vernimmt, als Gotteswort erkennt und gehorsam annimmt. Der Apostel Paulus dankt Gott dafür, dass die Gläubigen in Thessalonich das Wort Gottes, das sie durch seine Verkündigung empfangen haben, *„nicht als Menschenwort, sondern – was es in Wahrheit ist – als Gottes Wort angenommen"* haben (1Thess 2,13). Den Glaubensgehorsam gibt es nicht ohne die Kirche, und der kirchliche Gehorsam gilt der Kirche nicht als einer menschlichen Einrichtung, er gilt ihr vielmehr in ihrer göttlichen Autorität. Dadurch hat auch der kirchliche Gehorsam klare Konturen. Das Konzil hat ja den Geltungsbereich und die Abstufungen des kirchlichen Gehorsams umschrieben. Als Getaufte und Gefirmte dürfen wir uns der Führung des Heiligen Geistes anvertrauen. Wir folgen dem Guten Hirten, denn wir kennen seine Stimme. Einem Fremden aber werden wir nicht folgen, sondern wir werden vor ihm fliehen, weil wir die Stimme des Fremden nicht kennen (Vgl. Joh 10,4f.) Wir sind zum Gehorsam berufen, *„...von Gott, dem Vater, von jeher ausersehen und durch den Geist geheiligt, um gehorsam zu sein und besprengt zu werden mit dem Blut Jesu Christi" (1 Petr 1,2).*

Glaubensgehorsam und Gewissen

Was bedeutet das alles für unser Leben, was sollen wir tun? *„Der Elementarakt der Religion ist Gehorsam."* So hatte Romano Guardini gesagt. Das heißt für uns: diesen Akt gut und beständig und in der Kraft des Heiligen Geistes vollziehen. Schauen wir in die beiden Richtungen, die uns das Konzil weist. Zuerst der Glaubensgehorsam. Wir betätigen ihn im Gebet. Der betende Christus ist dabei unser Vorbild. Immer wieder zieht er sich in die Einsamkeit zurück, um die Stimme des Vaters zu hören und so seinen Sohnesgehorsam zu betätigen. Freilich, wir können nicht wie er so unmittelbar die Stimme des Vater vernehmen. Aber *in uns wohnt der Geist Gotte*s (Röm 8,9). Wir haben *den Geist der Kindschaft empfangen, in dem wir rufen: Abba, Vater!* (Röm 8,15). Und in unserem Innersten haben wir ein Heiligtum, wo Gott zu uns redet. *Das Gewissen,* sagen die Väter des Konzils, *ist die „verborgenste Mitte und das Heiligtum im Menschen, wo er allein ist mit Gott, dessen Stimme in diesem seinem Innersten zu hören ist"* (GS 16). Das ist dann also das erste, was wir tun sollen: im Gebet, in unserem Gewissen auf die Stimme Gottes hören – und gehorchen. Denn dem Gewissen müssen wir immer folgen.

Das Gewissen muss nun allerdings gebildet werden, und das geschieht im Hören auf sein äußeres Wort. Das tun wir sicher alle und ich will hier keine offenen Türen einrennen. Einen Gedanken will ich nur sagen. Ab und an sollte jeder sich Rechenschaft geben: Wie ist das mit meinem Hören auf das Wort Gottes? Braucht es da vielleicht einen neuen Impuls? Gibt es Bereiche der Heiligen Schrift, die mir fremd geblieben sind, wo ich noch Entdeckungen machen kann und soll? *„Land, Land, Land, höre das Wort des Herrn!"*, sagt der Prophet Jeremia (22,29).

Die zweite Richtung unseres Gehorsams ist die Kirche. *„Fest soll mein Taufbund immer steh'n, Ich will die Kirche hören; Sie soll mich allzeit gläubig seh'n, Und folgsam ihren Lehren."* So hat vor gut 200 Jahren ein münsterischer Priester gedichtet, Friedrich Matthias Berghaus, und so wurde lange Zeit in den Gottesdiensten gesungen. *„Ich will die Kirche hören ... folgsam ihren Lehren."* Nach dem zweiten Vatikanischen Konzil meinte man, das ändern zu sollen. Im meinem Erzbistum Bamberg sollen wir jetzt singen: *„Ich will dem Herrn gehören ... gehorsam seinen Lehren"*. In anderen Diözesen hat man auf andere Weise die katholische Pointe dieses Liedes verdorben. Das gehört zu den vielen unseligen nachkonziliaren Veränderungen. Glaubensgehorsam kann nicht bestehen ohne kirchlichen Gehorsam. Gehorsam kommt von „Hören". *Ich will die Kirche hören.*

Der Erzbischof von San Francisco, Cordileone, hat kürzlich in einem Interview gesagt: *„Leider gibt es viele Katholiken, die nicht wirklich alles befolgen, was unsere Kirche lehrt, weil sie nie unterrichtet wurden, was sie denn lehrt und welche Weisheit ihrer Lehre zugrunde liegt."*[9]

Es steht schlecht um das Glaubenswissen nicht nur in den USA, sondern ganz gewiss auch in Deutschland. Der Grund, den der Bischof nennt, gilt hierzulande ebenso wie dort: *„Wir haben keine gute Arbeit geleistet, um unsere Leute im Glauben auszubilden und ihnen zu helfen, den Glauben zu verstehen, ihn zu lieben und zu leben – we haven't done a very good job."*

Nicht nur die Hirten stehen hier in der Pflicht, sondern auch die Schafe. *„Selig der Mann, der ... sein Gefallen hat an der Wei-*

9 https://www.foxnews.com/faith-values/us-catholic-church-explicit-attack-archbishop-warns-hope

sung des HERRN, bei Tag und bei Nacht über seine Weisung nachsinnt", so wird im Psalm der Fromme beschrieben (Ps 1, 1.2).

Ich will jetzt einige Themen nennen, wo nach meiner Beobachtung auch eifrige Katholiken, regelmäßige Kirchgänger unsicher sind. Vor allem bei den gegenwärtig diskutierten Themen wäre es nötig, dass wir Katholiken die Lehre der Kirche kennen und vertreten können. Wir haben den Katechismus der Katholischen Kirche, dieses großartige Buch. Er ist eine Frucht der Zusammenarbeit von Papst Johannes Paul II. mit Joseph Ratzinger als Präfekt der Glaubenskongregation. Was war das für eine glückliche Epoche der Kirchengeschichte! Diese beiden Männer in der höchsten Verantwortung für die Kirche! Den Katechismus, der daraus hervorgegangen ist, sollten wir dankbar und fleißig gebrauchen.

Also einige Themen, ein paar Schlaglichter

1. Beihilfe zum Suizid. Hier ist die Lehre der Kirche für praktizierende Katholiken, so weit ich sehe, durchaus präsent. Gleichwohl ist es nicht verkehrt, zur Vergewisserung immer wieder einmal in den Katechismus zu schauen. *„Freiwillige Beihilfe zum Selbstmord verstößt gegen das sittliche Gesetz"*, sagt er zum Thema (KKK 2282). Da ist kein Spielraum für irgendwelche Ausnahmen. Wer an der aktuellen Diskussion teilnehmen will, und das sollten wir tun!, braucht freilich noch mehr Argumente als nur den Hinweis auf den Katechismus. Nicht nur die Lehre der Kirche gilt es zur Kenntnis zu nehmen, sondern wir sollen auch erkennen, welche Weisheit der Lehre zugrunde liegt, nach dem Wort von Erzbischof Cordileone. Zum Thema Suizid wird uns etwa gesagt, die in der Bibel berichteten Suizide würden dort nicht bewertet und verurteilt. Ja, stimmt das denn? Ich nehme mir dann die Texte noch einmal vor und höre selbst auf das Wort der Heiligen Schrift.

2. Homosexualität. Der Synodale Weg wurde veranstaltet unter anderem, um die Lehre der Kirche an diesem Punkt zu ändern.

Von Papst Franziskus kommen widersprüchliche Botschaften und Signale. Die Kirche begegnet uns hier derzeit nicht mit *Autorität und Präzision.* Damit müssen wir leben. Immerhin haben wir noch den Katechismus mit einer klaren Aussage. Die sollen wir hören – mit religiösem Gehorsam. Und wieder sollen wir die *Weisheit* ergründen, die der kirchlichen Lehre zugrunde liegt.

3. Das schwierige Thema der geschlechtlichen Identität. Die Bundesregierung hat den Entwurf für ein Selbstbestimmungsgesetz vorgelegt. Auch Minderjährigen soll der Wechsel in das andere Geschlecht ermöglicht und erleichtert werden. Die Präsidentin des Zentralkomitees der deutschen Katholiken begrüßt öffentlich diesen Gesetzentwurf. Das ist gewiss nicht *die Stimme der katholischen Kirche in ihrer Autorität.* Vom Papst hören wir die eine oder andere Bemerkung, über die man sich schon freuen kann, aber das ist noch nicht die Stimme der Kirche *in ihrer Präzision.* Von unseren deutschen Bischöfen ist zu dem Thema, so weit ich sehe, nichts zu vernehmen. Glücklicherweise ist die katholische Kirche größer als Deutschland und Rom. Die Nordische Bischofskonferenz hat ihren Gläubigen einen Fastenhirtenbrief über die menschliche Sexualität geschenkt. Den dürfen auch wir lesen. Hier finden wir katholische Wegweisung zum Thema geschlechtliche Identität. In früheren Zeiten war es leichter, die authentische Stimme der Kirche zu hören. Heute müssen wir nach vielen Seiten hin hören. Vor allem müssen wir im Glauben fest werden, damit wir bei solchen Themen selbständig zu einem Urteil in kirchlichem Geist gelangen können.

4. Als viertes nenne ich ein Thema, das nicht aktuell diskutiert wird, das aber für einzelne Menschen aktuell werden kann: Eheliche Unfruchtbarkeit. Zu diesem Thema hat das Lehramt sich klar und deutlich geäußert. Aber, und deswegen spreche ich es hier an, nach meinen Beobachtungen ist davon wenig bei den Gläubigen angekommen, auch bei eifrigen und bemühten Katholiken. Ihnen leuchtet noch ein, dass Eheleute nicht durch

das Einschalten einer dritten Person ihren Kinderwunsch erfüllen dürfen, also nicht durch fremde Ei- oder Samenspende oder gar durch Leihmutterschaft. Die wenigsten aber haben mitbekommen, dass die Kirche auch die innereheliche, die homologe künstliche Insemination als *„moralisch unannehmbar"* ablehnt (KKK 2377). Wenn das vielleicht niemanden hier persönlich betrifft – in unserer Umgebung, in unseren Familien kommt dieses Leid vor. Es ist gut, wenn wir dann die Lehre der Kirche kennen und ins Gespräch bringen können. Eheleute haben kein Recht auf ein Kind. Der Katechismus sagt: *„In diesem Bereich besitzt einzig das Kind eigentliche Rechte: ‚das Recht, die Frucht des spezifischen Aktes der ehelichen Hingabe seiner Eltern zu sein'."* Was für ein großes Wort!

5. Als fünftes nenne ich ein Thema, das ausnahmslos uns alle betrifft. Mancher hält es vielleicht für nebensächlich: Leichenbestattung – Erde oder Feuer, Urne oder Sarg. Nebensächlich? Ich bin da anderer Meinung und offenbar auch die Kirche. Denn sonst hätte sich das Lehramt nicht dazu geäußert. Aber was wissen die Katholiken davon, randständige und auch eifrige? Bei ihnen ist angekommen, dass die Kirche die Leichenverbrennung nicht mehr verbietet, und damit begnügen sie sich. Aber in solchen Fragen geht es doch nicht darum: was ist verboten und was ist nicht verboten. Gehorsam heißt Hören auf die Stimme der Kirche, die doch nicht kommandiert und verbietet, sondern die uns zu einem guten, einem schönen und glücklichen Leben im Einklang mit Gottes Willen führen will. Die Kongregation für die Glaubenslehre hat 2016 eine Instruktion „Ad resurgendum cum Christo" herausgegeben mit der Unterschrift von Kardinal Müller. Da findet man Argumente. Da wird man hingeführt zu einer gläubigen Sicht auf das Thema. Von der *„hohen Würde des menschlichen Leibes als wesentlicher Teil der Person, dessen Geschichte der Leib teilt"*, ist da die Rede und von *„der Ehrfurcht und Achtung, die den Leibern der Verstorbenen gebührt, welche durch die Taufe Tempel des Heiligen Geistes geworden sind."* Der KKK sagt zum Thema

nur ganz knapp, dass die Kirche die Einäscherung gestattet (2301), weist aber auf das kirchliche Gesetzbuch hin, das ja auch zum Lehramt gehört. Dort heißt es: *„Nachdrücklich empfiehlt die Kirche, dass die fromme Gewohnheit beibehalten wird, den Leichnam Verstorbener zu beerdigen“* (CIC 1176). Darüber lohnt es sich nachzudenken. Was ist fromm an der Erdbestattung? Wollen wir fromme Gewohnheiten beibehalten oder über Bord werfen? Was bewirke ich bei den Menschen, wenn ich mich einmal im Sarg von ihnen verabschiede oder wenn ich in einer Urne entsorgt werde?

6. Ein letztes Thema: Der gerechte Krieg. Als vor achtzehn Monaten russische Truppen in die Ukraine einmarschierten, haben sich unsere Bischöfe sofort zu Wort gemeldet. Unisono haben sie erklärt, die angegriffene Ukraine habe das Recht zur Selbstverteidigung. Das ist richtig, aber es ist nicht die ganze katholische Wahrheit. Der Katechismus (KKK 2309) nennt vier Bedingungen, *„strenge Bedingungen“*, unter denen es einem Volk gestattet ist, *„sich in Notwehr militärisch zu verteidigen“*. Diese Bedingungen müssen *„gleichzeitig gegeben sein“* und *„sind genau einzuhalten“*. Die ersten beiden Punkte, die dann genannt werden, sind unproblematisch. Aber wie ist es mit der dritten Bedingung: *„Es muß ernsthafte Aussicht auf Erfolg bestehen“*? Ich will die Frage nicht beantworten, darum geht es hier nicht. Aber wer auf die Lehre der Kirche hört und ihr folgen will, muss sie stellen. Ernsthafte Aussicht auf Erfolg? Die vierte Bedingung: *„Der Gebrauch von Waffen darf nicht Schäden und Wirren mit sich bringen, die schlimmer sind als das zu beseitigende Übel“*. Ist diese Bedingung erfüllt: Der Gebrauch von Waffen – auch aus Deutschland – darf nicht Schäden und Wirren mit sich bringen, die schlimmer sind als das zu beseitigende Übel? Wieder geht es nicht um eine Antwort. Aber die Fragen muss man stellen, die *Kirche in ihrer Autorität* legt uns diese Fragen vor. Ich bin enttäuscht von unseren Bischöfen, die das alles mit Schweigen übergehen. Es wäre doch eine Chance gewesen, in der Öffentlichkeit die Lehre der Kirche vom ge-

rechten Krieg darzulegen – kein Pazifismus, aber auch nicht der Bellizismus, der uns überall entgegentönt.

Schlussfolgerung

Mit diesen sechs Punkten, die für viele stehen, wollte ich Ihren Blick auf das großartige Gebäude der kirchlichen Lehre richten. Innerhalb der Christenheit ist es alleine die katholische Kirche, die ihren Gläubigen eine verbindliche Lehre nicht nur in Glaubens- sondern auch in Sittensachen vorlegt. Die katholische Kirche in ihrer Autorität und Präzision kann und darf von uns religiösen Gehorsam fordern. Und damit führt sie uns zu einem guten und Gott wohlgefälligen Leben.

Wahre und falsche Reform der Kirche – ein Blick auf die Sendschreiben an die Gemeinden in Kleinasien (Offb 1-3)

Theresia Mende OP

Das Thema, über das ich heute zu Ihnen sprechen darf, ist wahrhaft heikel: „Wahre und falsche Reform in der Kirche – ein Blick auf die Sendschreiben an die Gemeinden in Kleinasien in Offb 2-3."

Der Verlust der ersten Liebe

Noch selten war die Kirche in Deutschland so zerrissen wie heute, und zwar gerade im Blick auf diese Frage, was denn nun wirklich eine wahre Reform der Kirche ist. Dabei ist Deutschland doch ein Land mit tiefen christlichen Wurzeln und einer beeindruckenden geistlichen Tradition. Allein schon die so unterschiedlichen Baustile imposanter Kathedralen, wie die theologisch durchdachte Romanik eines Speyerer Domes, die himmelstürmende Gotik eines Kölner Domes oder der lebensfrohe Barock einer Wieskirche zeugen von dieser jahrhundertealten geistlichen Tradition.

Doch gerade in dieser traditionsreichen Kirche ist die Krise unverkennbar: Krise auf allen Ebenen, auf der Ebene der theologischen Lehre, der Liturgie, der Seelsorge, der christlichen Moral usw. Und das alles gründet meiner Meinung nach in der einen Krise schlechthin, in der Gotteskrise. Sie stellt sich in

Deutschland nicht als militanter Atheismus dar, sondern zeigt sich eher in einem stillen Auszug aus Glaube und Kirche. Denn die meisten Christen, die sich gläubig nennen, leben zwar im Raum der kirchlichen Tradition, aber es fehlt ihnen an einer persönlichen, lebendigen Gottesbeziehung, welche das Leben durchprägt und trägt. Ist es nicht so, dass die Glaubenspraxis bei vielen Katholiken sich auf den Besuch des Sonntagsgottesdienstes beschränkt; und, nachdem man diese „Pflicht" erfüllt hat, lebt man den Rest der Woche sein eigenes Leben – ohne Gott?

Die Bibel bewertet eine solche Glaubenspraxis jedoch ungeschminkt als den Verlust der ersten Liebe. *„Ich werfe dir aber vor"*, sagt Jesus zur Gemeinde in Ephesus, die in vielen Dingen doch eigentlich ganz passabel war, *„dass du deine erste Liebe verlassen hast. Bedenke, aus welcher Höhe du gefallen bist. Kehr zurück zu deinen ersten Werken!"* (Offb 2,4-5). Jesus selbst macht hier deutlich, was eine wahre Reform der Kirche bedeutet: die Rückkehr zur ersten Liebe. Und das heißt, dass zuerst eine Reform des Herzens, eben Umkehr, dran ist, eine Reform nach innen, und nicht ein noch so gut gemeinter Aktionismus nach außen, wie wir Reform gewöhnlich verstehen.

Gerhard Ludwig Müller fasst dies treffend ins Wort: *„Wenn heute von der Reform der Kirche oder von den Reformen in der Kirche die Rede ist, stellt sich sofort die Frage, was wir tun können und machen sollen. Wir veranstalten einen Dialog, wir beauftragen eine Beraterfirma, die sich in der Wirtschaft bewährt hat und deren Rat im wahrsten Sinn des Wortes uns ‚lieb und teuer' ist. Wir organisieren irgendeine Aktion in der Pfarrei und Diözese und gründen eine weitere Kommission. Die Orden arbeiten neue Statuten aus und die Theologieprofessoren organisieren Unterschriftenlisten für flammende Manifeste und folgenlose Aufrufe. Man meint: Erst müssen wir etwas tun, damit wir etwas bei den Menschen erreichen und damit schließlich am Ende der Heilige Geist seinen Segen dazu gibt."*[1]

1 *Gerhard Ludwig Müller*, Was bedeutet Reform der Kirche? 14.11.2016, Quelle: https://www.vatican.va/content/dam/wss/roman_curia/

Eine solche Reform der Kirche hat allerdings nichts mit dem zu tun, was die Heilige Schrift, wie wir eben gesehen haben, unter Reform versteht. Denn eigentlich kann *„die Kirche als Schöpfung Gottes [...] nicht Gegenstand menschlicher Reformbemühungen sein"*, schreibt Gerhard Ludwig Müller weiter. *„Wir können die Kirche nicht reformieren und umgestalten nach unserem Befinden und Gutdünken. Gott ist das Subjekt des Bundesvolkes, das er beruft. Gott stiftet in Christus die Kirche. Er selbst leitet sie als der gute Hirte und erfüllt sie mit seinem Geist und Leben. Nicht wir reformieren die Kirche Gottes und formen sie um nach unserem Bild und Gleichnis, sondern Gott reformiert uns, wenn wir uns in Christus erneuern lassen in unserem Denken und Handeln und ihm gleichförmig werden."*[2] Jesus selbst ist also der Reformator seiner Kirche, indem er der Reformator der Herzen aller Gläubigen in ihr ist. Dieser Einsicht entspricht die biblische Sicht über die wahre Reform der Kirche, wie sie uns in den Sendschreiben der Offenbarung des Johannes vorliegt.

Aber was ist dann mit dem Synodalen Weg der deutschen Kirche, der doch vielen – auch Bischöfen – als der einzige und langersehnte Ausweg aus der Kirche erscheint? Misst man den Synodalen Weg an den Vorgaben der Hl. Schrift für eine wahre Reform der Kirche, dann kommen einem zumindest Zweifel daran, ob er der große Reformentwurf ist. Denn man kann bei seinen Sitzungen und Foren und all den produzierten Papieren nichts erkennen von einer Rückkehr zur ersten Liebe, einer inneren geistlichen Erneuerung, einem Sich-Ausrichten auf den Herrn, sondern nur davon, dass Menschen sich zu Herren der Kirche machen und versuchen, sie nach ihren eigenen Vorstellungen zu kneten und die Weichen auf eine grundlegende Veränderung der Strukturen zu stellen. Biblisch gesprochen: Die Kirche Jesu Christi, die „Braut Christi", ist gerade dabei, sich

congregations/cfaith/muller/rc_con_cfaith_doc_20161114_riforma-nella-chiesa_ge.html

2 *Gerhard Ludwig Müller*, ebenda.

von ihrem Bräutigam zu emanzipieren. Auf Deutsch könnte man das auch Ehebruch nennen. Mit Liebe zu Gott und der Kirche hat die Reform des Synodalen Weges jedenfalls nichts mehr zu tun – und das wäre ja, nach biblischen Maßstäben, wie wir gesehen haben, *das* Kriterium einer wahren Kirchenreform.

Kein Wunder, dass Rom mit seiner Vatikan-Erklärung zum Synodalen Weg vom 21.07.2022 ein klares Nein zu dem deutschen Sonderweg gesprochen hat: *„Der Synodale Weg ist nicht befugt, die Bischöfe und die Gläubigen zur Annahme neuer Formen der Leitung und neuer Ausrichtungen der Lehre und der Moral zu verpflichten.“*[3] Schon zu Beginn des Synodalen Weges 2019 hatte Papst Franziskus eine Warnung und Wegweisung an die deutsche Kirche ausgesprochen: *„So müssen wir uns also fragen, was der Geist heute der Kirche sagt (vgl. Offb 2,7), um die Zeichen der Zeit zu erkennen, was nicht gleichbedeutend ist mit einem bloßen Anpassen an den Zeitgeist (vgl. Röm 12,2).“*[4] Mit diesen Worten knüpft der Papst explizit an die Forderung Jesu in den Sendschreiben an die sieben Gemeinden in Kleinasien in Offb 2-3 an. Dort endet nämlich ein jedes Sendschreiben stereotyp mit der Aufforderung Jesu: *„Wer Ohren hat, der höre, was der Geist den Gemeinden sagt!“*

Damit haben wir die beiden wichtigsten Säulen einer wahren Reform der Kirche erkannt: erstens Rückkehr zur ersten Liebe und zweitens Hören auf den Geist Gottes. Entscheidend für uns Christen ist, was ***er*** uns heute zu sagen hat, und nicht, was der Zeitgeist uns diktiert, nicht das Durchsetzen von jahrzehntealten Reformideen, und dies auch noch unter dem Vorwand der Missbrauchsaufarbeitung.

---

3 *Vatikan-Erklärung zum Synodalen Weg* vom 21.07.2022, Quelle: https://www.vaticannews.va/de/vatikan/news/2022-07/heiliger-stuhl-synodaler-weg-deutschland-lehre-moral-weltkirche.html.

4 *Brief von Papst Franziskus an das pilgernde Volk Gottes in Deutschland*, 29. Juni 2019, Nr. 8. Quelle: https://www.vatican.va/content/francesco/de/letters/2019/documents/papa-francesco_20190629_lettera-fedeligermania.html.

Bevor wir Abschnitte aus den sieben Sendschreiben an die sieben Gemeinden in Kleinasien betrachten, möchte ich in einem kurzen Exkurs auf die Frage der Autorschaft der Offenbarung des Johannes eingehen.

Vers 1,9 eröffnet die Vision mit einem Hinweis auf den Seher Johannes und seine momentane Situation: *„Ich, euer Bruder Johannes, der wie ihr bedrängt ist, der mit euch an der Königsherrschaft teilhat und mit euch in Jesus standhaft ausharrt, ich war auf der Insel Patmos um des Wortes Gottes willen und des Zeugnisses für Jesus"* (Offb 1,9). Die Tradition der Kirche identifiziert seit frühester Zeit den genannten *„Bruder Johannes"* mit dem Lieblingsjünger Jesu, der auch das Johannesevangelium verfasst hat. Für die Kirchenväter Justin, Irenäus, Klemens von Alexandrien, Tertullian usw. (vgl. auch der Kanon Muratori aus dem 2. Jh.) ist selbstverständlich er der Autor des letzten Buches der Bibel. Die heutigen Exegeten sind sich darüber jedoch nicht mehr einig. Das Hauptargument derer, die die Offenbarung einem anderen Autor zuschreiben, der lediglich unter dem Namen des Johannes geschrieben habe, ist ihre Spätdatierung in die Zeit zwischen 90 und 100 n. Chr.

Doch die Spätdatierung ist bei weitem nicht sicher. Relativ sicher ist, dass, wie 1,9 zeigt, die Offenbarung in der Zeit einer akuten Christenverfolgung verfasst wurde. Nun gab es aber zwei große Christenverfolgungen, einmal unter Kaiser Nero 64-65 n. Chr. und sodann unter Kaiser Domitian 95 n. Chr. Es wäre also durchaus möglich, dass die Offenbarung in der ersten Christenverfolgung, also um 65 n. Chr., geschrieben wurde und dann der Lieblingsjünger Johannes tatsächlich der Autor ist. Aber auch dann, wenn die Offenbarung erst in der zweiten Christenverfolgung um 95 n. Chr. entstanden ist, ist die Autorschaft des Lieblingsjüngers Johannes nicht ausgeschlossen. Er könnte um diese Zeit, da er jünger als Jesus war, noch gelebt haben. Und selbst wenn er aufgrund seines hohen Alters einem Schreiber den Text diktiert haben sollte, bliebe dieser dennoch sein geistiges Eigentum und ist seinem Gedankengut entsprungen. Ich gehe also von der Autorschaft des Apostels Johannes, des Lieblingsjüngers Jesu aus.

Betrachten wir jetzt die sieben Sendschreiben an die sieben Gemeinden in Kleinasien.

Offenbarung 1,10-11:

„Am Tag des Herrn wurde ich vom Geist ergriffen und hörte hinter mir eine Stimme, laut wie eine Posaune. Sie sprach: Schreib das, was du siehst, in ein Buch und schick es an die sieben Gemeinden: nach Ephesus, nach Smyrna, nach Pergamon, nach Thyatira, nach Sardes, nach Philadelphia und nach Laodizea."

Hier wird deutlich: Die sieben Sendschreiben sind nicht gewöhnliche Briefe, wie wir sie von den Aposteln Paulus, Petrus, Johannes und Jakobus kennen. Natürlich entspringen auch letztere nicht nur der Hirtensorge ihrer Schreiber, sondern sind ebenso inspiriert, d.h. von Gottes Geist erfüllt, weshalb sie ja auch in den neutestamentlichen Kanon aufgenommen wurden.

Aber die Sendschreiben des Johannes stehen noch einmal in einem ganz anderen Kontext. Der Apostel wird vom Geist Gottes ergriffen und in eine andere, eine göttliche Dimension entführt. Hier ist alles menschliche Wollen und Gestalten ausgeschaltet, so dass der Apostel zum reinen Sprachrohr des Wortes und Willens Gottes wird. Der Text will sagen: Was Johannes jetzt erlebt und schreibt, ist nicht selbst ausgedacht, sondern ausschließlich und unmittelbar von Gott eingegeben; es besitzt göttliche Autorität und ist deshalb nicht nur von den sieben Gemeinden in Kleinasien zu beachten, sondern auch von allen Gemeinden im Verlauf der Geschichte, auch von uns heute. Es besitzt eine zeitlose Gültigkeit, es hat normierenden Charakter.

Und was ist es, was dieser Text auch uns heute sagen will? Zunächst einmal sagt er uns etwas über das Wesen einer christlichen Gemeinde.

Offenbarung 1,12-13a:

„Da wandte ich mich um, weil ich sehen wollte, wer zu mir sprach. Als ich mich umwandte, sah ich sieben goldene Leuchter und mitten unter den Leuchtern einen, der wie ein Menschensohn aussah.“

In einer typisch apokalyptischen Bildsprache werden die sieben christlichen Gemeinden in Kleinasien als goldene Leuchter dargestellt, in deren Mitte der auferstandene und verherrlichte Herr gegenwärtig ist.

Dass die Leuchter golden sind, macht deutlich, dass eine christliche Gemeinde von ihrem Wesen her ganz erfüllt und durchdrungen sein muss von Gott und seiner Gnade. Gold ist ja in allen Kulturen und Religionen ein Sinnbild für Gott – u.a. auch in der Malerei. Durch die Taufe sind die Glieder der christlichen Gemeinde der Verflechtung in die Macht der Ursünde entrissen und wieder in die ursprüngliche Gemeinschaft bzw. Freundschaft mit Gott hineingestellt worden, wie sie von der Schöpfung an für den Menschen vorgesehen war. Sie gehören nun nicht mehr dem Reich der Finsternis an, das von der Macht des Bösen beherrscht wird, sondern dem Reich Gottes, das Jesus verkündet und gebracht hat und in dem er eine ewige Friedensherrschaft aufrichten wird.

Allein schon durch diese Zugehörigkeit der christlichen Gemeinden zum Reich Gottes, also zum Reich des Lichtes, werden die Gemeinden zum Gegenpol des Reiches der Finsternis, in der die Macht des Bösen herrscht. Sie strahlen das Licht Christi in die finstere Welt hinein, denn Jesus hat von sich gesagt: *„Ich bin das Licht der Welt!“* (Joh 8,12). Damit macht der Text den Gemeinden von damals Mut: Auch jetzt unter schwerer und leidvoller Verfolgung, seid ihr wie Leuchter in einer finsteren Welt. Durch eure Standhaftigkeit und eure Treue zu Jesus Christus zeigt ihr, wo die wahre und die befreiende Macht dieser Welt zu finden ist.

Verlorene und wieder zu gewinnende Leuchtkraft

Hier stellt sich die Frage an uns: Sind unsere Gemeinden heute auch noch goldene Leuchter, die in der Finsternis der Welt leuchten? Zeigen wir durch unsere Standhaftigkeit und Treue zu Jesus Christus, wo die wahre befreiende Macht dieser Welt zu finden ist? Oder tun wir im Moment genau das Gegenteil? Verdunkeln wir nicht die Kirche durch schwere Sünde einerseits und durch unsägliche Kompromisse mit dem Zeitgeist andererseits, bis dahin, dass die Kirche in dem grauen Einheitsbrei dieser Welt unkenntlich geworden ist?

Hat die Kirche in Europa heute nicht weitgehend ihr Leuchten verloren? Übt sie, abgesehen von verschiedenen Aufbrüchen, die es auch in unserer gegenwärtigen Kirche gibt, wirklich eine große Faszination auf diejenigen Menschen aus, die orientierungslos und suchend in der Welt unterwegs sind? Denken wir nur an die Vorwürfe des Missbrauchs, die gerade unsere deutsche Kirche erschüttern, oder an die Beschlüsse des Synodalen Weges im Bereich der Sexualmoral, der bischöflichen Struktur und der Weiheämter. All das trägt meines Erachtens mehr zur Verwirrung und Verdunkelung der Kirche als zur Verstärkung ihrer Leuchtkraft bei. Zumindest verlagert sich das Schwergewicht von einer von Christus und seiner erlösenden Gnade erfüllten charismatischen – d.h. geisterfüllten – Gemeinschaft hin zu einer selbst strukturierten und verwalteten Institution.

Und dennoch dürfen wir große Hoffnung haben. Wir können das Wesen der Kirche zwar bis zur Unkenntlichkeit entstellen, aber nicht grundlegend verändern. Die Kirche bleibt die Kirche Jesu Christi trotz aller von Menschenhand versuchten Transformation. Das zeigt uns der tröstliche Satz in 1,13: *„und mitten unter den Leuchtern ging einer umher, der wie ein Menschensohn aussah“*. Diese Bemerkung knüpft an Dan 7,14ff. an, wo beschrieben wird, dass am Ende der Zeiten auf den Wolken des Himmels einer wie ein Menschensohn kommen wird, der eine ewige Herrschaft aufrichten wird. Die Christen haben diese

Verheißung auf Jesus gedeutet. Er ist nach seiner Auferstehung und Rückkehr zum Vater als der verherrlichte Christus in seine Kirche gekommen, um in ihr präsent zu sein und in ihr die ewige Herrschaft Gottes aufzurichten.

Diese Herrschaft Gottes in der Kirche können wir vielleicht zurückzudrängen versuchen, aber nicht wirklich beseitigen. Daran dürfen wir uns aufrichten: Bei allen gegenwärtigen Schwierigkeiten in der Kirche bleibt Jesus Christus ihr Herr. Und so wie die frühen Christengemeinden aus dieser Zusage Trost schöpften, so dürfen auch wir heute Trost aus ihr schöpfen: Der erhöhte Herr ist und bleibt in seiner Kirche gegenwärtig, auch heute, auch wenn Unterdrückung, Verfolgung, schwere Sünde und Schuld sie zu zerreißen drohen. Lassen wir uns nicht beirren und nicht entmutigen! Und vor allem, nehmen wir uns nicht selbst diesen Trost, indem wir meinen, wir müssten die Kirche aus eigenen Kräften retten, indem wir sie umstrukturieren und anpassen und uns auf diesem Feld letztlich immer mehr zerstreiten und zerreißen. Das ist es doch, was der Synodale Weg gerate tut: Umstrukturieren, Anpassen und Zerreißen.

Die folgenden Verse Offb 1,13b-15 zeigen dann, dass der verherrlichte Herr nicht nur in der Kirche *gegenwärtig* ist, sondern auch machtvoll *in ihr wirkt.*

Offenbarung 1,13b-15:

> „*Er* war *bekleidet mit einem Gewand,* das bis auf die Füße reichte, und um die Brust trug er *einen Gürtel aus Gold.* Sein Haupt und *seine Haare* waren *weiß wie weiße Wolle, leuchtend weiß wie Schnee,* und seine *Augen wie Feuerflammen; seine Beine glänzten wie Golderz, das im Schmelzofen glüht,* und *seine Stimme* war *wie das Rauschen von Wassermassen.*"

Hier werden Bilder verwendet, die das Wirken des Menschensohnes, Jesus Christus, in seiner Kirche näher kennzeichnen: als Priester, als König und als Richter. Das lange Gewand, mit dem der Menschensohn Jesus Christus bekleidet ist, weist auf sein Priestertum hin – so trägt nach Ex 28,4; 29,5; Sach 3,4 der Priester Aaron ein langes Gewand. Der goldene Gürtel deutet sein Königtum an – in 1 Makk 10,89 und 11,58 trägt der König einen goldenen Gürtel. Und die weißen Haare bezeugen seine Ewigkeit und damit seine Göttlichkeit – so wird in der Vision des Daniel in 7,9 der Hochbetagte, das ist Gott selbst, mit weißen Haaren geschildert. Darüber hinaus deuten die Augen des Menschensohnes, die wie Feuerflammen sind, sein unbestechliches Wissen als göttlicher Richter an und seine Beine aus Golderz machen deutlich, dass er auf ewig Bestand hat. Selbst Nöte und Verfolgung können seine Herrschaft nicht zum Einsturz bringen, denn Golderz – wiederum ein Hinweis auf seine Göttlichkeit – wird jedem Feuer widerstehen.

Trost durch den verklärten Christus

Was bedeutet das alles nun für uns Christen heute? Mutet diese apokalyptische Bildwelt uns nicht ziemlich fremd an? Auf den ersten Blick mag das zutreffen. Doch schauen wir einmal auf die Situation der ersten Christengemeinden; sie gleicht in nicht wenigen Punkten der unsrigen heute. Auch wir werden angegriffen, bedrängt und verfolgt, wenn wir uns zu Jesus Christus bekennen und seine Botschaft unverfälscht bejahen, wenn uns auch kein blutiges Martyrium droht. Und deshalb brauchen auch wir den Trost, dass der erhöhte und verherrlichte Herr in unserer Mitte präsent ist und wirkt. Und wenn wir uns die Frage stellen, wie sich das für uns heute realisiert, dann spielt das Priestertum, das Königtum und das Richtertum Jesu dabei eine wichtige Rolle.

Jesus Christus ist als **Priester** in seiner Kirche gegenwärtig. Das realisiert sich täglich im sakramentalen Priestertum der Kirche. Wenn der Priester die Sakramente spendet, handelt er immer „in persona Christi“. D.h. er repräsentiert unmittelbar den Hohenpriester Jesus Christus, und zwar nicht nur als Stellvertreter, sondern Jesus selbst handelt in ihm und durch ihn. Der Priester leiht Jesus quasi seine Stimme und seine Hände. Schauen wir auf die Eucharistiefeier: Während der Priester die

Wandlung vollzieht, ist es Jesus Christus selbst, der in ihm und durch ihn in diesem Augenblick die einmalige Opferhingabe seines Lebens am Kreuz gegenwärtig setzt und die erlösende Kraft seines Opfers jedem einzelnen in der Gemeinde persönlich zuwendet. Oder während der Priester im Sakrament der Versöhnung die Worte spricht: „Ich spreche dich los von deinen Sünden!", ist es Jesus Christus selbst, der dem Beichtenden diese Worte zusagt und entsprechend an ihm handelt: ihm vergibt und ihn aufnimmt in die alte Freundschaft mit Gott. In jeder priesterlichen Handlung durch die ganze Weltgeschichte hindurch ist somit der Hohepriester Jesus Christus gegenwärtig: heilend, befreiend und versöhnend.

Es ist ungemein befreiend für uns Gläubige zu wissen, dass Gott uns nicht alleine in der Welt zurückgelassen hat, dass er uns auch nicht von der Güte seiner Priester abhängig gemacht hat, sondern in jeder priesterlichen Handlung selbst und uneingeschränkt an uns handelt und wirklich tut, was im Sakrament ausgesprochen wird, unabhängig von der Person des Priesters. Deshalb ist es absurd zu meinen, wir könnten auf das sakramentale Priestertum verzichten, wie es beim Synodalen Weg allen Ernstes angedacht wurde. Würden wir das tun, würde das in seiner letzten Konsequenz bedeuten, dass wir auch auf Jesus Christus und seine wirkende Präsenz in unserer Welt verzichten. Es würde bedeuten, dass wir ihn, den Herrn der Welt, aus seiner Welt aussperren. Es ist absurd, so etwas auch nur zu denken, und zeigt uns, wie sehr der Synodale Weg auf Irrwege geraten ist. Da fällt mir nur Psalm 2,4 ein: *„Er, der im Himmel thront, lacht!"*

Nach Offb 1,3 ist Jesus Christus auch als **König** in seiner Kirche gegenwärtig. In Joh 18,37 bekennt sich Jesus, gerade in dem Augenblick, als er ohnmächtig und gefesselt vor Pilatus steht, ausdrücklich zu seinem König-sein: *„Ja, ich bin ein König"*. Und um das Paradox eines gefesselten Königs auch gleich aufzulösen, ergänzt er im nächsten Satz: *„Ich bin dazu geboren und in die Welt gekommen, um Zeugnis abzulegen für die Wahr-*

heit. Jeder, der aus der Wahrheit ist, hört auf meine Stimme." Das Königtum Jesu hat also offensichtlich nichts mit weltlicher Macht, Soldaten und Ansehen zu tun: *„Mein Königtum ist nicht von dieser Welt!"*, hatte er ja schon zuvor in Joh 18,36 gesagt. Es ist vielmehr ein Königtum, dessen Aufgabe im Zeugnisgeben für die Wahrheit besteht, und diese Wahrheit ist die eigentliche, wenn auch verborgene, Macht in der Welt, sie ist Gott selbst. Vor ihr wird nichts Bestand haben, was nicht aus der Wahrheit kommt.

Die Wahrheit und Gerechtigkeit Gottes

Auf dieses Königtum der Wahrheit, auf Gott also, dürfen wir auch heute unsere Hoffnung setzen; und dieses Königtum ist für uns gegenwärtig ein besonderer Trost und Anker, an den wir uns klammern können, wenn wir meinen, in einer Gesellschaft voll Unaufrichtigkeit, Unrecht, physischer und psychischer Gewalt nicht mehr zurecht zu kommen, und uns statt dessen die Angst um unsere persönliche Würde und Freiheit überwältigen möchte. Die Wahrheit Gottes – Gott selbst also – wird sich durchsetzen, und Jesus ist ihr mächtiger Zeuge.

> *„Ist Gott für uns, wer ist dann gegen uns"*, schreibt Paulus an die Römer in einer bedrängten Zeit, *„Er hat seinen eigenen Sohn nicht verschont, sondern ihn für uns alle hingegeben – wie sollte er uns mit ihm nicht alles schenken? Wer kann die Auserwählten Gottes anklagen? Gott ist es, der gerecht macht. Wer kann sie verurteilen? Christus Jesus, der gestorben ist, mehr noch: der auferweckt worden ist, sitzt zur Rechten Gottes und tritt für uns ein. Was kann uns scheiden von der Liebe Christi? Bedrängnis oder Not oder Verfolgung, Hunger oder Kälte, Gefahr oder Schwert? [...] All das überwinden wir durch den, der uns geliebt hat. Denn ich bin gewiss: Weder Tod noch Leben, weder Engel noch Mächte, weder Gegenwärtiges noch Zukünftiges, weder Gewalten der Höhe oder Tiefe, noch irgendeine andere Kreatur können uns scheiden von der Liebe Gottes, die in Christus Jesus ist, unserem Herrn"* (Röm 8,31-39).

Zuletzt wollen wir noch betrachten, was es für uns Christen bedeutet, dass Jesus Christus, der erhöhte Herr, als **Richter** in seiner Kirche gegenwärtig ist. Mit dem Richtertum Jesu können wir heute wohl am wenigsten anfangen. Wir sprechen nicht gerne von einem Richter-Gott, weil wir ein problematisches Gottesbild damit verbinden. Wir denken dann sofort an einen Gott, der uns ein Regelwerk an Geboten und Verboten auferlegt und peinlichst darüber wacht, dass wir sie auch ja einhalten, an einen Gott, der uns die Lebensfreude nicht gönnt, an einen kleinkarierten, missgünstigen Quälgeist, der uns überhallhin verfolgt: „*Ein Auge ist's, das alles sieht, und wenn's in dunkler Nacht geschieht!*“, stand im alten Katechismus.

Vor einem solchen Gott möchte man sich in der Tat lieber wegducken. Den kann man nicht lieben. Er ist nicht Freund, sondern Aufseher, Kapo der übelsten Art. Doch ein Blick in die Bibel zeigt uns, dass mit Gott als Richter etwas ganz anderes, etwas viel Größeres und Großartiges gemeint ist.

So begegnet uns im Buch Jesaja Gott als der Weltenrichter, der Macht über alle Völker besitzt. Er spricht Recht über sie und stiftet Frieden unter ihnen: „*Er spricht Recht im Streit der Völker, er weist viele Nationen zurecht. Dann schmieden sie Pflugscharen aus ihren Schwertern und Winzermesser aus ihren Lanzen*“ (Jes 2,4).

Oder in Jes 51,5-8 erscheint Gott als der gerechte Richter, der den unterdrückten Völkern zu ihrem Recht verhilft: „*Mein Arm verschafft den Völkern ihr Recht; auf mich hoffen die Inseln, sie warten auf meinen Arm.*“

Und am Ende der Zeiten, wenn diese Welt vergeht, wird der Weltenrichter der Retter sein, dessen Gerechtigkeit sich gegen jede Ungerechtigkeit durchsetzt; er wird der Tröster sein, der den Menschen in ihren Nöten beisteht, ihnen zu ihrem Recht verhilft und ihnen seine Gnade schenkt, so in Jes 51,6-8:

> „*Blickt auf zum Himmel, betrachtet die Erde hier unten! Der Himmel zerflattert wie Rauch, die Erde zerfällt wie ein Kleid; ihre Bewohner sterben wie die Fliegen. Doch meine*

hilfreiche Gnade bleibt für immer bestehen, meine Gerechtigkeit wird niemals erschüttert. Hört auf mich, die ihr das Recht kennt, du Volk, das mein Gesetz im Herzen trägt. Fürchtet euch nicht vor der Beschimpfung durch Menschen, erschreckt nicht vor ihrem Spott! Denn man frisst sie wie die Motte das Kleid, man frisst sie, wie die Schabe die Wolle. Doch meine Gerechtigkeit bleibt für immer bestehen und von Generation zu Generation meine hilfreiche Gnade."

Und ähnlich heißt es in Jes 11,3-5, doch nun mit Blick auf den am Ende der Zeiten kommenden Messias – wir Christen wissen, dass Jesus Christus dieser Messias ist:

„Er richtet nicht nach dem Augenschein, und nicht nach dem Hörensagen entscheidet er, sondern er richtet die Hilflosen gerecht und entscheidet für die Armen des Landes, wie es recht ist. Er schlägt den Gewalttätigen mit dem Stock seines Wortes und tötet den Schuldigen mit dem Hauch seines Mundes. Gerechtigkeit ist der Gürtel um seine Hüften, Treue der Gürtel um seinen Leib."

In all den genannten Texten erscheint der Richter-Gott nicht als der kleinliche Aufpasser über unsere moralischen Verfehlungen, sondern als der großzügige Retter, auf den die Unterdrückten sehnsüchtig warten, als der unbestechliche Gerechte, vor dem kein Unrecht bestehen kann, der nichts unter den Teppich kehrt, der denen, die Unrecht erlitten haben, zu ihrem Recht verhilft, der der Tröster und Spender aller Gnaden für diejenigen ist, die sein Gesetz im Herzen tragen und sich zu ihm bekennen.

Kann das nicht auch ein Trost für uns Christen heute sein? Anders als die Menschen des Alten und auch des Neuen Testamentes leben wir zwar leider nicht mehr in der sehnsüchtigen Erwartung, dass der Herr bald kommen möge; normalerweise denken wir gar nicht daran, dass unsere Zeit nicht für die Ewigkeit geschaffen ist; wir rechnen nicht mit Gott als unserem eigentlichen Retter, sondern suchen statt dessen fiebrig selbst nach Lösungen für unsere Probleme – wie gerade in den Krisen der letzten drei Jahre – und wir müssen am Ende feststellen, dass unser Krisenmanagement gründlich versagt hat.

Meine Frage ist – gerade an uns Christen heute: Wo bleibt bei aller Geschäftigkeit mit Blick auf die Sicherung unserer Zukunft unser Glaube an den wirklichen Herrn der Geschichte? Es wäre ein biblischer Glaube! Statt dessen setzen wir alles auf unser eigenes Krisenmanagement, sei es im Kampf gegen ein Virus, sei es im Kampf gegen einen politischen Aggressor. Natürlich müssen wir alles uns Mögliche tun, um Krankheiten zu bekämpfen und ungerechte Gewalt zurückzudrängen. Dazu gehört auch vorauszuplanen und vorzusorgen. Aber wie weit sind wir bereit zu gehen? Welchen Preis sind wir bereit, dafür zu zahlen? Wenden wir uns letztlich auch und in erster Linie an den eigentlichen Herrn der Welt? Beten wir um sein rettendes Kommen und Eingreifen, um sein unbestechliches Gericht und um seine Liebe und seine Gnade?

Vielen Menschen in unserer Gesellschaft macht die Zukunft Angst. Hier könnte uns die Offenbarung des Johannes Trost spenden: Schaut auf Jesus Christus, den eigentlichen Herrn der Geschichte. Schaut auf seine Präsenz unter uns als Priester, König und Richter: als Priester, der heilt und mit Gott versöhnt; als König, der trotz allem Chaos die Welt in Wahrheit und Gerechtigkeit leitet und am Ende siegen wird; als Richter, der den Unterdrückten und Armen zu ihrem Recht verhilft, der ungerechter Gewalt ein Ende setzt und nicht zuletzt Krankheit, Leid und Tod besiegt.

Nachdem die Verse Offb 1,13-15 die Gegenwart und das machtvolle Wirken Jesu, des erhöhten Herrn, in seiner Kirche beschrieben haben, beenden die Verse 16-18 den Text mit einem nochmaligen Hinweis auf die Göttlichkeit des in seiner Kirche gegenwärtigen Herrn Jesus Christus, mit der betroffenen, ja überwältigten Reaktion des Sehers Johannes auf die Begegnung mit ihm und mit der Ermutigung des Sehers durch Jesus.

Offenbarung 1,16-18:

„In seiner Rechten hielt er sieben Sterne und aus seinem Mund kam ein scharfes, zweischneidiges Schwert und sein Gesicht leuchtete wie die machtvoll strahlende Sonne. Als ich ihn sah, fiel ich wie tot vor seinen Füßen nieder. Er aber legte seine rechte Hand auf mich und sagte: Fürchte dich nicht! Ich bin der Erste und der Letzte und der Lebendige. Ich war tot, doch nun lebe ich in alle Ewigkeit, und ich habe die Schlüssel zum Tod und zur Unterwelt."

Die Göttlichkeit Jesu wird dadurch angedeutet, dass sein Gesicht machtvoll leuchtet wie die Sonne und dass er zugleich als unbestechlicher Richter über die ganze Erde auftritt – in seiner Rechten hält er sieben Sterne und aus seinem Mund kommt ein scharfes, zweischneidiges Schwert – ein Hinweis auf die sieben Gemeinden in Kleinasien, die in Gottes Hand sind, der zugleich der unbestechliche Richter über die Erde ist. Sodann nennt er sich selbst der Erste und der Letzte und der Lebendige, der den Tod überwunden und das Reich des Todes geöffnet hat.

Von dieser Begegnung bis in die Wurzel seiner Existenz erschüttert, stürzt der Seher Johannes wie tot zu Füßen Jesu nieder. Doch dieser legt seine Hand auf ihn und spricht ihm die ermutigenden Worte zu:

„Fürchte dich nicht! Ich bin der Erste und der Letzte und der Lebendige. Ich war tot, doch nun lebe ich in alle Ewigkeit, und ich habe die Schlüssel zum Tod und zur Unterwelt" (Offb 1,17-18).

Diese Sätze sagt Jesus auch uns: Fürchtet euch nicht. Ich bin Gott! Ich habe alle Macht über die Mächte dieser Welt. Ich habe auch die Macht über Leben und Tod. Nehmt zu mir Eure Zuflucht, dann kann euch nichts passieren. Und selbst wenn ihr einmal den Tod erleiden müsst, so ist er nicht das Ende, denn ich habe den Tod auf mich genommen und besiegt und besitze nun die Schlüssel zum Tod und zur Unterwelt. Ich werde euch wieder herausholen und mit dem ewigen Leben beschenken.

Offenbarung 1,9-18

Fassen wir zusammen, was uns der Text Offb 1,9-18 über das Wesen und den Auftrag der Kirche in der Welt und jeder einzelnen Gemeinde in ihr sagt:

1. Eine christliche Gemeinde muss ganz erfüllt und durchdrungen sein von Gott und seiner Gnade (*goldene* Leuchter).
2. Eine christliche Gemeinde gehört nicht mehr dem Reich der Finsternis an, das von der Macht des Bösen beherrscht wird, sondern dem Reich Gottes, das Jesus gebracht hat und in dem er eine ewige Friedensherrschaft aufrichten wird.
3. Aufgrund dessen hat eine christliche Gemeinde die Aufgabe, als Licht in der Welt zu leuchten, die von den Mächten des Bösen verfinstert wird (goldene *Leuchter*).
4. Jesus Christus, lebt und wirkt in der Mitte einer jeden christlichen Gemeinde als Priester, der heilt und mit Gott versöhnt, als König, der trotz allem Chaos die Welt in Wahrheit und Gerechtigkeit leitet und am Ende siegen wird, als Richter, der den Unterdrückten und Armen zu ihrem Recht verhilft, der ungerechter Gewalt ein Ende setzt und nicht zuletzt Krankheit, Leid und Tod besiegt.
5. Die sakramentale Gestalt der Kirche ist deshalb die Wesenskonstituente einer jeden christlichen Gemeinde und das sakramentale Priestertum für sie unverzichtbar.

Doch schon die ersten Christengemeinden haben diesem Ideal von Kirche nicht mehr entsprochen. Schwäche und Reformbedürftigkeit traten unübersehbar zutage. Wir erfahren davon in Kap. 2-3 der Offenbarung des Johannes, in den von Jesus dem Johannes diktierten Sendschreiben an die sieben Gemeinden in Kleinasien. Es sind Briefe im Stil von „Visitationsberichten“, wie wir sie aus den bischöflichen Visitationen von Pfarrgemeinden kennen. Jesus selbst diktiert sie dem Seher Johannes mit dem Auftrag, sie an die Gemeinden weiterzuleiten. Adressiert sind die Briefe jeweils an *„den Engel der Gemeinde"*. Dahinter steht die jüdische Vorstellung, dass jedes Gemeinwesen in weltlichen wie geistlichen Angelegenheiten von einem verantwortlichen Engel geleitet wird.

Alle sieben Briefe haben, von kleinen Abweichungen abgesehen, den gleichen Aufbau: Nach einer Einführung des Redenden, also Jesu, nennt dieser unter der einführenden Formel *„ich kenne deine Werke"* die positiven Vorgänge im Leben der Gemeinde, um dann in einem zweiten Schritt das offenzulegen, was nicht gut läuft, was reformbedürftig ist. Diesen zweiten Schritt leitet er mit der Formel ein: *„Ich werfe dir aber vor"* oder *„ich habe gegen dich"*. Dann folgt eine Aufforderung zur Umkehr mit Worten wie: *„Kehr zurück", „kehr um"., „sei treu", „werde wach", „halte fest", „mache Ernst"* o.ä. Daran schließt sich noch ein ermutigender Zuspruch an: *„Wer siegt"*, d.h. wer wirklich umkehrt, wird einen entsprechenden Lohn erhalten. Und schließlich enden alle Briefe mit der Formel: *„Wer Ohren hat, der höre, was der Geist den Gemeinden sagt!"*

Grundsätzlich lassen diese Sendschreiben erkennen, dass schon in den frühen christlichen Gemeinden ein echter Reformbedarf entstanden war. Ihre literarische Gattung als von Jesus selbst autorisierte Briefe, der darin höchstpersönlich den geistlichen Zustand der Gemeinden prüft, beurteilt und zur Erneuerung aufruft, macht sie für uns zu einer wertvollen Richtschnur für eine wahre, Gott wohlgefällige Reform in der Kirche. Wie sieht eine solche Reform also aus?

Brief an die Gemeinde von Ephesus Offb 2,1-7

Dieser Gemeinde attestiert Jesus zunächst positiv, dass sie sich viel Mühe gegeben und in Schwierigkeiten ausgeharrt habe, dass sie die falschen Apostel als Lügner erkannt und ihnen keine Chance gegeben habe, dass sie um Jesu willen Schweres ertragen habe und nicht müde geworden sei.

Aber trotz all dem Positiven gibt es auch einen wunden Punkt in der Gemeinde: *„Ich werfe dir vor, dass du deine erste Liebe verlassen hast"* (2,4), sagt Jesus. Es gibt offensichtlich das Phänomen, dass eine Gemeinde nach außen hin ganz passabel dasteht, dass die vorhandenen Traditionen funktionieren und tragen, dass man auch der Lehre der Kirche treu geblieben ist und sich den Widerständen von außen nicht gebeugt hat – und doch fehlt das Herz, die erste Liebe, die lebendige, zündende Begeisterung in der Gemeinde, die geisterfüllte Zeugenschaft für Jesus, das begeisterte Missionieren und nicht nur müde Funktionieren, weil die Liebe Christi uns drängt.

Dass ein solcher Mangel an innerer persönlicher Liebe zum Herrn keine Kleinigkeit ist, auf die man auch verzichten könnte, wenn alles andere funktioniert, zeigt die anschließende Mahnung Jesu: *„Bedenke, aus welcher Höhe du gefallen bist!"* (2,5) und die Warnung: *„Wenn du nicht umkehrst, werde ich kommen und deinen Leuchter von seiner Stelle wegrücken"* (2,5). Erinnern wir uns: In der Einleitung zu den Sendschreiben wurden die sieben Gemeinden durch sieben Leuchter symbolisiert, unter denen der verherrlichte Christus einhergeht. Die Warnung bedeutet also nichts Geringeres, als dass die Gemeinde von Ephesus, wenn sie nicht zur ihrer ursprünglichen inneren, liebevollen Beziehung zu Jesus, ihrer ersten Liebe also, zurückkehrt, ihre Stellung als Teil der endzeitlichen Gemeinde Gottes, der Kirche mit Jesus Christus in der Mitte, verlieren wird. Eine Kirche ohne das Feuer der ersten Liebe wird keinen Bestand haben.

Wer könnte leugnen, dass es gerade daran in unserer Kirche heute fehlt? Äußerlich scheint es ihr weitgehend gut zu gehen: schöne Kirchengebäude, eine jahrhundertealte Tradition, ausreichende finanzielle Mittel, einen großen beeindruckenden Verwaltungsapparat, Schulen, soziale Einrichtungen, Projekte, Synoden – auf all das schauen andere Ortskirchen mit einem gewissen Neid. Aber wie steht es mit der ersten Liebe? Sind unsere Gemeinden nicht oft müde, ausgezehrt, wenig brennend für

Christus, halten einen Apparat aufrecht, der längst nicht mehr mit Leben gefüllt ist?

Eine wahre Reform der Kirche in Deutschland sollte sich zuallererst einmal die Mahnung an die Gemeinde von Ephesus zueigen machen: *„ich habe gegen dich, dass du deine erste Liebe verlassen hast"*, und sollte ihre Energie auf die Erneuerung des inneren geistlichen Lebens der Gläubigen verwenden, auf eine Wiedergewinnung ihrer persönlichen, liebenden Jesusbeziehung, also auf das, was die drei letzten großen Päpste Johannes Paul II., Benedikt XVI. und Franziskus „Neuevangelisierung" genannt haben.

Ist aber geistliche Erneuerung, Neuevangelisierung, tatsächlich das Top-Thema des Synodalen Weges? Was man auf jeden Fall quer durch alle Foren des Synodalen Weges finden kann, ist der Ruf nach einer strukturellen Reform der Kirche mit all den eingangs genannten kirchenpolitischen Streitthemen: Abschaffung des Pflichtzölibats, Priesterweihe der Frau, Liberalisierung der Sexualmoral, Demokratisierung der Leitungsstrukturen usw. Aber wo ist von einer geistlichen Erneuerung die Rede? Wo wird zur Rückkehr zur ersten Liebe aufgerufen? Das würde doch bedeuten, dass der Synodale Weg zuallererst, und d.h. noch vor allen Strukturreformen, eine geistliche Erneuerung auf seine Agenda schreiben müsste, und diese dürfte nicht nur in ein paar frommen Meditationen bestehen, sondern darin, den Gläubigen eine kontinuierliche Begegnung mit Jesus Christus von Angesicht zu Angesicht zu ermöglichen. Diese Agenda müsste also alle Kräfte dafür einsetzen, die Gemeinden durch Gebet, Anbetung und Verlebendigung des sakramentalen Lebens in eine lebendige Jesusbeziehung zu führen, sie zu feurigen, liebenden Jüngern Jesu zu machen. So zumindest sieht eine wahre Reform nach dem ersten Sendschreiben in der Offenbarung des Johannes aus.

Brief an die Gemeinde von Sardes Offb 3,1-6

An dieser Gemeinde findet Jesus überhaupt nichts Positives. Lediglich einige aus ihrer Mitte haben den allgemeinen Abfall nicht mitgemacht; sie werden dafür einmal belohnt werden (3,4 -5). Doch ansonsten gilt:

> „*Dem Namen nach lebst du, aber du bist tot.*" Und Jesus fordert die Gemeinde auf: „*Werde wach und stärke, was noch übrig ist. Denn ich habe nicht gefunden, dass deine Taten in den Augen meines Gottes vollkommen sind. Denk also daran, wie du die Lehre empfangen und gehört hast. Halte daran fest und kehr um!*" (3,2-3).

„*Dem Namen nach lebst du, aber du bist tot*": Eine wahre Reform in der Kirche darf sich nicht blenden lassen durch eine beeindruckende Institution, die nach außen noch einen Namen besitzt, womöglich geachtet wird und eine Rolle im öffentlichen Leben spielt, aber von innen her ausgehöhlt, leer und tot ist, die nicht mehr strahlt und keine geistliche Kraft besitzt. Und schon gar nicht darf sie sich damit zufrieden geben, dass trotz eines beeindruckenden äußeren Apparates das innere Leben der Gemeinden vielerorts fast tot ist. Kaum mehr 9 % der getauften Katholiken besuchen den Sonntagsgottesdienst. Die Sakramentenkatechese läuft weitgehend ins Leere, eine persönliche Jesusbeziehung entsteht kaum und nach der Erstkommunion und Firmung sind die meisten Kinder und Jugendlichen wieder weg. Und nicht zuletzt bleiben auch in einer geistlichen toten Kirche die Berufungen aus.

Da macht es wenig Sinn, wenn der Synodale Weg den Priestermangel durch eine Aufhebung des Zölibats oder die Stärkung der Frauen in der Kirche durch die Einführung des Weiheamtes für Frauen beheben will. Vielmehr ist es dringend nötig, die Selbstsicheren und Schlafenden „aufzuwecken", wie es in unserem Brief heißt, und offenzulegen, woran es in der Kirche wirklich fehlt, ein Bewusstsein für den geistlichen Leerlauf zu schaffen, um dann den Prozess einer tiefgreifenden geistlichen Erneuerung anzustoßen.

Brief an die Gemeinde von Laodizea Offb 3,14-22

Dieser Brief enthält wieder ausnahmslos Kritik:

> „*Du bist weder kalt noch heiß. Wärest du doch kalt oder heiß! Weil du aber lau bist, weder heiß noch kalt, will ich dich aus meinem Mund ausspeien. Du behauptest: Ich bin reich und wohlhabend und nichts fehlt mir. Du weißt aber nicht, dass gerade du elend und erbärmlich bist, arm, blind und nackt*“ (3,15-17).

Hier kommen gleich mehrere Schwachpunkte in der Gemeinde zusammen, die ähnlich auch in den vorausgegangenen Sendschreiben schon angeklungen sind: Der Gemeinde wird Lauheit in der Liebe und im geistlichen Leben vorgeworfen. Wohl ist sie stolz auf ihren Reichtum, nichts fehlt ihr, und doch ist sie blind für ihre eigene innere Leere und geistliche Armut. Im Blick auf unsere Kirche heute müssen wir sagen: sie gleicht keiner Gemeinde mehr als der von Laodizea: äußerlich reich und innerlich arm und leer.

Umso mehr müsste uns das harte Urteil Jesu erschrecken, dass er eine solche Gemeinde aus seinem Mund ausspeien werde. Lauheit ist offensichtlich schlimmer als eine bewusste Ablehnung Gottes. Warum ist das so? Weil laue Menschen fast hoffnungslose Fälle sind, schwer zu packen und kaum zur Einsicht zu bewegen. Während man mit einem aggressiven Atheisten vielleicht noch diskutieren und ihn intellektuell überzeugen kann – ob das Herz mitkommt, ist eine andere Frage –, so ist ein lauer Christ wie ein Ochse, dem man ins Horn petzt, ohne dass es ihn juckt.

Aber wie sieht dann eine angemessene Reform in einer solch lauen, reichen und selbstzufriedenen Kirche aus? Jesus sagt: „*Kaufe von mir Gold, das im Feuer geläutert ist, damit du reich wirst*“ (3,18). Das bedeutet: eine wahre Reform in der Kirche besteht zunächst im konsequenten Loslassen alles dessen, was die Kirche aus eigener Kraft – zumindest äußerlich – groß und glänzend macht, was sie sich selbst erarbeiten und womit sie in der Gesellschaft Ansehen erwerben kann. Statt dessen sucht eine wahre Reform zuerst die konsequente Hinwendung zum Herrn und erwartet und erbittet alles von ihm. Das wirklich Wertvolle, die persönliche, lebendige Beziehung zu Jesus – im Text wird es Gold genannt – kann nur der Herr schenken. Und dieses Gold wird auf jeden Fall *„im Feuer geläutert“* sein, d.h. eine wahre Innerlichkeit, eine lebendige Jesusbeziehung, ein geisterfülltes Christsein wird nur durch Prüfungen und Leiden hindurch geschenkt werden können.

Doch eine wahre Reform besteht nicht nur in der inneren Hinwendung zum Herrn, sondern auch in der Bereitschaft, sich von ihm reinigen zu lassen: *„Kaufe von mir weiße Kleider und zieh sie an, damit du nicht nackt dastehst und dich schämen musst“,* heißt es in 3,18. Die „Nacktheit“ ist in der Erzählung vom Sündenfall ein Bild für die durch die Sünde offenbar gewordene Armseligkeit, Ohnmacht und Todverfallenheit des Menschen ohne Gott. Die weißen Kleider begegnen auch in Offb 7 und sind hier Bild dafür, dass diejenigen, die sie tragen, durch das Opfer Jesu am Kreuz von ihren Sünden gereinigt und mit Gott versöhnt worden sind.

Grundlegend wurde uns diese Reinigung von den Sünden und die Versöhnung mit Gott schon in der Taufe geschenkt. Im Sakrament der Versöhnung wird sie uns immer wieder neu zugewendet, wenn wir schwach geworden und gefallen sind. Von Jesus weiße Kleider zu kaufen, um die Nacktheit zu bedecken, heißt demnach, in den Sakramenten der Taufe und der Buße von Gott Vergebung, Versöhnung und Heilung zu erbitten.

Das bedeutet aber für eine wahre Reform der Kirche, dass wir die Sakramente Taufe und Buße neu entdecken und schätzen lernen müssen; es bedeutet, dass wir uns an die in ihnen , geschenkte Gnade immer wieder erinnern müssen – so z.B. durch bewusste Tauferneuerungsfeiern – und dass wir sie auch regelmäßig in Anspruch nehmen sollten – so z.B. durch den Empfang des Sakramentes der Buße. Ohne eine Renaissance dieser Sakramente wird es keine wirkliche und dauerhafte Erneuerung in der Kirche geben.

Nicht zuletzt fordert Jesus die Gemeinde von Laodizea auf, bei ihm *„Salbe für die Augen"* zu kaufen, damit sie sehen kann. Eine solche Salbe, von Gott erworben, um die eigene geistliche Blindheit zu überwinden und den wahren inneren Zustand zu erkennen, ist die Hl. Schrift. Denn sie gibt die Kriterien für eine Unterscheidung der Geister an die Hand. In ihrem Licht vermögen wir unsere Welt und die Vorgänge in unserem Leben ganz neu wahrzunehmen und in ihrer rechten Ordnung zu beurteilen. Das bedeutet: Eine wahre Reform der Kirche wird auch nicht ohne eine Renaissance der Heiligen Schrift und d.h. nicht ohne eine vertiefte, geistliche Schriftauslegung (auf der Basis der wissenschaftlichen Exegese) auskommen.

Aber wie sieht es damit in unserer Kirche heute aus? Wie viele Katholiken lesen denn regelmäßig die Heilige Schrift, und wer lebt gar aus ihr? Und was tut der Synodale Weg für eine Renaissance der Bibel und damit für eine Reform der Kirche aus den Weisungen des Wortes Gottes? Zumindest im Bereich der Sexualmoral tut man das Gegenteil: man erklärt die Bibel für veraltet und die in den Schöpfungsberichten begründete Sexualmoral für zeitbedingt und heute längst überholt.

Am Ende des Briefes an die Gemeinde von Laodizea steht das rätselhafte Wort Jesu: *„Wen ich liebe, den weise ich zurecht und nehme ihn in Zucht. Mach also ernst und kehr um!"* (3,19). Dahinter steht die einfache Weisheit, dass eine wahre Reform in der Kirche nicht mit breiter Zustimmung oder gar einem Sturm der Begeisterung rechnen darf, sondern eher mit Ablehnung, Skepsis, ja sogar harter Gegnerschaft und Verfolgung. Wahre Reform wird nur durch Widerstand und Leiden hindurch zu erreichen sein, dessen müssen wir uns bewusst sein. Diese Erfahrung haben schon die Propheten des Alten Testamentes gemacht und nicht zuletzt auch Jesus. Warum sollte sie uns heute erspart bleiben? Doch zugleich ist diese Erfahrung von Widerstand und Leid ein Zeichen dafür, dass wir auf dem richtigen Weg sind, und noch mehr, sie ist ein sicherer Beweis der Liebe Gottes zu uns.

Den Abschluss eines jeden Sendschreibens bildet der Aufruf Jesu an die Gemeinde: *„Wer Ohren hat, der höre, was der Geist den Gemeinden sagt!"* (Offb 2,7.11.17.29; 3,6.13.22). Das zeigt uns: Wahre Reform in der Kirche geschieht immer und nur im Heiligen Geist. Der Geist Gottes ist es, der die nötige Einsicht verleiht, was zu tun und was zu lassen ist. Der Geist ist es, der die Müden und Lauen ergreift und lebendig macht. Der Geist ist es, der das Verkrustete aufbricht und das Verdorrte wieder aufblühen lässt. Der Geist ist es, der das Abgestorbene zu neuem Leben zu erwecken vermag. Der Heilige Geist ist der eigentliche Reformator und wir sind nur seine Werkzeuge.

Eine wahre Reform der Kirche

Fassen wir am Ende zusammen, was eine wahre Reform der Kirche ausmacht:

1. Umkehren zur ersten Liebe:
    a. Priorität einer Erneuerung des inneren geistlichen Lebens der Gläubigen
    b. Wiedergewinnung einer persönlichen, liebenden Jesusbeziehung (Anliegen der Neuevangelisierung)
2. Klares Bekenntnis zu Jesus Christus und zur Lehre der katholischen Kirche
3. Leben nach der Lehre der katholischen Kirche ohne verwässernde Zugeständnisse an den Mainstream der Gesellschaft
4. Sich nicht zufrieden geben mit einer zwar reichen und funktionierenden, aber innerlich desolaten, müden und ausgezehrten Kirche
5. Umdenken von einer Kirche des Machens hin zu einer Kirche des Empfangens

6. Wiederentdeckung der Sakramente der Versöhnung (Buße) und der Taufe
7. Wiederentdeckung der Heiligen Schrift als Wort Gottes, das nährt und Orientierung schenkt
8. Vertrauen auf den Heiligen Geist als den eigentlichen Reformator, der in uns wirkt.

Schwierigkeit mit der richtigen Interpretation des Konzils
Ursachen, Hintergründe und Lösungsansätze

Ralph Weimann

Seit dem Abschluss des Zweiten Vatikanischen Konzils wurde um die richtige Interpretation der verabschiedeten Texte gerungen. Dieses Ringen hat seinen Grund in verschiedenen Problemen, die im Folgenden benannt und umschrieben werden sollen, ohne den Anspruch auf Vollständigkeit zu erheben. Diese Gemengelage hat zu einer der tiefgreifendsten Krisen in der Geschichte der Kirche geführt, die immer deutlicher zu Tage tritt.[1] Am Schluss der Ausführungen soll auf mögliche Lösungsansätze hingewiesen werden, die die Richtung aufzeigen, die zur Überwindung der Krise notwendig ist.

Ein erster und der wohl bedeutsamste Grund, der für die Schwierigkeit der richtigen Interpretation der Konzilstexte zu nennen ist, ist die tiefe Glaubenskrise, die große Teile der Christenheit erfasst hat. Wenn der Glaube nicht mehr der Schlüssel zum Verstehen ist, dann werden entscheidende Glaubensinhalte, weil sie nicht mehr geglaubt werden, abgelehnt, relativiert und umgedeutet. Dagegen sind auch die besten Texte eines Konzils kein ausreichender Schutz, wie beispielsweise im

---

1 Einen Überblick darüber bietet: *Andrea Riccardi*, Die Kirche brennt. Krise und Zukunft des Christentums, Würzburg 2023.

Hinblick auf die Umsetzung des Konzils von Nizäa deutlich geworden ist.

Ein zweiter Grund ist darin auszumachen, dass viele Texte des Konzils mehrdeutig, schwammig und unpräzise formuliert wurden. Dies ist auch – aber nicht nur – der Tatsache geschuldet, dass man Kompromisse finden wollte, um möglichst große Zustimmungswerte zu erhalten. Vor dem Hintergrund einer Glaubenskrise ist fehlende Klarheit in der Formulierung jedoch höchst problematisch; zwar kann man kurzfristig einen Konsens erlangen, aber langfristig werden die Fliehkräfte immer größer. Genau dies ist seit dem Konzil eingetreten.

Eine dritte Ursache liegt darin begründet, dass es auch „böswillige" Interpretationen der Texte gab. Mit Hilfe der Medien haben gewisse Gruppen die Konzilstexte im Gegensatz zur lebendigen Tradition der Kirche und des Lehramtes umgedeutet und verzerrt dargestellt. Dabei bedienten sie sich eines nebulösen „Geist des Konzils," selbst um jene Dinge zu rechtfertigen, die im direkten Widerspruch zu den Konzilstexten stehen. Papst Benedikt XVI. bezeichnete diese Haltung als eine „Hermeneutik der Diskontinuität und des Bruches"[2]. Dieser Gruppe geht es darum, eine „andere" Kirche zu schaffen.

Ein vierter Grund für die Schwierigkeiten mit der Interpretation der Texte lässt sich in jenen philosophischen Prämissen ausmachen, die die gesellschaftlichen Debatten dominieren. Diese haben sich – wie zu zeigen sein wird – in Opposition zur kirchlichen Lehre entwickelt. Viele, auch in der Kirche, sind fälschlich der Annahme gefolgt, dass die An- und Übernahme dieser Prämissen helfen kann, eine Brücke zur Gesellschaft zu bauen. Die Unvereinbarkeit beider Ansätze wurde immer weniger gesehen. Vor diesem Hintergrund war es schwer, die Texte des Konzils richtig zu verstehen.

---

2 *Benedikt XVI.*, Ansprache an das Kardinalskollegium und die Mitglieder der Römischen Kurie beim Weihnachtsempfang, in: VASt 172, Bonn 2005, 11.

Anhand dieser vier Ursachen soll im Folgenden erklärt und analysiert werden, warum sich die richtige Interpretation der Konzilstexte als so schwierig erwiesen hat; in einem letzten Schritt sollen Lösungsansätze aufgezeigt werden. Schon an dieser Stelle zeigt sich, dass diese vier Ursachen unterschiedlich ins Gewicht fallen. In den letzten Jahren sind neue Akzentsetzungen hinzugekommen, die immer deutlicher zu Tage treten und die in die Analyse einfließen werden. Der sogenannte „synodale Weg" wirkt wie ein Katalysator und beschleunigt diese Entwicklung rasant.

1 Die Glaubenskrise – eine erste Ursache

Zum Thema „Glaubenskrise" ist zu verschiedenen anderen Gelegenheiten bereits vieles gesagt worden,[3] so dass sich die Ausführungen auf das Wesentliche beschränken können. Im Folgenden sollen lediglich drei Elemente Berücksichtigung finden, die in vereinfachter Form die Ursachen der Glaubenskrise beschreiben, ohne den Anspruch auf Vollständigkeit zu erheben. An ihnen lässt sich die Krise deutlich machen.

Wenn ein Katholik heute gefragt wird, was eigentlich das Katholisch-Sein ausmacht, was wird er sagen? Wenn ein Professor der Theologie gefragt würde, was den Glauben ausmacht, was würde er sagen? Wenn ein Priester oder Bischof

[3] Dazu vgl. beispielsweise meine Veröffentlichungen: *Ralph Weimann*, Das Jahr des Glaubens zur Überwindung der Glaubenskrise. Der Glaube verdunstet in den Seelen, in: NOrd 66 (2012) 417-428. *Ralph Weimann*, Zwischen Traditionalismus und Modernismus. Neuevangelisierung als Ausweg?, in: NOrd 66 (2013) 335-347. *Ralph Weimann*, Glaubensweitergabe im Spannungsfeld von Veränderung und Identität, in: G. Augustin und M. Schulze (Hg.), Freude an Gott. Auf dem Weg zu einem lebendigen Glauben. FS für Kurt Kardinal Koch zum 65. Geburtstag, Bd. 2, Freiburg i. Br. 2015, 771-786. *Ralph Weimann*, Die Krise der Kirche als Krise des Klerus?, in: NOrd 73 (2019) 244-256. Ralph Weimann, Kirchenkrise – Glaubenskrise. Sackgassen und Lösungsansätze, in: NOrd 74 (2020) 4-16. *Ralph Weimann*, Glaubensweitergabe heute. Worauf es wirklich ankommt, in: *Gerhard Stumpf (Hg.)*, Der Katholische Weg zur wahren Freiheit. *28. Theologische Sommerakademie in Augsburg 2021*, Augsburg 2021, 17-36.

gefragt würde, was wird er sagen? Über vieles wird gesprochen, wie über Reformen, Veränderungen, eine „andere" Kirche, aber längst hat man den Bezugspunkt verloren und spricht nicht mehr über das Wesentliche. Dies ist der eigentliche Grund, warum sich so viele Menschen von der Kirche abwenden, sie wissen gar nicht mehr, worum es geht. Die Krise des Glaubens tritt nirgends deutlicher zu Tage als hier. An was nämlich glauben wir, was macht das Katholisch-Sein überhaupt aus?

Zuallererst geht es darum, Jesus Christus als wahren Gott und Mensch anzunehmen. So schreibt der Apostel Paulus im Brief an die Kolosser: „Mit Freude sehe ich, wie fest und geordnet euer Glaube an Christus ist. Ihr habt also Christus Jesus als Herrn angenommen" (Kol 2,5-6). Es geht also nicht zunächst um Reformen, um Veränderung, um Diskussionen, sondern um die Annahme Jesu Christi und zwar als wahren Gott und wahren Mensch; so wie er sich geoffenbart hat. Doch damit hat der Christ, der sich als „mündig" versteht, Probleme. Er schafft sich einen „Jesus" nach eigenen oder weltlichen Maßstäben, aber dies wäre nichts anderes als ein Götze. Er versteht Jesus als „Bruder" und „Freund", der sich den eigenen Wunschvorstellungen unterwirft, aber auch dies wäre ein Götze. Er ist bereit, gewisse historische Aspekte über Jesus anzunehmen, gefiltert durch die positivistische Wissenschaft, aber auch dies wäre ein Götze. Die Glaubenskrise ist eine Gotteskrise, weil viele Christen aufgehört haben, Jesus Christus – und dies muss noch einmal betont werden – so, wie er sich geoffenbart hat, anzunehmen. Folglich bezeichnen sich Christen als „gläubig", wobei sie längst zu Neuheiden geworden sind, zumal sie nur den eigenen Vorstellungen folgen.[4] Professoren ge-

[4] *Joseph Ratzinger* hatte bereits in den 50er Jahren auf eine Entwicklung hin zu einem Neuheidentum aufmerksam gemacht. Vgl. *Joseph Ratzinger*, Die neuen Heiden in der Kirche, in: JRGS 8/2, Freiburg i. Br. 2010, 1143-1158.

ben vor „Theologie“ zu betreiben, haben sich in Wirklichkeit aber längst vom Glauben der Kirche losgesagt.[5]

Weil dieser Aspekt von grundlegender Bedeutung ist, soll das Gesagte noch etwas vertieft werden. Der Glaube an Jesus Christus als wahren Gott und wahren Mensch entspricht keineswegs einem „Dualismus“ oder einem „Stockwerkdenken“, sondern der Grundstruktur christlichen Glaubens und schließt ein sakramentales Verständnis ein.[6] Damit ist gemeint, dass der Glaube immer zwei Dimensionen einer Wirklichkeit umfasst. Auf der einen Seite eine sichtbare Dimension, so z. B. die Kirche, das Brot, den Wein, das Wasser, auf der anderen Seite eine unsichtbare Dimension göttlicher Gnade, die im Sakrament bis zur Wesensverwandlung geht. Dies bedeutet im Hinblick auf den Glauben, dass, wer Jesus Christus annimmt, den allmächtigen Gott annimmt und sich dem Primat Gottes bedingungslos unterstellt. Es geht dabei keineswegs um eine rein abstrakte Form des Glaubens, so etwas wäre Gnosis, also eine Fehlform und Irrlehre; vielmehr geht es um die Annahme des lebendigen Gottes, der sich geoffenbart hat und den der Christ im Glauben annimmt.[7] Heute ist der Eindruck entstanden, als ginge es beim Glauben lediglich um Theorien und Meinungen – die sich folglich ändern können – aber das widerspricht diametral der Eigenart des christlichen Glaubens. Denn eine Theorie rettet

---

5 Vgl. das Buch von *Georg May*, der dies ausführlich in seinem Buch geschildert hat: Vgl. *Georg May*, 300 Jahre gläubige und ungläubige Theologie. Abriss und Aufbau, Bobingen 22017.

6 Diese Sicht, auch wenn – wie bereits in der Einleitung gesagt – die Klarheit mangelt, wurde dennoch vom Zweiten Vatikanischen Konzil vertreten. Als Beispiel dafür kann die dogmatische Konstitution *Lumen gentium* gelten, in der es heißt: „Das Haupt dieses Leibes ist Christus. Er ist das Bild des unsichtbaren Gottes, und in ihm ist alles geschaffen. Er ist vor allem, und alles hat in ihm seinen Bestand. Er ist das Haupt des Leibes, welcher die Kirche ist. Er ist der Anfang, der Erstgeborene aus den Toten, auf dass er in allem den Vorrang innehabe (vgl. *Kol* 1,15-18).“ LG 7.

7 *Papst Franziskus* schreibt dazu: „Der Glaube ist die Antwort auf ein Wort, das eine persönliche Anrede ist, auf ein Du, das uns bei unserem Namen ruft.“ Franziskus, Enzyklika *Lumen fidei*, in: VASt 193, Bonn 2013, 8.

nicht, eine Theorie verändert nicht das Leben, eine Theorie vermag keine Berge zu versetzen (vgl. Mt 17,20). Weil dieses sakramentale Verständnis verloren gegangen ist, hat sich in der Kirche ein A-Theismus breit gemacht und damit eine ungläubige Theologie. Wenn nämlich die Gottheit Jesu Christi – und der damit verbundene Anspruch auf absolute Wahrheit – geleugnet wird, dann wird der Glaube zu einer Meinung degradiert. Dann hat das Salz seinen Geschmack verloren: „Es taugt zu nichts mehr, außer weggeworfen und von den Leuten zertreten zu werden“ (Mt 5,13). Wenn der allmächtige Gott für einen Christen nicht mehr den Weg vorgibt, was sich u. a. in der Gebets- und Lebenspraxis, im Sakramentenempfang, etc. zeigt, dann entsteht ein Schein-Christentum, dass nicht rettet, weil es sich vom Retter gelöst hat.

Ein zweiter Aspekt muss in diesem Kontext Erwähnung finden, der die Glaubenskrise deutlich macht. Niemand kann ernsthaft behaupten, Christ zu sein, wenn er die geoffenbarte Lehre ablehnt. Gott ist Mensch geworden, um uns zu erlösen, dazu hat er uns die Botschaft des Heils mitgeteilt, die die Kirche als Evangelium – als frohe Botschaft – bezeichnet. Der Herr hat sich nicht als Meinung oder als Hypothese geoffenbart – wer würde für so etwas in den Tod gehen? – sondern als *die* Wahrheit (vgl. Joh 14,6). Dies wird deutlich mit einem Blick auf die Heilige Schrift. Jesus Christus bezeichnet sich als die Wahrheit, so wie auch der Heilige Geist der „Geist der Wahrheit“ (Joh 16,13) ist. Der Herr ist in die Welt gekommen, um „für die Wahrheit Zeugnis“ (Joh 18,37) abzulegen. Die Lehre Jesu Christi ist untrennbar mit seiner Person verbunden, denn jeder, der aus der Wahrheit ist, hört auf seine Stimme (vgl. Joh 18,37). Die Sünde gegen den Heiligen Geist, ist die Sünde gegen die Wahrheit Gottes, der der Geist der Wahrheit ist. Deswegen haben die Kirchenväter kompromisslos um die Wahrheit gerungen, sie verteidigt, sogar Tod, Marter und Verbannung auf sich genommen. Ihnen war klar, dass *diese* Wahrheit Gott selbst ist, und nur *diese* Wahrheit befreit (vgl. Joh 8,32). In unserer Zeit ist schon der Hinweis auf

Wahrheit schwierig, sie wird in eine Nähe zum Fundamentalismus gerückt. Doch für den gläubigen Menschen gilt: Wer die geoffenbarte Lehre ablehnt, der lehnt Jesus Christus ab.

Dies wird durch das Kirchenrecht verbürgt, es ist demnach Ausdruck der Barmherzigkeit,[8] denn es schützt jene Wahrheit, die Jesus Christus uns zu unserem Heil geoffenbart hat. Diese Wahrheit ist nicht optional, sondern im wahrsten Sinne des Wortes fundamental. Daher zieht beispielsweise die Häresie, die „beharrliche Leugnung einer kraft göttlichen und katholischen Glaubens zu glaubenden Wahrheit oder ein beharrlicher Zweifel an einer solchen Glaubenswahrheit“[9] schwerwiegende Konsequenzen nach sich. Auf diese Weise wendet sich ein Mensch von Jesus Christus ab und schließt sich folglich automatisch aus der Gemeinschaft der Kirche aus.[10] Wie viele selbst von denen, die im Namen der Kirche auftreten, haben sich demnach selbst ausgeschlossen!

Ein dritter Aspekt soll in diesem Kontext noch Erwähnung finden. Christ-Sein ist nicht vornehmlich eine Theorie, sondern ein Weg. Es geht darum, den Weg zum ewigen Leben zu gehen, und auf diesem Weg sind die Gebote Gottes unverrückbare Wegweiser. Wer die Gebote Gottes beachtet und ihnen folgt, der wird den Weg zum Heil finden. Die Morallehre der Kirche basiert auf der geoffenbarten Wahrheit, sie ist nichts anderes als der konkrete Weg, den es einzuschlagen gilt, um das Leben zu haben. Daher heißt es im Evangelium: „Wer meine Gebote hat und sie hält, der ist es, der mich liebt“ (Joh 14,21). Die Treue zum göttlichen Gebot ist untrennbar mit der Nachfolge Christi

---

8 Dazu vgl. *Markus Graulich*, „Kirchenrecht und Barmherzigkeit“, in: *George Augustin (Hg.)*, Barmherzigkeit leben. Eine Neuentdeckung der christlichen Berufung. Freiburg 2016, 320-336. Und auch: *Markus Graulich*, Barmherzigkeit braucht Regeln. Kirchenrecht und Barmherzigkeit, in: *George Augustin – Thomas Eissner (Hgs.)*, Barmherzigkeit als christliche Berufung, (Theologie im Dialog 19) Freiburg 2017, 121-132.

9 Can. 751/CIC 1983.

10 Can. 1364/CIC 1983.

verbunden. Wer hingegen die Gebote Gottes ablehnt und die Menschen entsprechend lehrt, der verstellt die Wegweiser Gottes und führt die Menschen in die Irre. Der erste Johannesbrief sagt: „Wer seine Gebote hält, bleibt in Gott und Gott in ihm. Und daran erkennen wir, dass er in uns bleibt: an dem Geist, den er uns gegeben hat“ (1 Joh 3,24).

Wenn selbst Katholiken die Gebote Gottes ablehnen, sie geringschätzen, nicht ernst nehmen und entsprechend leben – obwohl sie nichts anderes als Wegweisung für das ewige Leben sind [11]– dann wenden sie sich vom Weg des Heils ab. Ob der gewonnenen Freiheit jubelt man für einen Augenblick, weil man meint, das Tor vergrößert zu haben; doch wird dabei die Warnung des Herrn vergessen, die da lautet: „Geht durch das enge Tor! Denn weit ist das Tor und breit der Weg, der ins Verderben führt, und es sind viele, die auf ihm gehen. Wie eng ist das Tor und wie schmal der Weg, der zum Leben führt, und es sind wenige, die ihn finden“ (Mt 7,13f). Gerade an diesem Punkt wird offensichtlich, wie weit fortgeschritten die aktuelle Glaubenskrise ist.

Wenn der Weg abgelehnt wird, den uns der Herr durch seine Gebote zeigt, wie sollte man dann Konzilsdokumente richtig verstehen, die nichts anderes beinhalten, als diesen Weg aus verschiedenen Perspektiven zu beschreiben? Das Zweite Vatikanische Konzil war ein Pastoralkonzil, es wollte vor allem für die praktische Lebensgestaltung Hinweise geben. Es hat nicht zur Abschaffung der Gebote eingeladen, sondern zu deren Erfüllung, indem es die Heiligkeit als wahren Maßstab des Christseins neu vor Augen gestellt hat. So heißt es: „Alle Christgläubigen sind also zum Streben nach Heiligkeit und ihrem Stand entsprechender Vollkommenheit eingeladen und verpflichtet.“[12]

---

11 Vgl. *Ralph Weimann*, Wegweisung für das Ewige Leben, Kisslegg 2023.

12 LG, 42.

2 Mehrdeutige und unpräzise Formulierungen

Damit sind die Ausführungen zu einem zweiten Punkt gelangt. Ein Konzil ist eine Bischofsversammlung; es kommt gewöhnlich nicht zusammen, um bereits Bekanntes zu wiederholen. Vielmehr geht es darum, theologische und kirchliche Fragen der Lehre und Moral zu klären, zu erörtern und zu vertiefen. Das Erste Vatikanische Konzil fand von 1869-1870 statt, mehrere Themen konnten beraten werden, dann aber musste diese Bischofsversammlung aufgrund des Deutsch-Französischen Krieges auf unbestimmte Zeit unterbrochen werden. Zwar gab es verschiedene Versuche, das Konzil fortzuführen, aber die Umstände erlaubten es nicht. So kündigte Papst Pius XI. bereits kurz nach seiner Wahl im Jahr 1922 das Projekt einer Fortsetzung des Konzils an.[13] Auch sein Nachfolger, Papst Pius XII., nahm dieses Vorhaben in Angriff, indem er bereits Kommissionen und Unterkommissionen zur Vorbereitung einsetzte; doch ließ sich ein Konzil zu seinen Lebzeiten nicht mehr verwirklichen, weil nach dem Ende des Zweiten Weltkriegs die Welt noch in Trümmern lag und sich in den 50er Jahren der Gesundheitszustand des Papstes verschlechterte.[14] Aber schon im Vorkonklave, in dem Johannes XXIII. zum Papst gewählt wurde, zeichnete sich ab, dass das Konzil auf die Tagesordnung eines neuen Papstes rücken würde.

Berühmt geworden ist die Eröffnungsansprache des Konzils von Papst Johannes XXIII., die den lateinischen Titel *Gaudet Mater Ecclesia* trägt. Dort benennt er das Ziel: „Die Hauptaufgabe des Konzils liegt darin, das heilige Überlieferungsgut (*depositum*) der christlichen Lehre mit wirksameren Methoden

---

13 Vgl. *Pius XI.*, Litterae Encyclicae Ubi Arcano Dei Consilio, 23.12.1922, in: https://www.vatican.va/content/pius-xi/la/encyclicals/documents/hf_p-xi_enc_19221223_ubi-arcano-dei-consilio.html [20.9.2023], 51.

14 Dazu vgl. *Peter Gumpel*, Dal Concilio Vaticano I al Concilio Vaticano II, in: Pio XII e il Concilio, Siena 2012, 11-74, hier bes. 68-71.

zu bewahren und zu erklären."[15] Neben der Bewahrung ging es also darum, wirksamere Methoden der Verkündigung zu finden, um den Glauben allen Menschen zugänglich zu machen. Dazu sollte auch eine neue Sprache Verwendung finden, um die Menschen von heute mitzunehmen. So machte sich bereits hier eine Spannung bemerkbar, denn eine „neue Sprache" – so attraktiv sie auch sein mag – muss der geoffenbarten Wahrheit gerecht werden. Der Umgang mit dieser Spannung erwies sich als äußerst schwierig, so versuchte man die Quadratur des Kreises. Auf der einen Seite wollte man das Überlieferungsgut treu bewahren, zugleich aber mit wirksameren Methoden und einer neuen Sprache ausdrücken.

In der Folge wurden neue Begriffe eingeführt, die zwar attraktiv klangen, aber deren Bedeutungsgehalt nicht geklärt war. Diese „Zauberwörter" erwiesen sich als trojanisches Pferd, denn sie dienten dazu, alles und jedes zu rechtfertigen, den überlieferten Glauben und das Gegenteil. Dies kann mit Hilfe einiger weniger Begriffe verdeutlicht werden. Papst Johannes XXIII. führte das Wort „Aggiornamento" ein. Damit brachte er seine Intention zum Ausdruck, den immer gleichen Glauben der Kirche ins heute zu übersetzen. Unklar blieb jedoch, wie dies geschehen sollte und ausgehend von welcher Grundlage und nach welchen Vorgaben. So beriefen sich viele auf dieses Wort, mit ganz unterschiedlichen Absichten und sich widersprechenden Aussagen.[16]

Im Hinblick auf die Liturgie und deren Erneuerung verhält es sich ähnlich. Hier fand das lateinische Prinzip von einer *par-*

---

15 Auf Latein: „Quod Concilii Oecumenici maxime interest, hoc est, ut sacrum christianae doctrinae depositum efficaciore ratione custodiatur atque proponatur." Joannis XXIII, Allocutio in Sollemmni SS. Concilii Inauguratione, 11.10.1962, in: https://www.vatican.va/content/john-xxiii/la/speeches/1962/documents/hf_j-xxiii_spe_19621011_opening-council.html [20.9.2023].

16 Vgl. *Giuseppe Alberigo*, Art. „Aggiornamento", in: LThK^3, Bd. I, Freiburg i. Br. 1993, 231.

ticipatio actuosa Eingang,[17] es diente als Schlüsselwort für die Erneuerung der Liturgie. Auch wenn sich dieses Konzept in der liturgischen Bewegung entwickelt hatte, ist bis heute nicht lehramtlich geklärt, was genau damit gemeint ist. In vielen Sprachen wurde es als „aktive Teilnahme“ (so z. B. auf Englisch-Spanisch-Italienisch) übersetzt. So entstand der Eindruck, dass nur derjenige aktiv an der Liturgie teilnimmt, der sich aktiv einbringt. So waren vor allem im Hinblick auf die Erneuerung der Liturgie viele Missverständnisse vorprogrammiert.[18]

Auch im Hinblick auf das Kirchenverständnis wurde ein neues Wort eingeführt, mit einem ähnlichen Effekt. In der dogmatischen Konstitution *Lumen gentium* – Über die Kirche – heißt es an entscheidender Stelle: Die einzige Kirche Christi, „in dieser Welt als Gesellschaft verfasst und geordnet, ist verwirklicht in der katholischen Kirche, die vom Nachfolger Petri und von den Bischöfen in Gemeinschaft mit ihm geleitet wird.“[19] Anders als im Dekret über die Katholischen Ostkirchen – *Orientalium Ecclesiarum* – wurde nicht das Wort „ist“ verwendet.[20] So gab es in der Folge endlose Diskussionen, was damit gemeint sei, was die Kirche ist und ob sie überhaupt noch das Recht hat, ihrem missionarischen Auftrag nachzukommen.[21]

Ein weiteres Konzept, dass nach Abschluss des Konzils für viel Verwirrung sorgte, sind die sogenannten „Zeichen der Zeit“. In der pastoralen Konstitution über die Kirche in der Welt von heute heißt es diesbezüglich: „Zur Erfüllung dieses

17 Vgl. LG 14.

18 Dazu vgl. Ralph Weimann, *Sacramentals. Their Meaning and Spiritual Use*, Manchester, New Hampshire 2023, 81-89.

19 LG 8. Auf Lateinisch: „subsistit in Ecclesia catholica.“

20 In *Orientalium Ecclesiarum* heißt es: „Die heilige katholische Kirche ist der mystische Leib Christi und besteht aus den Gläubigen, die durch denselben Glauben, dieselben Sakramente und dieselbe oberhirtliche Führung im Heiligen Geist organisch geeint sind.“ OE 2.

21 Einen guten Überblick bietet: *Alexandra von Teuffenbach*, Die Bedeutung des subsistit in (LG 8). Zum Selbstverständnis der katholischen Kirche, München 2002. Auch wenn es der Autorin gelang, den Bedeutungsgehalt und die Genese des Begriffs zu klären, war damit die Diskussion noch lange nicht beendet.

ihres Auftrags obliegt der Kirche allzeit die Pflicht, nach den Zeichen der Zeit zu forschen und sie im Licht des Evangeliums zu deuten."[22] Nicht wenige sahen sich durch diese Aussagen veranlasst, die „Zeichen der Zeit" mit dem „Zeitgeist" gleichzusetzen, so war eine Schieflage vorprogrammiert.

Diese wenigen Beispiele machen deutlich, wie problematisch sich die Verwendung einer neuen Sprache erweist, wenn nicht geklärt ist, was sie bedeutet. In der Theologie geht es nicht um irgendwelche Meinungen, sondern es geht um das, was für das ewige Leben notwendig ist. Papst Benedikt hat diese Problematik der Konzilstexte 2012 angesprochen und geschrieben: „Um sie zu klären, wäre es nötig gewesen, das Wesentliche und Konstitutive für die Neuzeit genauer zu definieren."[23] Er fügt nüchtern hinzu, dass dies nicht gelungen ist.

3 „Böswillige" Interpretation der Texte

Neben unklaren Begriffen hat es auch bösen Willen bei der Interpretation der Konzilstexte gegeben, von einigen wurden diese absichtlich in eine falsche Richtung gedeutet. Ähnliches war auch nach dem Konzil von Nizäa passiert, als ein Großteil der Bischöfe sich von den Texten und auch vom Glauben lossagten.

Die Texte des Zweiten Vatikanischen Konzils beinhalten keine Revolution, keine kopernikanische Wende und auch keine neuen Dogmen. Vielmehr sollte durch pastorale und theologische Impulse und Richtlinien dem gelebten Glauben neue Vitalität zufließen. Dies spiegelt sich beispielsweise in der dogmatischen Konstitution über die Kirche wider, in der es gleich zu Beginn heißt: „Deshalb möchte sie [die Kirche] das Thema der vorausgehenden Konzilien fortführen, ihr Wesen und ihre universale Sendung ihren Gläubigen und aller Welt eingehender erklären."[24] Das Zweite Vatikanische Konzil versteht sich

22 Vgl. GS 4.

23 *Benedikt XVI.*, Vorwort, in: JRGS 7/1, Freiburg i. Br. 1012, 5-9, hier: 6.

24 LG 1.

keineswegs als Superdogma, sondern das Konzil reiht sich in die Reihe der vorherigen Konzilien ein und bekräftigt explizit die Kontinuität. So heißt es in der dogmatischen Konstitution über die göttliche Offenbarung in der ersten Nummer: „Darum will die Synode in Nachfolge des Trienter und des Ersten Vatikanischen Konzils die echte Lehre über die göttliche Offenbarung und deren Weitergabe vorlegen, damit die ganze Welt im Hören auf die Botschaft des Heiles glaubt, im Glauben hofft und in der Hoffnung liebt."[25] Auch hier wird deutlich, dass die Konzilsväter die Kontinuität mit der Tradition der Kirche hochschätzten; es ist übrigens der einzige Weg, wie ein Konzil verstanden werden kann, weil es der Eigenart des Glaubens entspricht, über den auf dem Konzil gesprochen wurde.

Nach Abschluss des Konzils agierten gewisse Gruppen – vor allem die Schule von Bologna[26] – auf gegenteilige Weise. Sie interpretierten die Texte so, als ob es eine vor- und eine nachkonziliare Kirche geben würde und als ob mit dem Konzil eine neue Kirche angefangen habe: die Kirche des Konzils.[27] Sie beriefen sich nicht auf die Texte des Konzils, sondern auf einen „Geist des Konzils," oft im Gegensatz zu den Texten. Es ist das besondere Verdienst von Papst Benedikt XVI. diese Problematik in aller Klarheit angesprochen zu haben. Er tat dies u.a. in seiner ersten Weihnachtsansprache 2005, als er sich an die Römische Kurie wandte. Weil seine Ausführungen viel Klarheit schenken, soll im Folgenden auf ein längeres Zitat zurückgegriffen werden, der Papst sagte:

„Auf der einen Seite gibt es eine Auslegung, die ich ‚Hermeneutik der Diskontinuität und des Bruches' nennen möchte; sie hat sich nicht selten das Wohlwollen der Massenmedien und auch eines Teiles der modernen Theologie zunutze

---

25 DV 1.

26 Dazu vgl. *Agostino Marchetto*, Il Concilio Ecumenico Vaticano II. Contrappunto per la su storia, Vatikanstadt 2005, bes. 369.

27 Dazu im Detail: *Ralph Weimann*, Die Krise der Kirche als Krise des Klerus?, in: NOrd 73 (2019) 244-256

machen können. Auf der anderen Seite gibt es die ‚Hermeneutik der Reform', der Erneuerung des einen Subjekts Kirche, die der Herr uns geschenkt hat, unter Wahrung der Kontinuität; die Kirche ist ein Subjekt, das mit der Zeit wächst und sich weiterentwickelt, dabei aber immer sie selbst bleibt, das Gottesvolk als das eine Subjekt auf seinem Weg. Die Hermeneutik der Diskontinuität birgt das Risiko eines Bruches zwischen vorkonziliarer und nachkonziliarer Kirche in sich. Ihre Vertreter behaupten, dass die Konzilstexte als solche noch nicht wirklich den Konzilsgeist ausdrückten. Sie seien das Ergebnis von Kompromissen, die geschlossen wurden, um Einmütigkeit herzustellen, wobei viele alte und inzwischen nutzlos gewordene Dinge mitgeschleppt und wieder bestätigt werden mussten. Nicht in diesen Kompromissen komme jedoch der wahre Geist des Konzils zum Vorschein, sondern im Elan auf das Neue hin, das den Texten zugrunde liege: nur in diesem Elan liege der wahre Konzilsgeist, und hier müsse man ansetzen und dementsprechend fortfahren. Eben weil die Texte den wahren Konzilsgeist und seine Neuartigkeit nur unvollkommen zum Ausdruck brächten, sei es notwendig, mutig über die Texte hinauszugehen und dem Neuen Raum zu verschaffen … Damit missversteht man jedoch bereits im Ansatz die Natur eines Konzils als solchem. Es wird so als eine Art Verfassung gebende Versammlung betrachtet, die eine alte Verfassung außer Kraft setzt und eine neue schafft. Eine Verfassung gebende Versammlung braucht jedoch einen Auftraggeber und muss dann von diesem Auftraggeber, also vom Volk, dem die Verfassung dienen soll, ratifiziert werden. Die Konzilsväter besaßen keinen derartigen Auftrag, und niemand hatte ihnen jemals einen solchen Auftrag gegeben; es konnte ihn auch niemand geben, weil die eigentliche Kirchenverfassung vom Herrn kommt, und sie uns gegeben wurde, damit wir das ewige Leben erlangen und aus dieser Perspektive heraus auch das Leben in der Zeit und die Zeit selbst erleuchten können."[28]

[28] *Benedikt XVI.*, Ansprache, 11-12.

Dieses Thema ist sehr umfangreich und müsste weiter ausgeführt werden,[29] und dennoch sind die wichtigsten Punkte genannt. Darüber hinaus ist anzumerken, dass vor allem Medien diese neue Agenda einer „Hermeneutik des Bruchs“ förderten und fördern. Warum sich das so verhält, soll im vierten und letzten Punkt dargelegt werden.

4 Der Zeitgeist als Inspirationsquelle

Kein Konzil findet in einem luftleeren Raum statt; die Debatten und Diskussionen werden vielmehr auf dem Hintergrund von gesellschaftlichen Einflüssen und philosophischen Prämissen geführt. So fiel die Umsetzung des Zweiten Vatikanischen Konzils und die Interpretation der Texte in die Zeit der 68er Bewegung, die – vereinfacht dargestellt – nichts anderes vertrat als eine radikale „Hermeneutik des Bruchs.“ Friedrich Nietzsche und seine Maxime der Umwertung aller Werte haben dafür Pate gestanden.[30] So wurde das Gegenteil von all dem propagiert, was bis dahin galt; dabei schreckte diese Bewegung weder vor Gewalt, noch vor Verleumdung und Manipulation zurück. In Kürze waren davon alle Bereiche des Lebens erfasst, vor allem die Familie, die Bildung und die Moral. Weil die Kirche Anwalt dieser drei grundlegenden Pfeiler ist, die für das Bestehen einer Gesellschaft notwendig sind, war sie einer massiven Einflussnahme ausgesetzt.

Davon blieb niemand verschont, weder einfache Gläubige noch Professoren der Theologie, noch Bischöfe oder Päpste. Wer nicht die Augenhöhe mit dem neuen Zeitgeist suchte und sucht, sieht sich massivem Druck ausgesetzt. Dies hat sich seitdem weiter verstärkt und spiegelt sich u.a. im Konzept „woke“

---

29 Dazu vgl. *Ralph Weimann*, Hermeneutik der Reform als Erneuerung in Kontinuität, in: MIPB (4/2011) 59-82. Oder noch ausführlicher: *Ralph Weimann*, Dogma und Fortschritt bei Joseph Ratzinger. Prinzipien der Kontinuität, Paderborn 2012.

30 Dazu vgl. die ausführliche Darstellung von: *Josef Kraus*, 50 Jahre Umerziehung. Die 68er und ihre Hinterlassenschaften, Dresden 2019.

wider. Die Druckmittel verfehlen ihre Wirkung nicht, dabei gibt die marxistische Prämisse vom „Fortschritt" den Weg vor. Das bedeutet im Hinblick auf den Glauben und die Interpretation von Konzilstexten, wer an der überlieferten Lehre festhält, der wird als ewig gestrig, vorkonziliar, oder – eine neue Dimension, die in den letzten Jahren hinzugekommen ist – als rechts-katholisch gebrandmarkt, man könnte auch sagen, verteufelt. Eine auf Argumente, lehramtliche Texte und die Offenbarung gestützte Diskussion findet fast nicht mehr statt.

Der Marsch durch die Institutionen, wie die 68er diesen angekündigt haben, scheint in großen Teilen geglückt. Um zu verstehen, was passiert ist, lohnt es sich, kurz zurückzuschauen. In seinen Erinnerungen schreibt Joseph Kardinal Ratzinger: „Die marxistische Revolution zündete in der ganzen Universität." Die Fakultäten der Theologie „wurden zum eigentlichen ideologischen Zentrum."[31] Mehr noch, so der damalige Kardinal: „Die blasphemische Art, in der nun das Kreuz als Sadomasochismus verhöhnt wurde, die Heuchelei, mit der man sich – wenn nützlich – weiterhin als gläubig ausgab, um die Instrumente für die eigenen Ziele nicht zu gefährden, das alles konnte und durfte man nicht verniedlichen oder wie irgendeine akademische Auseinandersetzung ansehen."[32]

Anders als in der Zeit des Dritten Reichs, erwiesen sich die Fakultäten der katholischen Theologie nicht als Bastionen gegen den Zeitgeist, sondern wurden nicht selten zu deren Kanzeln, auch wenn man diese in den Kirchen abschaffte. Die Saat ging auf. Der Relativismus als neue Geisteshaltung bahnte sich den Weg. Demnach muss alles und jedes toleriert, akzeptiert und gefördert werden, nur nicht die objektive/absolute Wahrheit. Mit diesem Vorverständnis kann eine Interpretation der Konzilstexte nicht gelingen, im Gegenteil: nun werden ständig neue Dogmen definiert, die dem Zeitgeist huldigen, aber nicht

---

31 *Joseph Ratzinger*, Aus meinem Leben. Erinnerungen, München 1997, 139.
32 Ebd., 150.

in der Offenbarung und im Dogma gründen. Damit entstehen ein anderer Glaube und eine andere Kirche, die wenig und gar nichts mit den Texten des Konzils gemein hat.

Ein letzter Aspekt soll in diesem Kontext Erwähnung finden. Bei den Bestrebungen, die Kirche und den Glauben unwiderruflich zu verändern, wird nicht selten der Versuch unternommen, das Zweite Vatikanische Konzil zu einer Art Superdogma zu erheben. Diese Annahme findet jedoch keinen Rückhalt in den Texten des Konzils; darüber hinaus verstand sich das Konzil explizit als Pastoralkonzil. Dieser falschen Bewertung liegt die Annahme zugrunde, einen Vorwand zu finden, um die lebendige Tradition der Kirche zu annullieren, um freie Hand zu haben für die Umwertung aller Werte auch in der Kirche. Wie fern eine derartige Interpretation den Texten des Konzils und dem katholischen Glauben liegt, braucht hier nicht weiter ausgeführt zu werden.

5 Mögliche Lösungsansätze

Damit kommen die Ausführungen zum Schluss. Nach einer solchen Analyse, bei der vier Problemfelder herausgegriffen wurden, wird vermutlich eine umfassende Antwort erwartet, um der komplexen Situation gerecht zu werden. Dies kann an dieser Stelle jedoch nicht geschehen. Vielmehr sollen Hinweise genügen, wo und wie Lösungen zu finden sind. Beginnen wir in umgekehrter Reihenfolge:

Es heißt, wer den Zeitgeist heiratet, der ist bald Witwer. Dies trifft auch auf die Mitglieder der Kirche zu. Wenn diese dem Zeitgeist folgen und nicht dem Herrn, dann haben sie nichts, was sie den Menschen anbieten könnten. Folglich wenden sich die Menschen in Scharen von ihr ab. Papst Franziskus hatte in seiner ersten Predigt davor gewarnt, als er sagte: „Wir können gehen, wie weit wir wollen, wir können vieles aufbauen, aber wenn wir nicht Jesus Christus bekennen, geht die Sache nicht. Wir werden eine wohltätige NGO, aber nicht die Kirche, die Braut Christi."[33] Wer dem Zeitgeist hinterherläuft, um den kurzfristigen Applaus der Menschen zu erhaschen, wird auch in das „kreuzige ihn" miteinstimmen. Auf diese Weise kann weder die richtige Interpretation der Konzilstexte im Besonderen noch die Verkündigung des Glaubens im Allgemeinen gelingen. Vor diesem Hintergrund ist die Entweltlichung, von der Papst Benedikt XVI. gesprochen hat, *das* Gebot der Stunde.[34]

Menschen, die auf böswillige Weise die Konzilstexte im Besonderen oder den Glauben im Allgemeinen zu interpretieren suchen (vgl. Hermeneutik des Bruches und der Diskontinuität) kann man nicht helfen. Die Botschaft des Heils richtet sich nämlich an die Menschen guten Willens (vgl. Lk 2,14). Um dies wieder neu zu betonen wäre es hilfreich, die deutsche Übersetzung des *Gloria*, wie sie in der deutschsprachigen Liturgie Verwendung findet („den Menschen seiner Gnade") zu korrigieren. Es sollte wieder neu ins Bewusstsein der Katholiken treten, dass Gott uns sein Heil anbietet, aber nicht hinterherwirft. Im Hinblick auf diejenigen, die sich innerlich von Gott abwenden, gilt, was im Brief an die Hebräer beschrieben wird (vgl. Hebr 6,4-8).

Es wäre ein Desiderat, die mehrdeutigen Begriffe, die im Konzil Eingang gefunden haben, zu klären. Dies sollte grundsätzlich möglich sein, könnte aber nur von höchster lehramtlicher Seite erfolgen. Papst Benedikt hat zwar die großen Linien benannt, wie dies geschehen müsste, die Aufgabe aber selbst

---

33 *Franziskus*, Predigt in der Sixtinischen Kapelle, 14.3.2013, in: https://www.vatican.va/content/francesco/de/homilies/2013/documents/papa-francesco_20130314_omelia-cardinali.html [20.9.2023].

34 Dazu vgl. *Benedikt XVI.*, Ansprache im Konzerthaus, Freiburg i, Breisgau, 25.9.2011,in:https://www.vatican.va/content/benedict-xvi/de/speeches/2011/september/documents/hf_ben-xvi_spe_20110925_ catholics-freiburg.html [20.9.2023].

nicht in Angriff genommen.[35] Vielleicht war die Zeit noch nicht reif, zumal eine Sichtweise, die das letzte Konzil als Superkonzil deutet, die Gefahr mit sich gebracht hätte, derartige Bestrebungen unmöglich zu machen.

Die eigentliche Lösung kann – und dies muss in aller Deutlichkeit gesagt werden – nur durch den lebendigen Glauben erfolgen. Alle anderen Versuche, so wichtig sie auch sein mögen, greifen zu kurz. Die Glaubenskrise hat sich durch die beschriebene Gemengelage weiter verschärft: Jesus Christus, der einzige Erlöser der Welt, ist selbst für viele Christen fremd geworden. Weil immer noch die Tendenz dahin geht, ganz im Hier und Jetzt zu leben, und die sakramentale Dimension des Glaubens in großen Teilen abhanden gekommen ist, ist man für die Größe und Schönheit des Glaubens blind geworden. So folgt man weder den Geboten, die nichts anderes sind als Wegweisung für das ewige Leben, noch der göttlichen Lehre. Folglich kommt man immer weiter vom Weg ab und genau an dieser Stelle muss die Korrektur ansetzen.

Der Glaube ist nur dann lebendig, wenn ihm eine innere Beziehung mit Gott zugrunde liegt, die sich im ganzen Leben widerspiegelt. Der Gläubige wird durch den Glauben zum Gläubigen und auf diese Weise ist er mit Gott verbunden, der alles vermag. Daher ist das einzige „Superdogma" der lebendige Gott, den der Christ im Glauben annimmt.

Joseph Ratzinger hatte es in den 70er Jahren gewagt, zu prognostizieren, wie die Kirche der Zukunft aussehen wird, und dabei hat er prophetische Worte gefunden. Er sagte, dass diese Kirche klein sein werde, dass sie weithin von vorne anfangen müsse und ihre Bauten nicht mehr füllen könne, zudem werde sie ihre Privilegien verlieren. Zugleich aber werde sie eine „verinnerlichte Kirche" sein, keine politische. Sie wird nicht

---

35 Eine derartige Bitte ist von Brunero Gherardini (†2017) 2009 an den Papst herangetragen worden. Vgl. *Brunero Gherardini*, Concilio Ecumenico Vaticano II. Un discorso da fare, Frigento 2009, 254-256.

mehr über ihre eigenen Dogmen spotten, noch die Existenz Gottes in Frage stellen. Joseph Ratzinger schreibt: Danach „wird aus einer verinnerlichten und vereinfachten Kirche eine große Kraft strömen. Denn die Menschen einer ganz und gar geplanten Welt werden unsagbar einsam sein. Sie werden, wenn ihnen Gott ganz entschwunden ist, ihre volle, schreckliche Armut erfahren. Und sie werden dann die kleine Gemeinschaft der Glaubenden als etwas ganz Neues entdecken. Als eine Hoffnung, die sie angeht, als eine Antwort, nach der sie im Verborgenen immer gefragt haben. So scheint mir gewiss zu sein, dass für die Kirche sehr schwere Zeiten bevorstehen.“[36]

---

36 *Joseph Ratzinger*, Wie wird die Kirche im Jahre 2000 aussehen?, in: JRGS 8/2, Freiburg i. Br. 2010, 1159-1168, hier: 1168.

Josef Piepers Schriften als notgedrungene Klärungsversuche – in Reaktion auf „nachkonziliare Wirrnisse“

Monika Born

Was Josef Pieper (1904-1997) nach dem Zweiten Vatikanischen Konzil und der Liturgiereform an Umbrüchen in der katholischen Kirche erfahren hat, drängte ihn als Katholiken, Philosophen und katholischen Laien zu – wie er selbst schreibt – „notgedrungenen Klärungsversuchen“ aus philosophisch-anthropologischer Perspektive – noch im „Vorhof“ des eigentlich Theologischen und inspiriert durch die Lehren des heiligen Thomas von Aquin.

Zunächst wird es um Piepers Erfahrungen mit Umbrüchen in der katholischen Kirche nach Konzil und Liturgiereform gehen, dann um einige der Schriften, die er zur Klärung der dabei sichtbar gewordenen Probleme veröffentlicht hat. Dabei möchte ich Gegenwartsstimmen einbeziehen, die verdeutlichen, wie folgenreich sich die Probleme vom Ende der 60er und Anfang der 70er Jahre bis heute auswirken und wie aktuell Piepers Texte immer noch sind.

1 Autobiographisches: „Nachkonziliare Wirrnisse“

Diesen Titel hat Pieper über ein Kapitel im 3. Band seiner autobiographischen Aufzeichnungen gesetzt, in denen es hauptsächlich um Erfahrungen geht, die er in Deutschland und während seiner Gastprofessuren in den USA, Kanada und Spanien gemacht hat.

Es wird sofort klar, dass er nicht daran denkt, die Konzilsdekrete und einschlussweise die von Paul VI. approbierte Liturgiereform zu kritisieren, sondern das, was im Gefolge des Konzils, oft unter Berufung auf dessen „Geist“ schon bald von ihm als trostlose Verarmung und schlichte Sinnwidrigkeit gesehen wird (Aut 47). Beispiele:

Gregorianik

Während die Liturgiekonstitution des Konzils noch ausdrücklich hervorhebt, dass die Kirche den Gregorianischen Choral als den der römischen Liturgie eigenen Gesang betrachtet, ist er zu Piepers Leidwesen in der Nachkonzilszeit kaum noch irgendwo in den Pfarrkirchen zu hören und mitzusingen – gemäß dem armseligen Argument, die Gläubigen würden das Lateinische ja nicht verstehen. Piepers Erfahrungen mit den einfachen Menschen in seinem westfälischen Heimatdorf sprechen entschieden dagegen (AUT 44-46).

Kirchenlatein – Liturgische Sprache – Übersetzungen

Nach dem Willen der Konzilsväter soll der Gebrauch der lateinischen Sprache in der Liturgie erhalten bleiben, aber der Volkssprache „ein weiterer Raum“ zugemessen werden. Dieser „weitere Raum“ wurde weithin zum einzigen Sprachraum. Damit ging zugleich immer mehr das Bewusstsein für den sakralen Charakter der liturgischen Sprache verloren, und solche „Entsakralisierung“ wurde von vielen Theologen bewusst vorangetrieben. Die liturgische Sprache sollte sich nicht mehr von der Alltagssprache unterscheiden (Aut 46). Beispiele:

- Zu Beginn der Messfeier werden die Gläubigen (wie von einer Fernsehansagerin) begrüßt und willkommen geheißen – in trivialer Alltagssprache. Gleiches gilt für die Verabschiedung durch den Zelebranten (noch einen schönen Tag, ... eine schöne Woche).
- Bei der österlichen Taufwasserweihe wurde gesungen: „descendat in hanc plenitudinem fontis virtus Spiritus Sancti.“

Im deutschen Text wird aus diesem hymnischen Text: „Es steige hinab in dieses Wasser die Kraft des Heiligen Geistes.“– „dieses Wasser“, eine karge Version von „plenitudinem fontis“, einem „überströmenden Quell“ (Aut 48).

Das Hauptproblem bei der Übersetzung der Messbücher in die Volkssprache sieht Pieper nicht zuerst in Mängeln der sprachlichen Formulierung, sondern in der Unkenntlichmachung eines Sachverhalts. Beispiele:

- Bei den Gebeten zur Opferbereitung heißt es von den Gaben: „Wir bringen sie vor dein Angesicht.“ Es geht aber um „Darbringung“ (offere, oblatio) (Aut 49 f).
- In einem der neuen Hochgebete heißt es von den Verstorbenen, sie seien entschlafen „in der Hoffnung, dass sie auferstehen“. Hier – so Pieper – werde die Objektivität von „spes resurrectionis“ unkenntlich gemacht und in die Nähe einer subjektiven Erwartung gerückt. Zumindest sollte es heißen „in der Hoffnung seliger Auferstehung“. Schließlich gebe es nach der Schrift auch eine „Auferstehung zum Gericht“. Dieser Vorschlag Piepers wurde in der Übersetzungskommission angenommen, aber dann – wie wir wissen – nicht umgesetzt (Aut 52 f.).
- Ein Beispiel für „krasse Übersetzungswillkür“ aus der geradezu „krankhaft zu nennenden Scheu“ heraus, „das Heilige bei seinem wahren Namen zu nennen“, ist nach Pieper die Verdeutschung des Wortes „Consecratio“ durch das Wort „Einsetzungsbericht“. Der Verzicht auf das Wort „Wandlung“ sei ein Beleg für die „ungebrochene Virulenz des Giftstoffes ‚Entsakralisierung‘ “(Aut 54).
- *„Neue“ Liturgie*

  In den amerikanischen Restaurants sind auf einen Schlag nach der Aufhebung der Pflicht zur Freitagsabstinenz die Speisekarten mit den fleischlosen Freitags-Menues verschwunden, für amerikanische Katholiken eine Art Erdrutsch: „Wenn das nicht mehr gilt, dann gilt gar nichts mehr.“ Sie waren offenbar auf die Konzilsbeschlüsse überhaupt nicht vorbereitet – mit tiefgreifenden Folgen (Aut 62 f.).

- In der von vielen Amerikanern so verstandenen „neuen" Liturgie gab es um den Altar tanzende Nonnen, Filme statt Predigten, Jazz-Messen.
- Es gab – wie ja auch in Deutschland – Priester durchgehend in Zivilkleidung, Ordensleute ohne Ordenskleidung, oftmals außerhalb der Klöster in Privatwohnungen lebend; Zelebranten, die nach der Messfeier draußen im Messgewand mit Messbesuchern plauderten (ohne Sinn für das kultische Gewand, das dem sakralen Raum zugehört).
- In einem Benediktinerkloster, das Pieper von mehreren Besuchen her kannte, war plötzlich alles anders: Mönche und Nonnen saßen im Refektorium in Zivilkleidung und in bunter Reihe, sich laut unterhaltend, von Musik beschallt. Nichts mehr von jenem früheren tiefen Schweigen bei der geistlichen Lesung (Aut 127 f.).

Überblick

In seiner Antwort an einen Theologen, der sich in einer Priesterzeitschrift kritisch mit Piepers „Klärungsversuchen" befasst hatte, macht dieser überblickartig klar, was ihn bewogen hat, sich gegen alle Versuche der „Entsakralisierung" zur Wehr zu setzen: Er sei

- gegen die Versuche, das überlieferte Stilprinzip der kultischen Feier zu zerstören,
- gegen die Abschaffung der sakralen Sprache,
- gegen den Verzicht auf die rituelle Form symbolischer Gebärden und Handlungen,
- gegen die ausdrücklich gewollte Anpassung von Kultbauten an Büro und Fabrik,
- gegen alle Versuche, die Sicht auf den Priester als eigens für den Vollzug der sakramentalen Mysterienfeier Geweihten abzuschaffen.

wohingegen die Kirche selbst bis in die Dekrete des Konzils hinein unbeirrt an all dem festhalte, was die „Entsakralisierer“ nicht mehr mitvollziehen wollen (Heil 67 f.).

2 „Notgedrungene Klärungsversuche“

2.1 Zur Tragweite der Klärungsversuche (Heil 7-10)

Im Vorwort zu dem Essay-Band „Die Anwesenheit des Heiligen“, der alle Texte Piepers zum Thema „Klärungsversuche“ umfasst, macht Berthold Wald klar, welche Tragweite die Überlegungen Piepers haben: dass sie den Kern des katholischen Glaubens und des Lebens der Kirche betreffen; dass die Wurzel der Fehlentwicklungen nach dem Konzil der mangelnde Sinn für die Präsenz des Göttlichen in der Liturgie ist, gründend u. a. in einem philosophischen Vorurteil, dem „Dogma“ nämlich von geschlossenen Weltstrukturen ohne Transzendenz, wobei sich „progressive“ Theologen gern auf Kant berufen, der erklärt hat, Gebet und Gottesdienst könnten nur so mit „voller Aufrichtigkeit“ vollzogen werden, „als ob“ sie im Dienst Gottes geschähen.

Damit sind philosophisch – anthropologische Fragen im Blick, die im „Vorhof“ der Theologie zu erörtern sind und klärender Antworten bedürfen unter Rückgriff auf das, was im Grunde allen Menschen erfahrbar ist, nicht allein den Christen.

2.2 „Entsakralisierung“ – Was heißt „sakral“?

Wenn Pieper vom „Gift der Entsakralisierung“ spricht, dann muss er zunächst zu klären versuchen, was „sakral“ bedeutet; und das tut er – wie immer, wenn es um Begriffsklärungen geht, nah am Konkreten, mit dem Blick auf das, „was sich zeigt“, wie er am Anfang seines Textes „Sakralität und ‚Entsakralisierung‘“ ausdrücklich betont. Also konkret:

Wieso wird erwartet, dass in einer Kirche nicht gespeist und nicht geraucht wird, dass man hier nicht laut spricht oder lacht (oder klatscht?)?

Wieso erwarten Muslime, dass man vor dem Betreten einer Moschee die Schuhe auszieht?

Wieso darf man am Sabbat in einem jüdischen Restaurant keine Zigarette anzünden (jedenfalls in Zeiten, in denen das eigentlich an normalen Tagen noch selbstverständlich war)? Offenbar – so folgert Pieper – gibt es so etwas wie eine Grenze, nämlich Orte und Zeiten, die abgetrennt sind vom beliebigen Irgendwo und Irgendwann, die eine Bezeugung von Ehrfurcht fordern gegenüber von etwas, das Verehrung verdient und Menschen heilig ist oder doch sein sollte.

Der deutsche Sprachgebrauch sei – so Pieper – nicht ganz eindeutig, wenn es um Begriffe wie heilig, geweiht, sakral geht. Immerhin sei eines klar: Wenn etwas als „heilig“ angesehen wird, dann wird es aus dem Alltäglichen herausgehoben und damit die Überzeugung ausgedrückt, dass die Welt nicht einfachhin homogen ist, weder der Raum noch die Zeit. Eine heilige Stätte ist „anders“ als sonstige Orte. Heilige Zeiten wie der Sonntag oder der Sabbat sind nicht Tage wie alle anderen.

Aber eben dies ist heute ebenso wenig selbstverständlich wie vor 50 Jahren, als Pieper geschrieben hat, man befinde sich in diesen Fragen in der Kampfarena um eine „Entsakralisierung“ mit programmatischer Zielsetzung – auch unter Berufung auf angeblich theologische Argumente wie z. B. Christus habe die ganze Welt geheiligt, und folglich sei alles heilig und sakral. Andere behaupten, Christus habe Welt und Menschen zu ihrer wahren Weltlichkeit und Profanität befreit. Bei beiden Argumenten – so gegensätzlich sie sind – würde die Unterscheidung heilig - profan sinnlos.

Heilig / sakral – profan: Klärungen

Wesensmäßig heilig und somit im absoluten Sinn heilig ist Gott allein, während alles im irdischen Bereich, das wir „heilig“ nennen, dies nur im abgeleiteten Sinn ist, nämlich in der Beziehung zu Gott, als Teilhabe an Gottes Heiligkeit.

Bezogen auf die irdische Wirklichkeit können die Begriffe heilig / sakral synonym gebraucht werden in Bezug auf Personen,

Orte, Zeiten, Geräte, Gewänder, Handlungen. Aber nur im irdischen Bereich: Gott kann man nicht „sakral“ nennen.

Wenn es um die Entgegensetzung heilig – profan geht, ist es Pieper wichtig zu betonen, dass – anders als heute – das Wort „profan“ ursprünglich keinen Beiklang von Abwertung hatte, heute aber ausdrücklich der Klarstellung bedarf: Gemeint ist, dass empirisch vorfindbare Dinge, Räume, Zeiten, Handlungen „die besondere Eigentümlichkeit besitzen, auf eine aus der Reihe des Durchschnittlichen herausfallende Weise der göttlichen Sphäre zugeordnet zu sein“ (50). Von dieser Zuordnung zur übermenschlichen Sphäre, der besonderen „Dichte“ der Präsenz des Göttlichen her versteht sich die Grenze, die das Heilige vom Profanen scheidet und trennt. Die Welt „vor dem Heiligtum“ hat als Schöpfung Gottes durchaus einen gewissen Anteil an seiner Heiligkeit. Wir bezeichnen sie aber als „profan“, weil es sich um den Bereich des Alltäglichen, des Durchschnittlichen handelt gegenüber dem Sakralen als dem Außerordentlichen, das dem Nutzen und Gebrauch ausdrücklich entzogen und dem cultus divinus vorbehalten ist (179).

Es sei – so Pieper – Blindheit im Spiel, wann immer „Entsakralisierung“ zum Programm erhoben und wenn geleugnet wird, dass die Unterscheidung heilig / sakral gegenüber profan sinnvoll ist. Dann werde geleugnet, dass es eine besondere „Dichte der Präsenz Gottes“ gibt. Dann fehlt vor allem der Sinn für die heilige Handlung, den liturgischen Gottesdienst, der zelebriert, gefeiert wird – und nicht veranstaltet, ausgeführt, erledigt, weil es sich um ein auf unalltägliche Weise begangenes Tun handelt.

Sakramentalität

Im Grunde wird der Realitätsgehalt der heiligen Handlung, ihr sakramentaler Charakter geleugnet, wenn Sakralität geleugnet wird. Das – so Pieper – sei die Wurzel aller „Entsakralisierung“: Die heilige Handlung wird als rein menschliche Veranstaltung angesehen, in der nichts objektiv Reales geschieht, schon gar nicht die Präsenz Gottes; während nach katholischem

Verständnis „Sakrament“ besagt, dass „die im leibhaftigen Tun und im hörbar gesprochenen Wort realisierten ‚Symbole‘ nicht nur etwas bedeuten, sondern dass in ihrem Vollzuge genau das objektive Realität wird, was sie bedeuten“, dass also Sakramente bewirken, was sie bedeuten – und zwar durch Gott als dem in Wahrheit allein Wirkenden (54).

Wo dies nicht mehr verstanden oder gewollt wird, hat das Konsequenzen: Die Eucharistiefeier wird unverständlich und soll wie eine gemeinsame Mahlzeit im Wohnzimmer vor sich gehen; das Priesterbild gerät in die Krise; der Kirchbau wird als gewöhnlicher Bau „neu definiert“; die sakrale Sprache durch Alltagssprache ersetzt; das Verhalten im sakralen Raum dem von Sport- und Marktplatz angeglichen. Das alles soll ohne störende Abgrenzung zum Alltäglichen ein Beitrag zur „Vermenschlichung“ der Kirche sein.

Philosophisch-anthropologische Sicht: Menschenbild

Dies alles – so Pieper – bedeutet eine Misskennung des wirklichen Menschen, dem es wider die Natur sei, auf das „bloß Menschliche“ eingeschränkt zu sein. So erweise sich das Konzept der „Entsakralisierung“ – abgesehen von seiner „Dürftigkeit und Primitivität“ auch als anthropologische „Häresie“ (63) – in Ablehnung des tradierten Satzes von der „anima forma corporis“, der besagt, dass es im Menschen nichts rein Geistiges und nichts rein Körperliches gibt (was von der empirischen Forschung klar bestätigt wird). Wer dies leugnet, sei – so Pieper – außerstande, überhaupt die heilige Handlung sinnvoll zu vollziehen – gemäß Guardini, der diesen alten Satz das „Fundament der liturgischen Bildung“ genannt hat.

Wie sollte ein Vertreter der „Entsakralisierung“ verstehen, dass bei der heiligen Handlung Sprache, Gebärden, alle Zeichen überhaupt der Beliebigkeit entzogen sind (wie das vollendete Gedicht)?

Die Wahrheit des Satzes „anima forma corporis“ wird bestritten erstens durch Spiritualisierung: Dann gilt der geistige Akt als allein entscheidend, alles andere als äußerlich und beliebig – und zweitens von der Gegenseite her durch das, was Pieper

„Korporalismus“ nennt: Dann werden vorgeprägte Formen als unzumutbarer Zwang abgelehnt, und es kommt zu radikaler Beliebigkeit. Beides entspricht nicht der Natur des Menschen, dem es natürlich ist, nicht nur Zwecke zu realisieren, sondern Zeichen zu setzen (z. B. eine Kerze zu entzünden, nicht um den Raum zu erhellen, sondern um dem gemeinsamen Mahl einen festlichen Charakter zu verleihen).

Abschließend spricht Pieper vom existenziellen Elend, „eingemauert zu sein in eine entsakralisierte, nichts als ‚weltliche Welt‘, ohne die Möglichkeit, das Hier und Jetzt der jeweils geschichtlichen Realität immer wieder einmal zu überschreiten in den größeren, uns gleichfalls in Wahrheit zugedachten Daseinsraum hinein ... im Lebensvollzug selbst: ... vor allem in der heiligen Handlung“ (66 f.).

Bleibende Aktualität

Was Pieper an den „nachkonziliaren Wirrnissen“ so erklärungsbedürftig fand, setzt sich in der Gegenwart fort.
So schreibt Berthold Wald in einem Artikel aus dem Jahr 2022: „Die Versuchung einer politisch motivierten Profanisierung des christlichen Glaubens besteht ... nach wie vor, zumal es heute für manch katholischen Theologen zwischen ‚sakral‘ und ‚profan‘ nur noch ‚einen verbalen Unterschied‘ zu geben scheint. Die kulturelle Reaktion auf den Verlust realer Andersheit des Sakralen ist dann Vergleichgültigung und Indifferenz“ (Wa 246 f.).

Und Guido Rodheudt schreibt – ebenfalls 2022: Es entstehe „der dramatische Befund, dass die ‚synodale‘ Anthropologie die auf den Strukturen menschlicher Subjektivität aufruhende ‚Lebenswirklichkeit‘ zur Grundvoraussetzung des Abschieds von einem offenbarungskompatiblen Menschenbild macht“. Durch die Abwendung von der metaphysischen Bestimmung des Menschen, ein erkenntnis- und wahrheitsfähiges Wesen zu sein, verfehlten die Synodalen gerade das, was sie anfangs anstrebten, nämlich „ein wirkliches Verständnis des Menschen“ (R 19).

Die Bezüge zu Pieper sind bei beiden Autoren klar, und auch Stefan Oster ist deren „Klärungsversuchen“ in seiner Einschätzung des Synodalen Wegs sehr nahe, wenn er schreibt, dass die Texte „letztlich die sakramentale Verfassung der Kirche wenigstens antasten oder in der Konsequenz auf lange Sicht aushöhlen“. Wesentlich sei dabei der „weitgehende Ausfall der Formulierung eines Anspruchs des real präsenten Gottes“ (O 16). Und weiter: Den Grund für viele Fehlentwicklungen beim Synodalen Weg sieht er im Wegfall eines „sakramentalen und dialogisch-bräutlichen Verständnis(ses) von Realpräsenz Gottes in seiner Kirche“. So entstehe nicht eine Weiterentwicklung der Lehre, sondern eher ein Bruch. Schließlich: „Denn wo der Glaube, die Erkenntnis und die Erfahrung von realer Gegenwart Gottes in seiner Kirche schwinden, schwindet letztlich auch der eigentliche Faktor ihrer Anziehungskraft – und auch ihrer Widerstandskraft gegen Strömungen, die ihr nicht mehr entsprechen“ (O 20).

2.3 Was unterscheidet den Priester?

Josef Piepers grundlegenden Aussagen zu diesem Thema (Heil 101-123) stelle ich zwei aktuelle Befunde voran, die belegen, wie notwendig Piepers „Klärungsversuche“ auch in dieser Hinsicht sind.

Mit Blick auf die Liturgische Bewegung im 20. Jahrhundert stellt Sven Leo Conrad fest (C 19), diese habe zu einer enormen Bereicherung des Liturgieverständnisses und der Stellung der Gläubigen beigetragen. Aber die starke Betonung der Frage nach der Stellung der Laien habe indirekt zur Folge, dass man die besondere Stellung des Priesters in der Liturgie mehr und mehr aus dem Blick verloren habe.

Das hat sich auf eklatante Weise beim Synodalen Weg gezeigt, wo die grundsätzliche Frage diskutiert werden sollte, „ob und wozu es überhaupt den priesterlichen Dienst benötige“.

Letztlich – so Oster (O 18) – sei deutlich geworden, dass es um die „Sakramentalität als von Gott geschenkte Realpräsenz geht“, die von vielen Synodalen nicht vollzogen wurde.

Pieper weist auf eine Erfahrung bei einem ökumenischen Gespräch nach dem Konzil hin, bei dem die katholischen Dialogpartner nicht imstande waren, die vom Konzil erneut bestätigte Lehre von der nicht nur graduellen, sondern essentiellen Unterschiedenheit des hierarchischen Weihepriestertums gegenüber dem allgemeinen Priestertum der Gläubigen und der Ordination in den evangelischen Gemeinschaften zum Tragen zu bringen. Diese Erfahrung und die programmatische Forderung nach einer „Entmythologisierung des Priesterstandes“ hätten ihn zu einer grundlegenden Klärung gedrängt.

Wer – so fragt Pieper – ist befugt, darüber zu befinden, was im Unterschied zum Laien einzig der Priester zu tun vermag? Antwort: „die als sie selber sprechende Kirche“ und große Theologen wie Thomas von Aquin, deren Auskunft durch die Geschichte eindeutig und einstimmig ist. Dabei ist festzuhalten, dass es um das Unterscheidende geht (die differentia specifica) und nicht um ein vollständiges „Priesterbild“.

Was geschieht in der Priesterweihe?

Um die Frage zu beantworten, was den Priester essentiell vom Laien unterscheidet, richtet Pieper den Blick auf die Priesterweihe: Sacerdotes consecrantur – Priester werden geweiht. So heißt es schon in frühen kirchlichen Dokumenten bis zu denen des Zweiten Vaticanums.

Bei der Priesterweihe geschieht zweierlei: dedicatio und consecratio. Die dedicatio beinhaltet, dass der Mensch, der bereit ist, Priester zu sein, sich selbst Gott darbietet als Weihegeschenk zum ausschließlichen Dienst Gottes. Die consecratio ist ein aus höherer Vollmacht begründeter Weiheakt, kein privater und menschlicher. In diesem Akt nimmt Gott die dedicatio, die Selbsthingabe des sich Darbietenden, beim Wort und legt endgültig seine Hand auf den nun Geweihten, der hierdurch umgewandelt wird in eine persona sacra.

Das schlechthin Unterscheidende des Priesters ist eine ihm in der Priesterweihe zuteil gewordene geistliche Vollmacht, eine potestas sacra, wie das Konzil sagt. Thomas von Aquin hat sehr knapp umschrieben, worin die dem Priester bei der Weihe übertragene Vollmacht besteht, nämlich darin, „dass er das Altarsakrament in persona Christi zu vollziehen vermöge".

Im folgenden erläutert Pieper die beiden Elemente, die hier angesprochen sind: das Handeln „in der Person Christi" und die unmittelbare Zuordnung von Priestertum und Eucharistie.

Handeln „in persona Christi"

Ich kann nur kurz darauf hinweisen, dass Pieper das Verständnis des Handelns „in persona Christi" sorgfältig vorbereitet bis zu dem Fazit, dass der Priester, wenn er das Mysterium der Eucharistie feiert und die Worte spricht „Das ist mein Leib", im genauen Sinn „in der Person Christi" spricht. „Hier nämlich wird gesprochen und gehandelt auf Grund einer realen Identifizierung", die durch Christus selbst realisiert wird, der nach Aussage des Konzils „in der Person des Priesters als Anwesender gegenwärtig ist" (114). Das ist eine nur dem Glauben zugängliche Realität.

Priestertum und Eucharistie

Der gedankliche Zugang zur Eucharistie bleibe – so Pieper – jedem verschlossen, der die mystisch-reale Identifizierung Christi mit dem geweihten Priester nicht zu glauben vermag.
Die herausragende Bedeutung der Eucharistie begründet Thomas von Aquin damit, dass in ihr erstens sich alle anderen Sakramente zusammenfassen und vollenden. Nur in der Eucharistie werde zweitens das formgebende Wort so gesprochen, „wie wenn Christus selber spräche". In allen anderen Sakramenten spricht der Priester als er selbst, während Christus immer der in Wahrheit Wirkende ist.

Priesterliches Tun und Aktivitäten des Priesters

Zum primär priesterlichen Tun gehört die Feier der Eucharistie. Eine weitere im eigentlichen Sinn priesterliche Tätigkeit besteht darin, die Gläubigen hinzuführen und bereit zu machen, die Eucharistie als Sakrament der Einheit, der Liebe und des Friedens sinnvoll mitzufeiern – nämlich durch die Sakramente der Taufe, Beichte, Krankensalbung; dann durch Verkündigung im weitesten Sinn. Ob andere Aktivitäten von Priestern priesterliches Tun sind (etwa Forschungen oder das Erlernen afrikanischer Sprachen), entscheidet die damit verbundene Zielsetzung: Dienst vor Gott, Dienst am Menschen um der Hinführung zum Glauben und zur Eucharistie willen – oder eher Aktivität eines Menschen, der Priester ist – oder gar unpriesterliches Tun bei der Mitwirkung an einem gewaltsamen politischen Umsturz.

Noch einmal: Was unterscheidet den Priester?

Was unterscheidet ihn vom Laien, obwohl dieser auf Grund der Taufe gleichfalls „Priester" heißt und ist? Antwort: Dass er in der Priesterweihe die Vollmacht empfängt, für die ganze Kirche „in persona Christi" die Eucharistie zu vollziehen. Gerade dies kommt im Unterschied zu ihm, wie die Enzyklika Mediator Dei es in aller Schärfe ausspricht, dem Laien „auf keine Weise" zu (nulla ratione).

2.4 Das Altarssakrament

Dass Josef Piepers „Klärungsversuche" auch in dieser Hinsicht aktuell bleiben, hat sich bereits gezeigt. Jetzt geht es um den Kern der Sache und um die Frage, ob es den Katholiken, die den Leib Christi empfangen, wirklich in seiner ganzen Tragweite bewusst ist, dass – wie es das Konzil von Trient detailliert ausdrückt – Christus unter den Gestalten von Brot und Wein „mit Gottheit und Menschheit, mit Leib und Seele, mit Fleisch und Blut, wahrhaft, wirklich und wesenhaft" zugegen ist.

Die Beiträge hervorragender Theologen der Gegenwart in Welt und Kirche belegen, wie groß in dieser Hinsicht die Glaubenswüste ist, wie sehr es auf die Verkündigung der Wahrheit über die Eucharistie ankommt, damit sie eine Kraftquelle der Erneuerung sein kann.

In seinem Beitrag „Nicht Worte, sondern Realität: Das Sakrament des Brotes" (Heil 72-82) macht Pieper klar, dass in der christlichen Kultfeier natürlich Worte von Bedeutung sind (Schriftlesungen, Verkündigung, Gebete, Wandlungsworte ...), aber in der Mitte ein **Geschehen** steht: die Gegenwärtigkeit von Menschwerdung und Opfertod Christi – nicht als eine Art Gedächtnisfeier, sondern als wahrhafte Präsenz Gottes unter den Menschen, die leibhaftige Anwesenheit des menschgewordenen göttlichen Logos und seines Opfertodes inmitten der feiernden Gemeinschaft, sichtlich vom Profanen, vom Alltäglichen abgegrenzt durch den Altar, der zugleich Opferstein und Tisch des Herrn ist. Bei der Altarweihe wird diese Heiligkeit des Altars anschaulich erfahrbar.

Nur wer die Menschwerdung Gottes in Jesus Christus und seinen Opfertod als geschichtliche Realität akzeptiert, habe – so Pieper – einen Zugang zum christlichen Kultmysterium, das letztlich unbegreiflich ist, aber objektive Realität, im Glauben zu erfassen als Sakrament, als Zeichen, das bewirkt, was es bedeutet.

Durch den Empfang des Leibes Christi, die heilige Kommunion, wird den Gläubigen die Teilhabe an der im Sakrament präsent gewordenen Gottheit ermöglicht.

In äußersten Grenzsituationen – so Pieper – erweise sich „die einzig standhaltende und einzig Stand gebende Wirklichkeit", wenn es nicht mehr um menschliche Worte, um Reden geht, sondern um göttliche Realität – „im Sakrament des Brotes" (82).

2.5 Über die Sprache der Liturgie

Dass die Sprache der Liturgie sich von der Alltagssprache unterscheiden soll, indem sie sakralen Charakter hat, wird nur derjenige bejahen, der die Unterscheidung sakral – profan akzeptiert.

In seinem Artikel „ ‚Sakrale‘ Sprache“ (Heil 131-133) und in zwei weiteren kurzen Beiträgen zum Thema verdeutlicht Pieper, dass die Überzeugung vorausgesetzt wird, es gebe einen Existenzbereich, der die Qualität des „ontisch“ Unalltäglichen (sacrum) besitzt. Das im absoluten Sinn Außergewöhnliche sei die leibhaftige Anwesenheit Gottes unter den Menschen in der Feier der heiligen Mysterien. Dem müsse die Sprache angemessen sein: nicht pseudopoetisch, erhaben oder gestelzt, aber abgehoben von der im Alltag üblichen Redeweise, in der Wörter wie „Heil, Gnade, Opfer, Sünde, Eucharistie“ in ihrer religiösen Dimension nicht vorkommen. Allerdings geht es bei der sakralen Sprache nicht nur um das Vokabular und dabei um die Vermeidung von Stilbrüchen, sondern um ein ganzes sprachliches Gebilde, u. a. von Wort, Klang, Syntax, Tonfall, Gefühlsausdruck. In dieses „Gewebe“ müssten sich auch ungewöhnliche Worte wie „Mahl des Lammes“ einfügen können, ohne als fremd empfunden zu werden.

Es sei eine priesterliche Aufgabe, die Grundsachverhalte des Glaubens für die Gläubigen anwesend zu halten in der Sprache der hinführenden Verkündigung. So seien Worte wie „Der Herr sei mit euch“ und „Gehet hin in Frieden“ im Grunde unausschöpfbar – anders als profane Begrüßungs- und Verabschiedungsformeln, die Beginn und Ende der heiligen Handlung verunklaren.

Allen, die die heilige Eucharistie feiern, müsste klar sein oder wieder klar gemacht werden, dass die Kirche selbst in der heiligen Handlung zu ihrem Herrn spricht und dic Stimme des Geistes laut werden lässt, der sie beseelt, weswegen hier das Wort nicht bloßes Mittel der Verständigung sei, sondern zugleich Mysterium.

2.6 Kirche als Sakralbau

Zu den „notgedrungenen Klärungsversuchen“ gehören auch Piepers Überlegungen „Was ist eine Kirche?“ (Heil 158-184) – gemeint: ein Kirchenbau. Ich setze alles voraus, was bisher über Sakralität gesagt worden ist und fasse die Hauptgedanken zusammen.

Piepers These lautet: Eine christliche Kirche ist wesentlich ein sakraler Raum. Bereits 1971 stellte Pieper fest, diese These werde von vielen Theologen und Architekten abgelehnt. Er hätte sich wohl kaum vorstellen können, wie weit die Ablehnung dieser These in der gegenwärtigen Praxis gediehen ist.

Wer ist legitimiert zu sagen, was eine Kirche ist? Letztlich die „als sie selber sprechende Kirche" im offiziellen Ritus der Kirchweihe und z. B. in den Dekreten des Konzils.

Ein Bau wird zur Kirche nicht durch Architektur (Auch ein Stall kann zur Kirche werden.), sondern durch Einweihung. Hierdurch wird der Bau herausgenommen aus dem Bereich der sonst dem Gebrauch dienenden Bauten. Er wird der Nutzung entzogen und durch die Konsekration umgewandelt in eine res sacra, geweiht für den Gottesdienst.

In den Dekreten des Konzils wird nichts zur konkreten Gestaltung des Kirchenbaus gesagt. Aber auf dem Hintergrund der Aussagen zur Sakralität sei doch klar, dass die unsichtbare Qualität des Sakralen im Kirchenbau Gestalt annehmen müsste. Insofern sind Kategorien wie Wohnlichkeit, Intimität, Einfügung ins Stadtbild und dgl. ungeeignet. Aber die Andersheit gegenüber sonstigen Gebäuden sollte erfahrbar sein – in der Abschirmung gegen den Alltagsbetrieb (z. B. durch einen Vorhof oder eine Vorhalle) und in der prinzipiellen Ausschließlichkeit der Bestimmung für die kultische Feier. Den Menschen sei eine solche „gebaute Sakralität" lebensnotwendig als ein Raum, in dem Schweigen herrschen kann, in dem Altar, Tabernakel und Ewiges Licht die Präsenz des Göttlichen anzeigen und erahnbar machen.

Den Architekten wird – gemäß dem Konzil – ein großer Spielraum für schöpferische Ideen eröffnet, aber doch **eine** Bedingung gestellt: Der Bau müsse die Sakralität des geweihten Bezirks und der heiligen Handlung respektieren und wahren.

Und was geschieht heute mit vielen Kirchen?

Wohl jeder Katholik in Deutschland wird inzwischen schmerzhaft erfahren haben, dass seine Heimatkirche oder eine Nachbarkirche als zu leer, zu teuer oder zu marode gilt, entweder entweiht und abgerissen oder entweiht und umgenutzt oder teils sakral – teils profan genutzt wird.

In einem Welt-Artikel zu Ostern 2023 zitiert Céline Lauer den emeritierten Professor für Liturgiewissenschaft, Albert Gerhards, der Sprecher einer Forschungsgruppe zur „Sakralraum-transformation (Transara)“ ist: Er sehe die Kirchen in der Verantwortung, ihre Gebäude „für spirituelle, kulturelle oder soziale Nutzungen“ zu erhalten. Also „Nutzungen“ eines Sakralbaus ...! Ein Widerspruch in sich? „Im Prinzip lässt sich fast alles machen“, so wird Gerhards zitiert. Man müsse es nur respektvoll tun und gut vermitteln. Was geht alles?

Eine Kirche wird verkauft und dient fortan als weltliche Immobilie, z. B. als Museum, Bibliothek, Wohnhaus. Oder: Eine Kirche wird „hybrid“ genutzt, indem ein abgetrennter sakraler Bereich erhalten bleibt, der übrige Bau z. B. als Kleiderkammer, Kita, Kunstarchiv oder Restaurant genutzt wird. Oder: Durch eine Umgestaltung werden sakrale Räume z. B. als Gemeindezentrum genutzt. Als Vorbild wird das Wiener Kaffeehaus angepriesen als Ort, wo weder gearbeitet noch gewohnt wird, aber Gemeinschaft erfahren werde.

Wenn Gerhards meint, mit den Sakralbauten lasse sich fast alles machen, dann wirkt seine Aussage entlarvend, die strikte Trennung zwischen sakralem und profanem Raum sei erst im 19. Jahrhundert aufgekommen. Also weg mit dieser Unterscheidung? Dem würde Josef Pieper energisch widersprechen – mit Blick z. B. auf heidnische Tempel. Und haben wir nicht Jesus Christus als Vorbild mit der Tempelreinigung, der Vertreibung von Händlern und Geldwechslern aus dem Tempel in Jerusalem? „... macht das Haus meines Vaters nicht zu einer

Markthalle!“ (Joh 2, 13-17); analog Mt 21, 12-13: „Mein Haus soll ein Haus des Gebetes sein.“

Dass es bei der „Umnutzung“ eines sakralen Gebäudes um mehr geht als um eine bloße Transformation, mag an einem Beispiel deutlich werden, veröffentlicht in der offiziellen Zeitschrift des Bistums Essen (BENE): Bei einer Kirche in Duisburg wurde der Innenraum baulich verändert. Neben flexibler Bestuhlung entstand an der Seite ein Bistro mit Sofaecke – im Innenraum! (BENE 13) Von derselben Kirche wird berichtet, am Gründonnerstag 2023 könnten alle in der Kirche an einem festlich gedeckten Tisch Platz nehmen und sich an italienischen Schlemmereien satt essen. Der zuständige Pastor wird mit folgenden Worten zitiert: „Wir feiern am Gründonnerstag einen Gottesdienst, der satt macht, und verwandeln die Kirche in einen großen Abendmahlssaal.“ Auf diese Weise wolle er den Gästen die Leidens- und Auferstehungsgeschichte näherbringen. (BENE 6)

Es sieht ganz so aus, als würde da, wo die Sakralität des Raumes nicht mehr gesehen wird, auch das Verständnis für die heilige Handlung, das geweihte Priestertum und die liturgische Sprache schwinden. Alles hängt beim Verständnis des Sakralen mit allem zusammen.

Schluss

Josef Piepers „notgedrungene Klärungsversuche“ mögen manchem heute fremd, altmodisch, überzogen, nicht (mehr) nachvollziehbar erscheinen. Sie sollten es sich noch einmal überlegen, denn der Preis ist hoch. Joseph Kardinal Ratzinger jedenfalls hat sich dezidiert geäußert: „Die Stimme von Josef Pieper ist heute wohl noch wichtiger als zu seinen Lebzeiten.“ Dieses Zitat hat Berthold Wald auf das Rückcover der Neuausgabe des Buches mit den „notgedrungenen Klärungsversuchen“ Piepers abdrucken lassen: „Die Dimension des Heiligen zurückgewinnen“.

Josef Pieper – Kurzvita

1904	geb. in Elte bei Rheine
1923-26	Studium der Philosophie, Rechtswissenschaft und Soziologie in Berlin und Münster
1928	Promotion
1928-32	Assistent am Forschungsinstitut für Organisations lehre und Soziologie der Westfälischen Wilhelms-Univ. Münster
1932-40	Freier Schriftsteller und leitender Mitarbeiter am Institut für neuzeitliche Volksbildungsarbeit in Dortmund
1940-45	Wehrdienst (Heerespsychologe) und 1944 Luft-waffe
1945	Habilitation
1946-72	Philosophieprofessor. an der Pädagogischen Akademie/Hochschule/Gesamthochschule Essen zugleich Privatdozent und ab 1950 Prof. an der Philosophischen Fakultät der Univ. Münster ab 1962Vorlesungsreisen und Gastprofessuren (Berlin, USA, Kanada, Spanien)
1972 bis 1996	Emeritierung - weiterhin regelmäßige Lehrveranstaltungen an der Univ. Münster
1997	Tod in Münster

Preise und Ehrungen, u.a.

1964	Ehrendoktorwürde der Theologischen Fakultät der Univ. München
1968	„Aquinas Medal" in New Orleans
1981	Romano Guardini Preis der Kath. Akademie Mün chen
1982	Internationaler Balzan Preis

Werke - Schwerpunkte - gemäß Werke in acht Bänden, hrsg. von Berthold Wald, Meiner Verlag

Schriften von Josef Pieper

Frühe soziologische Schriften

Darstellungen und Interpretationen

Platon, Thomas von Aquin, Scholastik;

Schriften zum Philosophiebegriff

Schriften zur Philosophischen Anthropologie und Ethik

Das Menschenbild der Tugendlehre

Grundstrukturen menschlicher Existenz;

Kulturphilosophische Schriften

Religionsphilosophische Schriften

Autobiographische Schriften

Literatur Josef Pieper

Die Anwesenheit des Heiligen (Heil), hrsg. von Berthold Wald, topos taschenbuch 1096, Kevelaer 2017. Darin:

Sakralität und „Entsakralisierung" (1969)

Nicht Worte, sondern Realität. Das Sakrament des Brotes (1974);

Was unterscheidet den Priester? Ein notgedrungener Klärungs versuch (1971)

„Sakrale" Sprache (1980)

Was ist eine Kirche? Vor-Überlegungen zum Thema „Sakralbau" (1970)

Neuausgabe:

Die Dimension des Heiligen zurückgewinnen, hrsg. von Berthold Wald, Neue Kriterien 22, Freiburg2021

Werke in acht Bänden, hrsg. von Berthold Wald, Band 7, Ham burg 2000.

Eine Geschichte wie ein Strahl (Aut). Autobiographische Aufzeichnungen seit 1964, München 1988.

Sekundärliteratur

BENE, Vierteljahrsschrift des Bistums Essen, H. 3+4+5 /2023

Conrad, Sven Leo (C), Entwicklung der liturgischen Frage im 20. Jahrhundert,. In: Informationsblatt der Priesterbruderschaft St. Petrus, 2/2023, S. 16-19.

Einig, Regina, Kein Luxus, sondern ein Recht der Gläubigen. In: Die Tagespost, 12.1.2023, S. 10.

Eucharistie I. Grundlegung: Eucharistie und Kirche - warum untrennbar? Welt&Kirche, H. 11, 29.7.2021 (mit Beiträgen von Heim, Menke, Hoping u. a.)

Eucharistie II Praxis: Das Altarssakrament im Leben der Kirche, Welt & Kirche, H. 12, 21.10.2021 (mit Beiträgen von Ohly, Möllenbeck, Menke, Schlosser, Gerl-Falkovitz u. a.)

Heim, Maximilian, Eucharistie als höchste Form der Anbetung. In: Der Fels, 8/9 2022, S. 240-242.

Lauer, Céline (L): Hilfe für heilige Hallen. In: Welt am Sonntag, Nr. 15, 09.04.2023, S.57.

Müller, Gerhard Ludwig: Liturgie und Reform der Kirche. In: Festschrift zum 95. Geburtstag für Papst Benedikt XVI., hrsg. von Karl Braun u. a., Wenzlik&Publishing, Ilmtal 2022, S. 249-254.

Oster, Stefan (O), Die Weiche falsch gestellt. Realpräsenz, Sakramentalität und Synodaler Weg. In: Welt&Kirche, 09.02.2023, S. 15-20.

Rodheudt, Guido (R), Die Ahnungslosen. Wie Josef Pieper im Jahr seines 25. Todestages dem Synodalen Weg raten kann. In: Informationsblatt der Priesterbruderschaft St. Petrus, 11/2022, S. 18 f.

Wald, Berthold (W), Vorwort zu Josef Pieper: Die Anwesenheit des Heiligen, a.a.O., S.7-10.

Wald, Berthold (Wa), Josef Pieper - Philosoph und Lehrer der Kirche in der modernen Welt. Zum 25. Todestag im Nov. 2022. In: Katholische Bildung, H. 11/12 2022, S. 241-253.

Die Befreiung der katholischen Exegese im 20. Jahrhundert[1]

Marius Reiser

In der ersten Hälfte des 20. Jahrhunderts litten die katholischen Exegeten schwer unter Einschränkungen für die Forschung, die ihnen eine römische Kommission auferlegte. Diese Kommission war die Päpstliche Bibelkommission. Sie wurde 1902, noch von Leo XIII., eingerichtet und von Pius X. mit lehramtlicher Autorität ausgestattet. Diese lehramtliche Autorität war es, was sie so furchterregend machte. Die Kommission hatte dann eine wechselhafte Geschichte. In den ersten Jahrzehnten fungierte sie als Überwachungsinstrument, um die Exegeten auf Linie zu halten. Das war eine empfindliche Einschränkung der Forschungsfreiheit. 1971 löste Paul VI. die alte Bibelkommission ganz auf. Die neue und noch heute bestehende Bibelkommission hat keinerlei lehramtliche Autorität mehr. Niemand mehr muss sie fürchten. Man kann sich allerdings fragen, ob das, zumal unter den heutigen Umständen, eine glückliche Entscheidung war. Aber das soll nicht mein Thema sein. Was ich in diesem Vortrag aufzeigen möchte, ist lediglich, wie und warum es in der Kommission selbst zu einem Richtungswechsel kam. Denn diese spannende Geschichte ist selbst den Exegeten, die durch sie befreit wurden, kaum bekannt. Ohne diese Ge-

---

1 Vortrag auf der 30. Theologischen Sommerakademie in Augsburg am 6. September 2023.

schichte ist jedoch das Kapitel über die Exegese im wichtigsten Dokument des Zweiten Vatikanums, der dogmatischen Konstitution *Dei Verbum*, nicht zu verstehen.

In dieser Geschichte spielte ein Alttestamentler eine wichtige Rolle, der heute völlig vergessen ist: der Benediktinerpater Athanasius Miller aus dem Kloster Beuron. Von seiner Herkunft war er ein einfacher Bauernsohn aus einem kleinen oberschwäbischen Dorf. Er hatte noch neun Geschwister. Mit Hilfe des Nachlasses dieses frommen Paters, der in Beuron liegt, lässt sich manches der bisher im Dunkeln liegenden Geschichte aufhellen. Dieser Nachlass ist die hauptsächliche Quelle meiner neuen Erkenntnisse.[2] Wir werden in diesem Zusammenhang noch auf einen frommen Jesuitenpater stoßen, der nicht ganz so vergessen ist, weil er auf dem Konzil eine einflussreiche Rolle gespielt hat. Er war ebenfalls Alttestamentler und wie P. Athanasius ein Schwabe: Augustin Bea. In unserer Geschichte tritt er wiederum in wichtiger Rolle auf, aber nicht als Mitarbeiter des Papstes, sondern als Mitarbeiter von P. Athanasius. Denn beide Schwaben waren Mitglieder der genannten Bibelkommission. Aber fangen wir vorne an.

1 Die Bibelkommission in der Modernismuskrise

In den ersten Jahrzehnten des 20. Jahrhunderts herrschte in Rom und in konservativen Kreisen der Kirche eine große Angst vor Irrlehren, die man modernistisch nannte. Das Wort Kritik hörte man nicht gerne, besonders wenn der Gegenstand der Kritik die Heilige Schrift oder die traditionelle Dogmatik war. Bibelkritik und Dogmenkritik: Das konnte doch nur vom Teufel sein! Die Furcht davor war nicht unbegründet. In der Tat griff so manche wissenschaftliche Kritik die Grundlagen des kirchlichen Glaubens an. Die Frage war nur: Was soll man dagegen

[2] Für alle Nachweise, die man im folgenden Text vermisst, verweise ich auf *meine Biographie*: Von Wolfartsweiler über den Orient nach Rom. P. Athanasius Miller OSB (1881–1963) (Beuroner Profile III), Beuron 2023.

tun? Pius X. setzte auf Überwachung und Verbote. Dazu schien ihm die von Leo XIII. begründete Päpstliche Bibelkommisssion das geeignete Instrument. Sie wurde mit konservativen Kardinälen und entsprechenden Konsultoren besetzt. Die Konsultoren mussten Fachleute der Exegese sein. Der Präses war natürlich ein Kardinal, doch der Sekretär musste aus dem Kreis der Konsultoren genommen werden. Er unterzeichnete die Dokumente.

Auf diese Weise kamen in den ersten zehn Jahren 14 kurze Dekrete zustande, die fast durchweg historische und literaturwissenschaftliche Fragen betrafen. Sie wurden ohne große Begründung mit lehramtlicher Autorität entschieden. So zum Beispiel: Mose hat die nach ihm benannten Bücher, den Pentateuch, im wesentlichen selbst geschrieben. Die ersten drei Kapitel der Genesis sind grundsätzlich historisch zu verstehen. Das Buch Jesaja ist eine Einheit. Matthäus hat als erster ein Evangelium geschrieben, und zwar in aramäischer Sprache. Die Zweiquellentheorie darf nicht vertreten werden. Der kanonische Markusschluss ist von Markus. Diese Behauptungen sind nach heutiger Auffassung einfach unwissenschaftlich und falsch. Doch damals waren die katholischen Exegeten daran im Gewissen gebunden. Das brachte viele von ihnen in größte Gewissensnöte. Die Heilige Schrift wurde in weiten Teilen zu vermintem Gelände, das man als katholischer Forscher am besten gar nicht erst betrat. Der größte katholische Exeget des 20. Jahrhunderts, der Dominikaner und Gründer der École biblique in Jerusalem, Marie-Joseph Lagrange, schrieb einen Genesiskommentar, der nicht erscheinen durfte und bis heute nicht erschienen ist. Dafür läuft derzeit in Rom ein Seligsprechungsverfahren für seinen Verfasser. Es ist jedem Verständigen klar, dass der Weg, den Pius X. da eingeschlagen hatte, ein Holzweg war.

Den Richtungswechsel in der Bibelkommission leitete jener Kardinal ein, der später das Hochamt zur Eröffnung des 2. Vatikanischen Konzils zelebrieren sollte: Eugène Tisserant (1884–

1972). Er war selbst ein Bibelwissenschaftler und hatte an der École biblique bei Lagrange studiert. Im Juli 1938 wollte Tisserant gerade die Abschaffung der unfruchtbaren Bibelkommission vorschlagen, da ernannte ihn Pius XI. zu ihrem Präses. Er war entschlossen, die Bibelkommission umzugestalten und ihr wieder jene Aufgabe zu geben, die ihr der ursprüngliche Gründer, Leo XIII., zugedacht hatte: die wissenschaftliche Forschung katholischer Exegeten zu fördern und nicht sie kleinlich zu überwachen. Das tat er durch eine konsequente Personalpolitik. Die alte Garde wurde nach und nach durch kompetente, aufgeschlossene Mitglieder unter den Kardinälen wie unter den Konsultoren ersetzt. 1940 wurde P. Athanasius zum Konsultor in die Bibelkommission berufen. Er hatte wie Tisserant eine Zeit lang an Lagranges École biblique studiert und verstand sich bestens mit Augustin Bea. Bea war bereits seit 1931 Konsultor und außerdem Rektor des Päpstlichen Bibelinstituts der Jesuiten. Der neue Wind, der jetzt wehte, zeigte sich für die Öffentlichkeit erstmals im Jahr 1943 mit der Veröffentlichung der Bibelenzyklika *Divino afflante spiritu* „Unter dem Anhauch des Heiligen Geistes“. Da las man nun in einer päpstlichen Enzyklika die erstaunlichen Sätze: Man solle die Arbeit der katholischen Exegeten „nicht nur mit Billigkeit und Gerechtigkeit, sondern auch mit höchster Liebe beurteilen. Das mögen sich alle anderen Söhne der Kirche merken und sich von jenem wenig klugen Eifer fernhalten, der meint, alles Neue schon deshalb bekämpfen oder verdächtigen zu müssen, weil es neu ist“.[3] Die Exegeten ihrerseits werden ermahnt, sich nicht nur um die historische und kritische Auslegung der biblischen Texte zu bemühen, sondern auch um ihre theologische und geistliche Deutung, und dies schon im Hinblick auf die Liturgie, in der diese Texte ihren gewichtigen Ort finden. Dabei seien die Väter und Kirchenlehrer eine wichtige Hilfe. Es wird ihnen weiter ans Herz gelegt, sich um ein besseres Verständnis der Inspiration

---

[3] Enchiridion Biblicum 564.

zu bemühen. Das waren berechtige Ermahnungen und Anliegen, aber sie fielen bei den Exegeten leider unter die Dornen. Auch Benedikt XVI. versuchte vergeblich, sie neu auszusähen. Die Dornen sind hartnäckig.

2 Der Ausweg aus der Modernismuskrise

1949 wurde P. Athanasius zum Sekretär der Bibelkommission ernannt und hatte damit die Hauptarbeit und die größte Verantwortung für ihre Arbeit und ihre Veröffentlichungen. Er war jetzt 68 Jahre alt. Kardinal Tisserant stand zwar immer zu ihm, konnte sich aber wegen anderer Ämter nicht mehr groß um die Bibelkommission kümmern. Sein Hauptziel formuliert der neue Sekretär mit den Worten: „Mit Gottes Hilfe [einen] Mittelweg [finden]". Dieser Weg ist im allgemeinen am schwierigsten zu finden. Oft genug bedeutet er eine Gratwanderung. Als erstes veröffentlicht er im Jahr darauf ein Dokument, das die Kommission schon vor seiner Zeit als Sekretär vorbereitet hatte. Darin geht es um die Lehrer der biblischen Wissenschaften und über die Methode des Bibelunterrichts.[4] Darin steht ein Grundsatz, den ich für allen Bibelunterricht an die oberste Stelle setzen möchte: *Beim Bibelunterricht geht es in erster Linie darum, in den Studierenden die Liebe zur Heiligen Schrift zu wecken.* Das sollten sich alle Lehrer und Lehrerinnen in den Schulen und Hochschulen hinter die Ohren schreiben.

Zu seinem 70. Geburtstag erhielt P. Athanasius eine Festschrift. Bei der Dankrede, die er natürlich auf Italienisch hielt, erwähnt er unter seinen eigenen Lehrern der Heiligen Schrift an erster Stelle und am ausführlichsten „la mia Mama" mit folgender bemerkenswerter Lobrede:

„Sie hat mich – ich war gerade fünf Jahre alt – zur Liebe und Begeisterung für die Hl. Schrift inspiriert. Denn an den langen Tagen und Abenden des deutschen Winters, beim Flicken der Wäsche, hat sie mir die köstlichen Geschichten der Bibel aus

4 Sanctissimus Dominus noster: AAS 42 (1950) 495–505; EnchB 582–610. Eine deutsche Übersetzung kann man im Internet in Kath-pedia finden.

dem Neuen und dem Alten Testament erzählt. Und als ich mit sieben Jahren in die Volksschule eintrat, hatte ich von der biblischen Geschichte bereits mehr als kindliche Kenntnisse. So verdankt auch meine schöne und wertvolle Bibliographie [in der Festschrift] einen guten Teil der Großherzigkeit (generosità) meiner Mutter."

Mit der Enzyklika *Divino afflante spiritu* war das Problem der leidigen Dekrete aus der Anfangszeit der Bibelkommission nicht aus der Welt, im Gegenteil, es wurde brennender als zuvor. Traditionalisten behaupteten gar, diese Enzyklika stehe im Widerspruch zu den Dekreten. Diese hätten weiterhin im Gewissen verpflichtenden Charakter, was natürlich stimmte. In der Bibelkommission gab es darüber heiße Diskussionen. Die Auseinandersetzungen wuchsen sich zu einem Prozess zwischen der Bibelkommission und dem Heiligen Offizium aus. Das Hl. Offizium, heute die Glaubenskongregation, galt als die oberste Kongregation der Katholischen Kirche. Das eigentliche Haupt dieser Kongregation war der Papst selber. Deshalb hatte der leitende Kardinal nicht den Titel Präses, sondern lediglich Sekretär. Dieser Sekretär des Hl. Offiziums aber war damals Kardinal Giuseppe Pizzardo (1877–1970). Er wurde zum Hauptgegner des Sekretärs der Bibelkommission. Aber er war nicht allein. Mit ihm zusammen kämpfte ein weiterer mächtiger Kardinal, der Sekretär der Kongregation für die Seminare und kirchlichen Studien, Ernesto Ruffini (1888–1967). Beide Kardinäle, Pizzardo und Ruffini, waren auch Mitglieder der Bibelkommission. Das machte die Auseinandersetzung besonders heikel und brisant.

Die Affäre begann einen Monat nach dem 70. Geburtstag des Sekretärs der Bibelkommission. In einer Sitzung legte P. Athanasius der Kommission die Lösung der Streitfrage vor, die er sich in Zusammenarbeit mit Augustin Bea ausgedacht hatte. Sie bestand darin, dass man in allen historischen und kritischen Fragen Forschungsfreiheit zugestand und nur soweit Gehorsam verlangte, als Fragen des Glaubens und der Sitten direkt oder indirekt berührt waren. Alle Mitglieder der Kommission, darunter vier Kardinäle (Tisserant, Faulhaber, Liénart, Mercati), äußerten sich zustimmend, nur die beiden Kardinäle Pizzardo und Ruffini lehnten den Vorschlag ab. Sie fürchteten, dass die so formulierte Lösung eine Bestärkung des Rationalismus und Agnostizismus in der Theologie nach sich ziehen werde und eine Schwächung der kirchlichen Autorität. Außerdem werde sie dazu führen, dass die alten Dekrete der Kommission gar nicht mehr beachtet würden. Diese Befürchtungen waren durchaus berechtigt, wie wir heute wissen.

Am 6. Mai 1952 legte der Sekretär der Bibelkommission die Streitfrage in einer Privataudienz Papst Pius XII. vor. Der Papst wünschte, die Frage vorläufig unentschieden zu lassen. Nach den Sommerferien gab er aber doch seine formelle Zustimmung zu der vom Sekretär befürworteten Lösung, bat jedoch darum, sie nicht als solche zu veröffentlichen, sondern bei einer günstigen Gelegenheit auf diskrete Weise bekannt zu machen. Diese Gelegenheit sah der Sekretär zwei Jahre darauf gekommen. Er musste nämlich die neue Ausgabe des Enchiridion Biblicum vorstellen. Das ist die Sammlung aller kirchlichen Dokumente, die sich auf die Heilige Schrift beziehen. Die Vorstellung erfolgte im ersten Heft der Benediktinischen Monatsschrift von 1955. Sie benötigte kaum mehr als eine Seite. Da heißt es zunächst ganz harmlos: Im Ringen um die Reinheit und Wahrheit des Wortes Gottes seien die alten Dekrete der Bibelkommission immer noch von hohem Interesse. Dann folgt der Satz, der die Lösung des damit verbundenen Problems formuliert: „Insofern indes in diesen Dekreten Ansichten vertreten werden, die weder mittelbar noch unmittelbar mit Wahrheiten des Glaubens und der Sitten zusammenhängen, kann der Forscher selbstverständlich in aller Freiheit seine Untersuchungen fortsetzen und die Ergebnisse verwerten, allerdings immer mit Vorbehalt der kirchlichen Lehrautorität."[5] Mit einem schlichten „Insofern in-

[5] *A. Miller*, Das neue biblische Handbuch: Benediktinische Monatsschrift 31 (1955) 49f.

des“ werden die untragbaren alten Dekrete in ihrer Tragweite beschnitten und so für gewissenhafte Forscher erträglich gemacht. Der kleine Beitrag war nur mit „A.M.“ gzeichnet, aber man wusste damals, wer das war.

Übrigens waren weder das Problem noch die Lösung wirklich neu. Man stritt schon im 17. Jahrhundert darüber. Und die Lösung, die P. Athanasius vorschlug, hatte bereits der größte Exeget des 17. Jahrhunderts, Richard Simon, vertreten. Er meinte: In allen kritischen, das heißt: historischen, kulturgeschichtlichen und literaturwissenschaftlichen Fragen, hat nicht das Lehramt, sondern allein die entsprechende Kompetenz der Exegeten zu entscheiden; in allen Fragen der theologischen Deutung der biblischen Texte dagegen muss eine kirchliche Exegese die kirchliche Tradition und Lehre berücksichtigen. Und Richard Simon war zu Recht überzeugt, dass sich Theologie und wissenschaftliche Kritik nicht ins Gehege kommen, wenn diese Fragen und Zuständigkeiten sorgfältig unterschieden werden.[6] Leider hat sich diese Einsicht in der Kirche jedoch nur sehr langsam durchgesetzt und man muss wohl sagen: selbst heute noch nicht überall. Das zeigt sich überdeutlich an der Geschichte der Päpstlichen Bibelkommission, die wir soeben betrachten.

Die Gegner, die mit der offiziösen Entschärfung der 14 alten Dekrete den Glauben in Gefahr sahen, schliefen nicht. Es kam zu einem auf Italienisch geführten Briefwechsel zwischen dem Sekretär des Hl. Offiziums, Kardinal Pizzardo, und dem Präses der Bibelkommission, Kardinal Tisserant, der seinen Sekretär und dessen Notiz in den Benediktinischen Monatsheften in einem längeren Schreiben verteidigte. Kardinal Pizzardos nächster Schritt bestand darin, dass er 1958 vor dem Papst als dem obersten Richter der Kirche im Namen des Hl. Offiziums Klage

---

6 Zu Richard Simon vgl. *M. Reiser*, Bibelkritik und Auslegung der Heiligen Schrift (WUNT 217), Tübingen 2007, 185–217; ders., Richard Simon. Histoire critique du Vieux Testament, in: O. Wischmeyer (Hg.), Handbuch der Bibelhermeneutiken, Berlin / Boston 2016, 547–558.

erhob und einen öffentlichen Widerruf der entsprechenden Notiz der Bibelkommission verlangte. Zu diesem Prozess kam bald darauf noch ein zweiter, ebenfalls von Kardinal Pizzardo angestrengt. Dabei ging es um ein großes französisches Einleitungswerk zum Alten und Neuen Testament, dessen erster Band im Vorjahr von Professoren des Institut Catholique in Paris herausgegeben worden war.[7] Kardinal Pizzardo erklärte vor der Kongregation für die Seminare und kirchliche Studien, deren Präfekt er war, ebenso wie vor dem Heiligen Offizium, dieses Buch enthalte gefährliche Auffassungen und könne nicht als Lehrbuch in kirchlichen Studienhäusern verwendet werden. Der Sekretär der Bibelkommission übernahm die Verteidigung des angegriffenen Werks. Damit hatte er zwei beim Papst anhängige Prozesse am Hals. Doch Bea und das Bibelinstitut stellten sich an seine Seite.

Pius XII., dessen Beichtvater Bea war, starb am 9. Oktober 1958. Damit hing die Entscheidung vom nächsten Papst ab. Im Konklave wurde Johannes XXIII. gewählt. Seine Wahl sollte sich für P. Athanasius als äußerst glücklich erweisen. Bereits am 8. Februar des folgenden Jahrs kann er seinem Erzabt in Beuron erleichtert mitteilen: „Die beiden Prozesse habe ich jetzt glücklich gewonnen. Für den ersten [wegen der Notiz über die alten Dekrete der Bibelkommission] erhielt ich ein großes Lob statt einer Bestrafung und den zweiten [wegen der Einleitung in die Heilige Schrift von A. Robert / A. Feuillet] mussten die Hauptankläger mit ihrer Stellung bzw. Förderung bezahlen. Nun werde ich wohl Ruhe haben.“[8]

Ende Mai sind weitere erfreuliche Neuigkeiten zu berichten: „Am 22. Mai hatte die Kommission eine überaus herzliche Privat-Audienz. ... Zuerst war der offizielle Teil. Tisserant berichtete kurz über die letzten 11 Jahre meines Sekretariats, berührte auch kurz die Kämpfe, welche die Kommission in den letzten

---

7 *A. Robert / A. Feuillet*, Introduction à la Bible, tome I, Tournai 1957.

8 Brief an Erzabt B. Reetz vom 8.2.1959.

Jahren zu führen hatte. Der Papst antwortete kurz ohne auf Probleme einzugehen, sagte aber einen Satz, der für mich überaus kostbar war. ‚Ich habe nichts gegen die Bibelkommission zu sagen; wenn ich etwas hätte, würde ich es offen sagen.' Bekanntlich war ja die ‚Bibelkommission von heute' schwer verschrien worden. Diesen Satz habe ich gut in meiner Korrespondenz verwahrt, um ihn – sollte es wieder notwendig werden – zu verwerten. Dann begann der gemütliche Teil. Über eine halbe Stunde saßen wir um ihn im Kreise herum. Er erzählte Geschichten und Erinnerungen. Auch er sei einmal beim Hl. Offizium verklagt, aber nicht verbrannt worden, sonst wäre er heute nicht Papst!"[9]

Ende Juli erhält der Erzabt wieder Post von seinem berühmten Pater Athanasius mit einer guten Nachricht: „Vorgestern erhielt ich von der Staats-Sekretarie ein Schreiben des Inhalts, dass S.H. Joh. XXIII. alle meine Wünsche, die ich bei der Audienz (Bild S. 173 oben) ihm schriftlich übergab, bestätigt habe. Damit ist ein jahrzehntelanger Kampf zu Ende. Mein Vorgänger hat trotz aller Versuche nie etwas erreicht. Das Hl. Offizium hat also in allen Bibelfragen wieder ein Votum von der Bibel-Kommission einzuholen. Die Frage spielte viel in meinem letztjährigen Prozess mit. Man wollte zeigen, dass die Bibel-Kommission ‚von heute' (= meine Periode) zu rationalistisch eingestellt sei, um in Glaubensfragen mitzusprechen! Sehr unterstützt hat mich allerdings im ganzen Kampf Tisserant."[10] In dem Prozess ging es also nicht nur um konkrete Anklagen, sondern auch um grundsätzliche Fragen der Zuständigkeit zwischen der Bibelkommission und dem Hl. Offizium, die seit Jahren immer wieder Reibereien hatten. Jetzt wurde das Hl. Offizium also verpflichtet, in allen Fällen, die Bibelfragen berührten, ein Votum der Bibelkommission einzuholen.

Doch die antimodernistischen Gegner ließen trotz ihrer Niederlage nicht locker. Einer der rührigsten Gegner der Bibel-

---

[9] Brief an Erzabt B. Reetz vom 28.5.1959.

[10] Brief an Erzabt B. Reetz vom 26.7.1959.

kommission und des Bibelinstituts der Jesuiten war ein Exeget der Lateran-Universität, Antonio Romeo (1902–1978). In einem Artikel verteidigt er die absolute Irrtumslosigkeit der Heiligen Schrift, die überall wörtlich zu verstehen sei, und behauptet, einige Professoren des Bibelinstituts verträten Auffassungen, die mit den 14 alten Dekreten der Bibelkommission unvereinbar seien. Die Notiz des Sekretärs der Bibelkommission aus dem Jahr 1955 könne ihre Gültigkeit nicht aufheben.[11] Der Papst erklärte in einem Telefongespräch gegenüber dem Rektor des Bibelinstituts, also Bea, er habe den Artikel mit äußerstem Missfallen (con dispiacere e disgusto) gelesen.[12] Aber Kardinal Ruffini unterstützte Romeo, und mit dem Ende des Studienjahrs 1961/62, kurz vor Konzilsbeginn, wurde vom Hl. Offizium gegen zwei Professoren des Bibelinstituts, Stanislas Lyonnet und Max Zerwick, ein Lehrverbot verhängt, das erst Paul VI. im Mai 1964 wieder aufhob.[13] An der Jesuiten-Hochschule St. Georgen in Frankfurt wurde um dieselbe Zeit aufgrund von römischem Drängen der allgemein geschätzte Professor für Neues Testament Franz Josef Schierse ohne gravierenden Grund abgesetzt. Er verließ darauf den Orden und heiratete.[14] Ein tragischer Fall.

---

11 *A. Romeo*, L'Enciclica „Divino Afflante Spiritu" e le „opiniones novae": Divinitas 4 (1960) 385–456.

12 Vgl. *Th.M. Bolin*, The Biblical Commission's Instruction, On the Historical Truth of the Gospels (Sancta Mater Ecclesia) and Present Magisterial Attitudes Toward Biblical Exegesis: Gregorianum 93,4 (2012) 765–785, hier 771f. Die dort in Anm. 28 zitierte Äußerung des Papstes nach dem Konzilstagebuch von Sebastian Tromp vom 6. Februar 1961. Ausführlich dazu: *A. Dupont / K. Schelkens*, Katholische Exegese vor dem Zweiten Vatikanischen Konzil (1960–61): Zeitschrift für Kathol. Theologie 132 (2010) 1–24.

13 Vgl. *J.A. Fitzmyer SJ*, A Roman Scripture Controversy, in: Ders., The Interpretation of Scripture, New York / Mahwah, N.J. 2008, 17–36.

14 Vgl. *K. Schatz SJ*, Der „Fall Schierse" (1961). Ein vorkonziliarer Konflikt mit tragischem Ausgang: Theologie und Philosophie 81 (2006) 247–256.

3 Das Zweite Vatikanum und die neue Krise

Endgültig drehte sich der Wind für die moderne Exegese erst mit dem 2. Vatikanischen Konzil. Die Grundsätze der Exegese kamen in einem Schema zur Sprache, das über „die Quellen der Offenbarung" handelte. Mit den Ausführungen über die Exegese in diesem Schema waren Bea und sein Einheitssekretariat sehr unzufrieden, da sie einen gewaltigen Rückschritt in das verhängnisvolle alte Fahrwasser bedeutet hätten. Doch Bea war bei weitem nicht allein mit seinem Bauchweh. Am 20. November 1962 wurde über das Schema abgestimmt, und es fiel durch, aber nicht ganz mit der notwendigen Mehrheit. Darauf herrschte auf dem Konzil eine bedrückte Stimmung. Am folgenden Tag kassierte der Papst in eigener Vollmacht den Text und setzte eine Kommission zur Bearbeitung ein, deren Leitung er Kardinal Bea und Kardinal Ottaviani übertrug. Alfredo Ottaviani war der Nachfolger Pizzardos als Sekretär des Heiligen Offiziums. Der Papst wählte also bewusst zwei Vertreter unterschiedlicher Richtungen, um einen Mittelweg zu finden.

Am folgenden Tag, dem 22. November, setzte Beas Bibelinstitut ein eindrucksvolles Zeichen mit der öffentlichen Verteidigung der am Bibelinstitut angefertigten Dissertation von P. Norbert Lohfink SJ (s. Bild S. 173, unten). Sie fand in der Gregoriana statt. Das Bibelinstitut machte die Sache bewusst zur Sensation (s. Bild S.174). Wegen einer Konzilspause konnten damals 12 Kardinäle anwesend sein, darunter Alfrink, Bea, Döpfner, Frings und Tisserant, dazu etwa 400 Bischöfe.[15] Sie sahen bei dieser Gelegenheit, dass man kritische Bibelwissenschaft ohne Schaden für den katholischen Glauben treiben kann. Der Kandidat wurde mit der Bestnote beschieden. Den Vorsitz der Prüfungskommission bei dieser Gelegenheit hatte

15 Vgl. *M. Gilbert SJ*, The Pontifical Biblical Institute. A Century of History (1909–2009), Rom 2009, 170.

als Großkanzler des Bibelinstituts, Kardinal Pizzardo. Es wird ihm nicht ganz wohl dabei gewesen sein.[16]

Aber kehren wir noch einmal zu P. Athanasius zurück. Im Februar 1962 war der schwerkranke Sekretär der Bibelkommission von seinem Amt entbunden worden. Das im Oktober beginnende Konzil, dessen Eröffnung sein alter Chef Kardinal Tisserant zelebrierte, verfolgte er am Fernseher im Leutkircher Krankenhaus mit. Die Sache mit dem durchgefallenen Schema über die Quellen der Offenbarung, so schreibt er an seinen Abt, habe ihn nicht überrascht. Die Bibelkommission habe schon früher einen Protest dagegen einsenden wollen, doch das habe Tisserant verhindert. Darauf habe Bea prophezeit: Abwarten, unsere Zeit kommt![17] Und jetzt war sie da. Aus der Vorlage über „die Quellen der Offenbarung" wurde die dogmatische Konstitution „Dei Verbum".

Diese Konstitution thematisierte in der Geschichte der Konzilien zum ersten Mal eigens die Frage der Inspiration der Heiligen Schrift und machte verbindliche Aussagen darüber. Das wird von den Kommentatoren viel zu wenig beachtet. Da wird zunächst erklärt, dass Gott als Autor der heiligen Bücher zu gelten hat. Zu ihrer Abfassung freilich hat „Gott Menschen erwählt, die ihre eigenen Fähigkeiten und Kräfte gebrauchten, und die er so dazu verwendete, dass sie, indem Er selbst in ihnen und durch sie wirkte, alles und nur das, was Er selbst wollte, als wahre Autoren schriftlich überlieferten" (DV 11). Das heißt: Ungeachtet der göttlichen Autorschaft sind auch die Hagiographen Autoren im Vollsinn des Wortes. Das Zusammenwirken von Gott mit den Hagiographen wird also als Paradox begriffen. Eine Vereinbarkeit des scheinbaren Widerspruchs ergibt sich, wenn man sich Gottes Autorschaft nicht irgendwie analog der menschlichen vorstellt, sondern Gottes Möglichkei-

16 Bilder dieses Ereignisses findet man in: Das Konzil. Chronik der ersten Sessio. Ein Bild- und Textbericht von Mario von Galli und Bernhard Moosbrugger, Olten 1963, 86–89.

17 Brief an Erzabt B. Reetz vom 20.12.1962.

ten der Inspiration in Betracht zieht.[18] Jedenfalls müssen wir davon ausgehen, dass Gott auch durch zeitlich Bedingtes hindurch eine zeitlose Botschaft vermitteln kann. Es wird wohl noch eine Weile dauern, bis die Exegeten diesen Sachverhalt begreifen und entsprechend auslegen.

Die Frage bleibt allerdings: Können sich die Hagiographen auch irren? Können wir an der Irrtumslosigkeit der Heiligen Schrift festhalten oder nicht? Die richtige Antwort gibt meiner Ansicht nach Augustin Bea, der über diese Frage viel nachgedacht und regelmäßig Vorlesungen gehalten hat. Er schreibt in einem einschlägigen Artikel: „Die Irrtumslosigkeit [der Hl. Schrift] bezieht sich auf den *Sinn*, den der Hagiograph durch seine Worte ausdrücken wollte. Dieser Sinn muss wissenschaftlich nach den Grundsätzen der Biblischen Hermeneutik [und Wissenschaft, wie ich hinzufügen möchte] festgestellt werden.“[19] Entscheidend ist also das Herausarbeiten der Aussageabsicht eines Textes. Die Wahrheit eines Textes ist das, was der Autor damit sagen wollte, ungeachtet eventuell gegebener Unrichtigkeiten in den Umständen oder fiktiver Elemente in bestimmten Texten.

Doch für einen Text, der den Anspruch erhebt, Gottes eigenes Wort zu sein, genügt das noch nicht. Der 12. Artikel von *Dei Verbum* betont zu Recht, dass der Ausleger der Heiligen Schrift eine doppelte Aufgabe hat: Er muss erstens untersuchen, was die Hagiographen tatsächlich zum Ausdruck bringen wollten, und zweitens, „was Gott durch ihre Worte kundtun wollte“, gemeint ist natürlich: Was er *uns heute* kundtun wollte. Die erste Aufgabe ist nach dem Konzilstext mit den üblichen historischen und literaturwissenschaftlichen Mitteln zu erledi-

---

18 Näheres bei *M. Reiser*, Christlicher Glaube und Geschichte in römisch-katholischen Dokumenten. Zum Problem der Inspiration, Inerranz und Wahrheit biblischer Geschichtserzählungen, in: Biblisch erneuerte Theologie. Jahrbuch für Theologische Studien 4 (2020) 147–162.

19 *A. Bea*, Art. Inspiration: $LThK^2$ 5 (1960) 706.

gen. Unter diesen Mitteln wird die Berücksichtigung der jeweiligen Gattung oder Textsorte eigens hervorgehoben.

Zur zweiten Aufgabe zitieren die Konzilsväter einen Grundsatz: „Die Heilige Schrift muss doch im selben Geist gelesen und interpretiert werden, mit dem sie geschrieben ist.“ Dieses Prinzip ist alt. Thomas von Kempen schreibt in seinem berühmten Buch über die Nachfolge Christi: „Jede heilige Schrift muss in dem Geist gelesen werden, in dem sie gemacht ist.“[20] Das ist zunächst einmal eine grundlegende Erfordernis für jedes Verständnis. Josef Pieper spricht von der Notwendigkeit „personaler Affinität“. „Nur Philosophie versteht Philosophie“, nur ein musikalischer Mensch Musik; ein prosaischer Mensch wird niemals Poesie verstehen.[21] Nur ein weises Herz versteht die Sprüche der Weisen, wie es bei Jesus Sirach heißt (3,29). Und so braucht man für das Verständnis einer inspirierten Schrift auch seinerseits heiligen Geist. Der Konzilstext erläutert dann noch, dass bei diesem Untersuchungsschritt die Einheit der ganzen Heiligen Schrift zu berücksichtigen sei, außerdem die lebendige Überlieferung der Gesamtkirche und die Analogie des Glaubens. Mit dieser Analogie des Glaubens ist die traditionelle *Regula fidei* gemeint, deren Kern das Credo ist. Dem Credo darf keine kirchliche Auslegung eines Schrifttextes widersprechen. Wer es tun will, soll eine neue Kirche gründen.

Leider sagt das Konzil nichts Näheres über die Grundsätze und Methoden bei dieser zweiten Aufgabe, so wie es das doch bei der ersten der beiden Aufgaben tut. Von der Sache her hätte man an dieser Stelle auf die Frage der allegorischen, typologischen oder symbolischen Deutung der Schrifttexte eingehen müssen. Aber dafür waren weder die Konzilsväter noch die Exegeten gerüstet. Die Exegeten sind es bis heute nicht. Benedikt XVI. hat die fehlenden Erläuterungen mit seinem Apostolischen Schreiben *Verbum Domini* zu geben versucht. Aber er

20 *Thomas von Kempen*, Imitatio Christi I 5,2.

21 Vgl. *J. Pieper*, Was heißt Interpretation? (Rheinisch-Westfälische Akademie der Wissenschaften. Vorträge G 234), Opladen, 22–25.

hat damit wenig Gegenliebe bei den Exegeten gefunden. Es ging ihm damit nicht anders als mit seinen anderen, völlig berechtigten Monita an die Adresse der Exegeten und Exegetinnen. Ihr Acker ist mit Dornen überwuchert.

Damit kommen wir zu einer letzten Frage, die sich aus der geschilderten Geschichte zwangsläufig ergibt: Wenn die theologischen und exegetischen Probleme auf dem 2. Vatikanischen Konzil in allen oder fast allen wesentlichen Punkten befriedigend entschieden wurden und das mit einer ganz ungeheuren Mehrheit der Konzilsväter – 2350 Konzilsväter nahmen die dogmatische Konstitution *Dei Verbum* nach langen Diskussionen mit nur sechs Gegenstimmen an –, warum ist dann die Situation der Exegese heute so unbefriedigend? Warum wird die Heilige Schrift von den Exegeten faktisch wie ein Klassiker behandelt und nicht als Heilige Schrift und inspiriertes Wort Gottes? Warum wollen sie die zweite, vom Konzil ins Auge gefasste Aufgabe der Schriftauslegung einfach nicht angehen?

Dazu wäre viel zu sagen. Aber ein Sachverhalt ist deutlich: Die katholischen Exegeten fühlten sich nach dem Konzil von den Fesseln aus der Zeit der Modernismuskrise befreit und freuten sich, nun endlich genauso arbeiten zu können wie ihre protestantischen Kollegen. Die hermeneutischen Richtlinien des Konzils ließen sie einfach unbeachtet oder deuteten sie nach ihrer Weise um. Unter diesen Umständen können wir nur eines tun: *Dei Verbum* neu und gründlich lesen und uns zu Herzen nehmen, und jenen Fragen und Problemen nachgehen, die beim Konzil allzu heiße Eisen waren und deshalb liegengeblieben sind.[22] Nicht umsonst sagt der Lektor oder die Lektorin in

---

22 Näheres bei *M. Reiser*, Die Autorität der Schrift und die Tradition römisch-katholischer Exegese, in: Ders., Die Autorität der Schrift im Wandel der Zeiten. Studien zur Geschichte der biblischen Exegese und Hermeneutik, Fohren-Linden 2016, 207–226; ders., Offenbarung und Heilige Schrift. Die Hermeneutik der Exegese nach *Dei Verbum* 11/12 im Licht der Tradition, in: ebd. 227–244.

der Eucharistiefeier nach der Lesung: „Wort des lebendigen Gottes!“ und hören wir nach dem Vortrag des Evangeliums: „Evangelium unseres Herrn Jesus Christus!“ Diesem Anspruch müssen wir gerecht werden, in der ehrfürchtigen Auslegung und im Leben. Dazu benötigen wir viel Heiligen Geist.

Audienz des Bibelinstituts bei Papst Johannes XXIII. am 22. Mai 1959. Rechter Hand vom Papst sitzt Kardinal Tisserant, links vom Papst P. Athanasius Miller . In der hinteren Reihe ganz links P. Augustin Bea
Bildrecht:Marius Reiser

P. Norbert Lohfink SJ bei der Verteidigung seiner Dissertation; neben ihm: Kardinal Giuseppe Pizzardo

Bild: Das Konzil .... Ein Bild- und Textbericht von Mario v. Galli und B. Moosbrugger, Matthias-Grünewald-Verlag Mainz 1963, S. 86/87

An der öffentlichen Verteidigung der am Bibelinstitut angefertigten Dissertation von P. Lohfink SJ konnten während einer Konzilspause 12 Kardinäle und 400 Bischöfe anwesend sein. Den Vorsitz der Prüfungskommission hatte der Großkanzler des Bibelinstituts Kardinal Giuseppe Pizzardo.

Marius Reiser,
Von Wolfartsweiler
über den Orient
nach Rom.
P. Athanasius Miller OSB
(18811963),
Beuroner Kunstverlag,
Beuron 2023.

Bild oben: Das Konzil .... Ein Bild- und Textbericht von Mario v. Galli und B. Moosbrugger, Matthias-Grünewald-Verlag Mainz 1963, S. 86/87

„Die allgemeine Berufung zur Heiligkeit" nach Lumen Gentium und die Heiligsprechung deutschsprachiger Glaubenszeugen in nachkonziliarer Zeit

Helmut Moll

1 Die Communio-Perspektive des Zweiten Vatikanischen Konzils – Lumen Gentium und „Die allgemeine Berufung zur Heiligkeit"

Papst Johannes Paul II. (1920-2005) berief im Jahr 1985 eine Bischofssynode, die sich zur Aufgabe machte, die große Versammlung der Kirche von 1962 bis 1965, das Zweite Vatikanische Konzil, zu bedenken, zu untersuchen und den Rezeptionsprozess neu anzustrengen. Der zeitliche Abstand ermöglichte nach der durchaus stürmischen und kontroversen Aufnahme der Konzilsergebnisse in den ersten Jahren nun einen ausgewogeneren Blick auf die vom Heiligen Geist erwirkten Ergebnisse. Die Konzilsväter richteten damals Anfang der 60er Jahre ihren Blick auf Wesen und Auftrag der Kirche. Sie wollten nach Phasen der Abschottung der neuen modernen Welt die Kirche vorstellen und mit den Zeitgenossen in einen Dialog eintreten. Die Bischofssynode von 1985, die zwanzig Jahre später das Erbe betrachtete, formulierte daher in einer Art Bilanz: „In besonderer Weise wurde auf dieser Synode das Wesen der Kirche als Mysterium und als ‚Communio' oder ‚koinonia' betrachtet."[1] Auch in den letzten Jahren seines Pontifikates, in seiner Enzyklika *Ecclesia de eucharistia* im Jahr 2003, erinnert Johannes Paul II. an die außerordentliche Bischofssynode von 1985 und die damals festgehaltene Zentralität der sog. „Communio-Ekklesiologie". Papst Johannes Paul II. hielt in der Enzyklika fest: „Die außerordentliche Versammlung der Bischofssynode 1985 fand in der ‚Communio-Ekklesiologie' die zentrale und grundlegende Idee des Zweiten Vatikanischen Konzils."[2]

In dem Verständnis der Kirche als „Communio" birgt sich daher das zentrale Erbe des Konzils und zeigt sich gleichzeitig der Schlüssel für die Neufassung der Kanonisationsverfahren. Was ist mit „Communio-Ekklesiologie" gemeint?

Im Jahr 2000 hielt der damalige Präfekt der Kongregation für die Glaubenslehre Joseph Kardinal Ratzinger (1927-2022) in Mailand einen Vortrag, der später in erweiterter Form in deutscher Sprache in der Festschrift des Schülerkreises zu seinem 75. Geburtstag erschien. Der Vortrag trägt den Titel: „Die Ekklesiologie der Konstitution *Lumen Gentium*".[3] Auch Kardinal Ratzinger bezieht sich in seinem Vortrag auf die Bischofssynode von 1985 und der damals erkannten zentralen Bedeutung des Communio-Gedankens. Der Kardinal hielt fest: „Man kann wohl sagen, dass etwa seit der Sondersynode des Jahres 1985, die eine Art von Bilanz von zwanzig Jahren Nachkonzils-

---

1 *Papst Johannes Paul II.*, Synode „ein Zeugnis des Heiligen Geistes". Ansprache bei der Schlussversammlung der Außerordentlichen Bischofssynode am 7. Dezember 1985, in: DBK (Hrsg.), Der Apostolische Stuhl 1985. Ansprachen, Predigten und Botschaften des Papstes (Köln o.J.) 1686.

2 *Papst Johannes Paul II.*, *Ecclesia de eucharistia*, 17. April 2003, in: Sekretariat der Deutschen Bischofskonferenz (Hrsg.), Verlautbarungen des Apostolischen Stuhls Nr. 159 (Bonn o. J.) 32.

3 *Joseph Cardinal Ratzinger*, Die Ekklesiologie der Konstitution *Lumen gentium*, in: ders., Weggemeinschaft des Glaubens. Kirche als Communio. Festgabe zum 75. Geburtstag, hrsg. vom Schülerkreis (Augsburg 2002) 107-131; Karl Rahner, Die Kirche der Heiligen, in: Schriften zur Theologie IIIL

zeit versuchen sollte, ein neuer Versuch dominiert, das Ganze der konziliaren Ekklesiologie in einem Grundbegriff zusammenzufassen: in dem Wort von der **Communio-Ekklesiologie**. Ich habe diese neue Zentrierung der Ekklesiologie begrüßt und ihr auch nach meinen Maßen vorzuarbeiten versucht."[4]

In seinen Ausführungen in Mailand bestimmt der spätere Papst Benedikt XVI. das, was mit Communio-Ekklesiologie gemeint ist. Kardinal Ratzinger legt der Definition des Communio-Begriffes 1 Joh 1,3 zugrunde. In diesem biblischen Befund lassen sich alle Elemente des Communio-Verständnisses finden. Dort heißt es: „Was wir gesehen und gehört haben, das verkünden wir euch, damit auch ihr Gemeinschaft mit uns habt. Wir aber haben Gemeinschaft mit dem Vater und mit seinem Sohn Jesus Christus. Wir schreiben dies, damit unsere Freude vollkommen sei" (1 Joh 1,3). Ausgangspunkt der Communio, der Gemeinschaft der Kirche, stellt die Begegnung mit dem fleischgewordenen Sohn Gottes, mit Jesus Christus, dar, der in der Verkündigung der Kirche zu den Menschen kommt. Der Kardinal führt aus: „Die Gemeinschaft mit Gott wird vermittelt durch die Gemeinschaft Gottes mit den Menschen, die Christus in Person ist; die Begegnung mit Christus schafft Gemeinschaft mit ihm selber und so mit dem Vater im Heiligen Geist; sie ver-

(Einsiedeln – Zürich – Köln, 7. Auflage 1967) 111-126; *Leo Scheffczyk*, Aspekte der Kirche in der Krise. Um die Entscheidung für das authentische Konzil (Siegburg 1993) 69-83; vgl. *Paolo Molinari*, La vocazione di tutti i cristiani alla santità. Un importante tema conciliare, in: La Civiltà Cattolica 115 (1984) Bd. 3, 542-550; *Kurt Koch*, Zur Heiligkeit sind alle Getauften berufen (Solothurn 2008); Marianne Schlosser, Berufen zur Heiligkeit in der communio sanctorum. Anmerkungen zum 5. Kapitel von „Lumen gentium", in: Internationale Katholische Zeitschrift Communio 40 (2013) 448-459; *Stefan Würges*, Die allgemeine Berufung zur Heiligkeit im Zweiten Vatikanischen Konzil. Werdegang und Systematik = Theologie des geistlichen Lebens. Bd. 2 (Berlin 2018).

4 Ebd. 112.

eint von daher die Menschen untereinander. Dies alles zielt auf die vollkommene Freude."[5]

Gemeinschaft wird zu dem zentralen Begriff, mit dem das Wesen der Kirche verstanden und beschrieben wird. Zwar nicht als demokratische Volk-Gottes-Vorstellung, ebenso wenig auf die Gemeinde reduziert, sondern heilshaft übernatürlich. Gott eröffnet in der Menschwerdung seines Sohnes die Gemeinschaft der Menschen untereinander und mit Gott. Die Initiative liegt bei Gott, der sich als treu und barmherzig zeigt. Gott bricht zum Menschen auf. Die Gemeinschaft mit den Menschen, die Gott in der Inkarnation seines Sohnes eingeht, bedeutet eine neue Gemeinschaft der Menschen untereinander und gleichzeitig deren Teilhabe am Leben der Gemeinschaft in Gott, in der Dreifaltigkeit von Vater, Sohn und Heiligem Geist. Die Definition der Kirche in *Lumen Gentium* nimmt beide Dimensionen auf: „Die Kirche ist ja in Christus gleichsam das Sakrament, das heißt Zeichen und Werkzeug für die innigste Vereinigung mit Gott wie für die Einheit der ganzen Menschheit" (LG 1).

Ein Hinweis auf den Ersten Korintherbrief bringt die enge Zusammengehörigkeit dieses Communio-Verständnisses der Kirche mit dem Sakrament der Eucharistie zutage. Der hl. Paulus schreibt in 1 Kor 10,16.17: „Ist der Kelch des Segens, über den wir den Segen sprechen, nicht Teilhabe [Communio] mit dem Blut Christi? Ist das Brot, das wir brechen, nicht Teilhabe [Communio] mit dem Leib Christi? Ein Brot ist es, darum sind wir viele ein Leib." Kardinal Ratzinger hält fest: „Die Communio-Ekklesiologie ist von innen her **eucharistische Ekklesiologie**. [...] In der Eucharistie baut Christus, in Brot und Wein gegenwärtig und sich immer neu verschenkend, die Kirche als seinen Leib auf und eint uns durch seinen auferstandenen Leib mit dem dreieinigen Gott und untereinander."[6]

Auf Papst Johannes Paul II. kam die Aufgabe zu, die Kirche in das dritte christliche Jahrtausend zu führen. In seinem Apostolischen Schreiben *Novo Millennio ineunte,* zum Abschluss des Großen Jubiläums des Jahres 2000 vom 6. Januar 2001, bestimmt der Pontifex das Verständnis der Kirche als Communio und damit verbunden die

5 Ebd. 113.

6 Ebd. 113-114.

Heiligkeit als Perspektive des zukünftigen pastoralen Weges. Im Besonderen verweist er dabei auf das fünfte Kapitel der Konstitution *Lumen Gentium*: Die allgemeine Berufung zur Heiligkeit. Der Papst führt aus: „Dann gilt es, das V. Kapitel der Dogmatischen Konstitution über die Kirche *Lumen Gentium* in seinem ganzen programmatischen Wert neu zu entdecken. (…) Die Wiederentdeckung der Kirche als ‚Geheimnis' oder als ‚das von der Einheit des Vaters und des Sohnes und des Heiligen Geistes her geeinte Volk' musste auch zur Wiederentdeckung ihrer ‚Heiligkeit' führen. Heiligkeit ist hier im grundsätzlichen Sinn verstanden als Zugehörigkeit zu dem, der eigentlich der Heilige, ja ‚der dreimal Heilige' ist (vgl. Jes 6,3)."[7]

Der Papst legt hier in einem großen Entwurf die praktischen Konsequenzen des konziliaren Kirchenbildes aus. Zentrale Bedeutung kommt dem Begriff der Heiligkeit zu. „Heiligkeit" hat die Bedeutung von „Zugehörigkeit". In der Begegnung mit Christus eröffnet Gott den Gläubigen die Teilhabe an der dreieinigen Gemeinschaft und damit an der Heiligkeit des dreifaltigen Gottes. *Lumen Gentium* 39 formuliert: „Daher sind in der Kirche alle, mögen sie zur Hierarchie gehören oder von ihr geleitet werden, zur Heiligkeit berufen gemäß dem Apostelwort: ‚Das ist der Wille Gottes, eure Heiligung' (1 Thess 4,3; vgl. Eph 1,4)." Etwas später heißt es in *Lumen Gentium* 40: „Jedem ist also klar, dass alle Christgläubigen jeglichen Standes oder Ranges zur Fülle des christlichen Lebens und zur vollkommenen Liebe berufen sind. … Zur Erreichung dieser Vollkommenheit sollen die Gläubigen die Kräfte, die sie nach Maß der Gnadengabe Christi empfangen haben, anwenden, um, seinen Spuren folgend und nach seinem Bild gleichgestaltet, dem Willen des Vaters in allem folgsam, sich mit ganzem Herzen der Ehre Gottes und dem Dienst des Nächsten hinzugeben. So wird die

---

7 Papst Johannes Paul II., Apostolisches Schreiben *Novo Millennio ineunte* zum Abschluss des Großen Jubiläums des Jahres 2000 vom 6. Januar 2001, in: Sekretariat der Deutschen Bischofskonferenz (Hrsg.), Verlautbarungen des Apostolischen Stuhls Nr. 150 (Bonn o. J.) Nr. 30, 29.

Heiligkeit des Gottesvolkes zu überreicher Frucht anwachsen, wie es die Kirchengeschichte durch das Leben so vieler Heiliger strahlend zeigt." An die Stelle des *status perfectionis* tritt die *perfectio status*.

In seinem Apostolischen Schreiben aus dem Jahre 2001 betont Papst Johannes Paul II.: „Dieses Geschenk der Heiligkeit ist sozusagen ‚objektiv'. Es ist jedem Getauften angeboten."[8] Das Geschenk der Heiligkeit ist jedem Getauften angeboten. Als Johannes Paul diese Formulierung wählte, hatte er in seinem Pontifikat bereits zahllose Personen selig und heiligsprechen können. Gerade während seiner zahllosen Reisen stellt er der Kirche Selige und Heilige in den unterschiedlichsten geschichtlichen und kulturellen Umständen vor Augen. Er wollte zeigen: Gläubige jeden Alters und Standes, jeglicher Bildung und Berufes hatten auf das Geschenk der Berufung zur Heiligkeit geantwortet. Der Papst führt in *Novo Millennio ineunte* aus: „Das Konzil selbst hat erklärt, dass man dieses Ideal der Vollkommenheit nicht falsch verstehen darf, als sei es eine Art außerordentlichen Lebens, das nur von einigen ‚Genies' der Heiligkeit geführt werden könnte. … Ich danke dem Herrn, dass er es mir geschenkt hat, in diesen Jahren so viele Christen selig und heilig sprechen zu dürfen. Darunter waren auch viele Laien, die unter Bedingungen, wie es das ganz gewöhnliche Leben vorgibt, heilig wurden. … Es ist offenkundig, dass die Wege der Heiligkeit persönliche Wege sind. Sie erfordern eine wahre und eigene Pädagogik der Heiligkeit, die sich den Rhythmen der einzelnen Personen anzupassen vermag."[9]

Für Johannes Paul II. stellt „Heiligkeit" den zentralen Begriff dar, der basierend im Verständnis der Kirche als Commu-

---

8 Ebd.

9 Ebd.; vgl. *Gerhard Ludwig Müller*, Gemeinschaft und Verehrung der Heiligen (Freiburg 1986); Walter Nigg, Die Heiligen kommen wieder. Leitbilder christlicher Existenz (Freiburg, 8. Auflage 1982); *Helmut Moll*, Ist die päpstliche Heiligsprechung ein Ausdruck des unfehlbaren Lehramtes? Geschichtliche und theologische Erörterungen, in: Forum Katholische Theologie 32 (1/2016) 56-74.

nio, dem alltäglichen christlichen Leben seine Ausrichtung und Berufung zeigt. Gleichzeitig öffnet sich in diesem Begriff auch die eschatologische Dimension der Kirche. „Communio" oder „die Gemeinschaft" bildet auch hier die Klammer, um die Verbindung dieser Welt mit der zukünftigen in den Blick zu nehmen. Die Gemeinschaft, die die Kirche darstellt, erschöpft sich nicht in der Gemeinschaft der derzeit Lebenden. *Lumen Gentium* 50 hält fest, dass die Gemeinschaft der Kirche auch die umfasst, deren irdisches Leben vollendet ist. „Dass aber die Apostel und Märtyrer Christi, die mit ihrem Blut das höchste Zeugnis des Glaubens und der Liebe gegeben hatten, in Christus in besonderer Weise mit uns verbunden seien, hat die Kirche immer geglaubt, sie hat sie zugleich mit der seligen Jungfrau Maria und den heiligen Engeln mit besonderer Andacht verehrt und hat fromm ihre fürbittende Hilfe erbeten. ... Im Leben derer, die, zwar Schicksalsgenossen unserer Menschlichkeit, dennoch vollkommener dem Bilde Christi gleichgestaltet werden (vgl. 2 Kor 3,18), zeigt Gott den Menschen in lebendiger Weise seine Gegenwart und sein Antlitz" (LG 50). „Das Martyrium, das den Jünger dem Meister in der freien Annahme des Todes für das Heil der Welt ähnlich macht und im Vergießen des Blutes gleichgestaltet, wertet die Kirche als hervorragendes Geschenk und als höchsten Erweis der Liebe" (LG 42). Ferner wird „die Heiligkeit der Kirche in besonderer Weise gefördert durch die vielfachen Räte, deren Beobachtung der Herr im Evangelium seinen Jüngern vorlegt" (LG 42).

Die Berufung zur Heiligkeit gründet in der Initiative Gottes. In der Menschwerdung seines Sohnes eröffnet er dem Menschen die Teilhabe an seinem göttlichen, dreifaltigen und heiligen Leben. Die vielen selig- und heiliggesprochenen Personen im Pontifikat Johannes Paul II. zeigen, dass diese Berufung an alle Getauften als ein Geschenk ergeht. Die Seligen und Heiligen werden zu Vorbildern und gleichsam zu „Garanten" der Wirklichkeit der Berufung. In dem Apostolischen Schreiben *Novo Millennio ineunte* von 2001 macht Johannes Paul II. die

Berufung zur Heiligkeit zur pastoralen Leitlinie der Kirche im neuen Jahrtausend. Er schreibt: „Es ist jetzt an der Zeit, allen mit Überzeugungskraft diesen ‚hohen Maßstab' des gewöhnlichen christlichen Lebens neu vor Augen zu stellen. Das ganze Leben der kirchlichen Gemeinschaft und der christlichen Familien muss in diese Richtung führen."[10]

2 Die Selig- und Heiligsprechungen unter Papst Paul VI. (1897-1978)

In seinem Apostolischen Schreiben *Sanctitas clarior* vom 19. März 1969 legte Papst Paul VI. eine „Neuordnung der Selig- und Heiligsprechungsverfahren" vor, in dem er die Kriterien für das Martyrium ausweitet. Er betont: „Es ist deshalb nicht erstaunlich, dass das II. Vatikanische Konzil, wenn es vom Geheimnis der Kirche spricht, dieses vortrefflichste Kennzeichen der Heiligkeit, mit dem die anderen eng verbunden sind, in volleres Licht rückt und alle Christgläubigen jedweden Standes und Ranges immer wieder aufruft zur Fülle eines christlichen Lebens und zur Vollkommenheit der Liebe. Ja, diese nachdrückliche Einladung zur Heiligkeit ist ein besonderer Zug der Lehre gerade dieses Konzils und gleichsam seine letzte Zielsetzung."[11]

Der allgemeinen Entwicklung der Heiligen in der nachkonziliaren Zeit zum Trotz konnte der hl. Papst Paul VI. vielfältige Selige und Heilige zur Ehre der Altäre erheben. In chronologischer Reihenfolge handelt es sich um folgende deutschsprachige Personen, von denen nur die wichtigsten genannt seien: die hl. Äbtissin Adelheid von Vilich (1008/21) bei Bonn am 27. Januar 1966, die sel. Mitgründerin und erste Generaloberin der Schwestern vom göttlichen Heiland (Salvatorianerinnen) Maria von den Aposteln (Maria Theresia von Wüllenweber) (1833-1907) am 13. Oktober 1968, der sel. Konvertit und Märtyrer-

---

10 Ebd.

11 *Papst Paul VI.* Apostolisches Schreiben *Sanctitas clarior* (19. März 1969), in: AAS61 (1969) 149-153, zit. nach: Kirchliches Prozessrecht. Sammlung neue Erlasse = Nachkonziliare Dokumentation. Bd. 39 (Trier 1976) 19-31, hier 19-21.

priester Liborius Wagner (1593-1631) am 24. März 1974, die Gründerin der „Armen Schwestern vom hl. Franziskus", die sel. Sr. Franziska Schervier (1819-1876) am 28. April 1974, der sel. Konvertit und Priester Johannes Heinrich Karl Steeb (1773-1856) am 6. Juli 1975, die sell. Steyler Missionare Arnold Janssen (1837-1909) und Josef Freinademetz (1852-1908) am 19. Oktober 1975, die sel. Ordensfrau Maria vom Göttlichen Herzen (Maria Droste zu Vischering) (1863-1899) am 1. November 1975 sowie die sel. Gründerin der „Ursulinen vom hlst. Herzen Jesu" und Gründerin der Petrus-Claver-Sodalität Maria Theresia Gräfin von Ledóchowska (1863-1922) am 19. Oktober 1975, die sel. Reklusin Dorothea von Montau (1347-1394) am 9. Januar 1976 sowie die sel. Ordensgründerin der „Dernbacher Schwestern" Maria (Katharina) Kasper (1820-1898) am 16. April 1978.

3 Die Selig- und Heiligsprechungen während des Pontifikates Papst Johannes Pauls II.

Seit ihrem Beginn hütet und bewahrt die Kirche das kostbare Gedächtnis der Heiligen und Seligen. Papst Johannes Paul II. selber sprach in den 26 Jahren seines Pontifikates 482 Personen heilig und 1345 Personen selig. Ohne Zweifel gehört die Vielzahl der Selig- und Heiligsprechungen zu den besonderen Merkmalen seines Pontifikates. Zur Ehre der Altäre erhob er nicht nur das italienische Ehepaar Maria und Luigi Beltrame Quattrocchi[12], sondern auch auffallend viele Frauen.[13] Oft hatte der Heilige Vater auf seinen Reisen neue Selige „im Gepäck". Die Heiligsprechungen erfolgten in der Regel in Rom, die Seligsprechungen aber wurden oft in der Heimat der neuen Zeu-

12 Weiterführend *Helmut Moll*, Selige und heilige Ehepaare (Augsburg, 3., durchgesehene Auflage 2020) 35-36.

13 *Valentina Ciciliot*, Donne sugli altari. Le canonizzazioni femminili di Giovanni Paolo II (Rom 2018).

gen/innen vorgenommen. Johannes Paul hielt die Praxis bei, selber den Kanonisationen vorzustehen.[14]

Folgende deutschsprachige Katholiken wurden von Johannes Paul II. zur Ehre der Altäre erhoben: die sel. Ordensgründerin Pauline von Mallinckrodt (1817-1881) am 14. April, 1985, der sel. Ordensgründer Peter Friedhofen (1819-1860) am 23. Juni 1985, die sel. Ordensgründerin Maria Theresia von Jesus (Karoline) Gerhardinger (1797-1879) am 17. November 1985, der sel. Jesuitenpater Rupert Mayer (1876-1945) am 3. Mai 1987, der sel. Drucker Marcel Callo (1921-1945) am 4. Oktober 1987, die sel. Kreuzschwester Ulrika (Franziska) Nisch (1882-1913) und die sel. Ursulinenschwester Blandine (Maria Magdalena) Merten (1883-1918) beide am 1. November 1987.

Unvergessen sind für Deutschland die Seligsprechungen während seines zweiten und dritten Besuchs in den Jahren 1987 und 1996. Am 1. Mai 1987 erfolgte im damaligen Stadion in Köln-Müngersdorf, dem heutigen Rheinenergiestadion, die Seligsprechung der Karmelitin Teresia Benedicta a Cruce, Dr. Edith Stein (1891-1942), am 11. Oktober 1998 in Rom die Heiligsprechung, nachdem mir die Aufgabe des Vizepostulators anvertraut worden war, und ein Jahr später die Erklärung zur Patronin Europas.

Es folgen der sel. Redemptoristenpater Kaspar Stanggassinger (1871-1899) am 24. April 1988, der sel. Bischof Niels Stensen (1638-1686) am 23. Oktober 1988, der sel. Priester Adolph Kolping (1813-1865) am 27. Oktober 1991, der in Köln begrabene

---

14 Hierbei handelt es sich überraschenderweise um eine relativ junge Verfahrensweise, die zum ersten Mal am 19.10.1975 von Papst Paul VI. bei der Seligsprechung von Maximilian Kolbe praktiziert wurde. *Papst Benedikt XVI.* bestimmte im Jahr 2005, dass die Seligsprechungen zukünftig von einem von ihm Delegierten vorgenommen werden können. Siehe: *Stefan Wirth*, Die neuen Heiligen der katholischen Kirche. Von Papst Johannes Paul II. und Benedikt XVI.- in den Jahren 2003-2006 kanonisierte Selige und Heilige. Bd. 7 (Kisslegg-Immenried 2011) 10-19; vgl. Helmut Moll, Art. Seligsprechungsverfahren, in: Lexikon für Kirchen- und Religionsrecht. Bd. 4 (Paderborn 2021) 216-217.

sel. Franziskanertheologe Johannes Duns Scotus (1265-1308) am 20. März 1993, die selige Mitbegründerin der Steyler „Dienerinnen des Hl. Geistes“ Maria Virgo (Helena) Stollenwerk (1852-1900) am 7. Mai 1995 und die sel. Mitbegründerin der Ingenbohler Schwestern Maria Theresia (Anna Maria Katharina) Scherer (1825-1888) und die sel. Maria Bernarda Bütler (1848-1924), alle am 29. Oktober 1995. Bei seinem dritten Deutschlandbesuch im Jahr 1996 wurden der Berliner Dompropst Bernhard Lichtenberg (1875-1943) und der Münsteraner Neupriester Karl Leisner (1915-1945), der im KZ Dachau zum Priester geweiht wurde, im Berliner Olympiastadion am 23. Juni 1996 zu Seligen der Kirche erklärt. Es folgen der sel. Innsbrucker Märtyrerpriester Otto Neururer (1882-1940 KZ Buchenwald) und der sel. österreichische Marianistenpriester und Märtyrer Jakob Gapp (1897-1943 Berlin-Plötzensee) jeweils am 24. November 1996, der sel. Ordenspriester und Ordensgründer Antonius Maria Schwartz (1852-1929), der sel. österreichische Prämonstratenserpriester Jakob (Franz Alexander) Kern (1897-1924) und die sel. Hartmannschwester Maria Restituta (Helena) Kafka (1894-1943) jeweils am 21. Juni 1998, die sel. Anna Schäffer (1882-1925) am 7. März 1999, die sel. Ordensgründern Regina Protmann (1552-1613) am 13. Juni 1999, der sel. Redemptoristenpater Franz Xaver Seelos (1819-1867) am 9. April 2000, der sel. Familienvater und Märtyrer Nikolaus Groß (1898-1945 Berlin-Plötzensee) und die sel. Ordensfrau Maria Eythymia (Emma) Üffing (1914-1955) am 7. Oktober 2001, die hl. Maria Crescentia (Anna) Höß (1682-1744) am 25. November 2001, der sel. Arzt und Familienvater Ladislaus Batthyány-Strattmann (1870-1931) am 23. März 2003, die hl. Ordensgründerin Ursula (Julia) Gräfin von Ledóchowska (1865-1939) am 18. Mai 2003, die sel. Ordensfrau und Mystikerin Anna Katharina Emmerick (1774-1824) und der sel. Kaiser Karl I. von Österreich (1887-1922) am 3. Oktober 2004, die hll. Steyler Missionare Ordensgründer Arnold Janssen (1837-1909) und Pater Joseph Freinademetz (1852-1908) am 5. Oktober 2003.

Johannes Paul II. brachte es im Jahr 1989 vor einem Konsistorium im Vatikan einmal selber zum Ausdruck: „Immer wenn ich mich mit der Verehrung der Heiligen und Seligen der Kirche auf Erden zu beschäftigen habe, bedeutet das für mich eine ganz besondere Freude und tiefen Trost. … Sie lehren uns nämlich durch das ständige Beispiel ihrer Heiligkeit unter den verschiedensten Lebensverhältnissen immer neu, wie trotz der wandelbaren Umstände des irdischen Lebens die Lehren und Lebensnormen, die wir im Evangelium Christi und in der wahren Überlieferung der Kirche vorfinden, zum Heil führen."[15]

Verschiedene Autoren in digitaler Form oder herkömmlicher gedruckter Ausgabe haben es sich im deutschsprachigen Raum zur Aufgabe gemacht, die große Zahl der neuen Kanonisierten zur erfassen und sie der Öffentlichkeit vorzustellen. Als Erstes ist natürlich das Martyrologium Romanum zu nennen, das offizielle Gesamtverzeichnis der Heiligen und Seligen der katholischen Kirche. Das Zweite Vatikanische Konzil hatte seine Überarbeitung initiiert. Die Arbeit nahm viel Zeit in Anspruch und konnte im Jahre 2001 abgeschlossen werden. Bereits im Jahr 2004 erschien eine überarbeitete Neuausgabe.[16]

---

15 *Papst Johannes Paul II.*, Heilige und Selige – Beispiele der Nachfolge. Ansprache während des Konsistoriums am 13. März 1989, in: Deutsche Bischofskonferenz (Hrsg.), Der Apostolische Stuhl 1989. Ansprachen, Predigten und Botschaften des Papstes, (Köln o.J.) 823; vgl. *Vincenzo Criscuolo et alii* (ed.), Le Cause die Santi. Sussidio per lo Studium (Città del Vaticano, 4. ed. ampliata 2018); *Remo Baronti*, Nuova epoca di beati e santi. Tutti i beati e santi proclamanti da S.S. Giovanni Paolo II dall'inizio del suo pontificato (Mailand 2002); Angelo Amato, I santi, testimoni della fede (Città del Vaticano 2012).

16 Martyrologium Romanum, Editio altera (Città del Vaticano 2004); vgl. *Robert Godding*, Le nouveau Martyrologe Romain, in: *Analecta Bollandiana* 119 (2001) 344; *Mario Lessi-Ariosto*, Martirologio Romano: Comprendere i „Praenotanda", in: Rivista Liturgica 116 (2002) 96-125.

Die Einführung zur zweiten Auflage 2004 erwähnt eigens die vielen Erweiterungen durch Johannes Paul, die eingefügt wurden. „Außerdem wurden viele Diener Gottes, die durch Papst Johannes Paul II. zur Würde von Seligen und Heiligen erhoben wurden, in diese Ausgabe aufgenommen.“[17] Das *Martyrologium Romanum* umfasst in der vorliegenden Form etwa 15 000 Heilige und Selige, wobei die Kanonisation von 1 828 Personen, also mehr als ein Zehntel, in das Pontifikat Johannes Paul II. fallen. Schon getätigte Vorarbeiten zu der Übertragung in die deutsche Sprache flossen in eine vorläufige Arbeitsübersetzung ein, die das Deutsche Liturgische Institut Trier im Jahr 2018 auf seiner Internetseite zugänglich machte.[18] Das *Martyrologium Romanum* nennt seit jeher den Namen und den Tag der Verehrung, stellt aber die Seligen und Heiligen in der Regel in nur wenigen Zeilen vor. Zudem müssen die Lebensdaten bzw. das entsprechende Jahrhundert dem Register entnommen werden. Der Vatikan selber stellt die neuen Heiligen und Seligen aus dem Pontifikat Johannes Pauls II. detailreicher auf seiner Internetseite vor. Die digitalen Möglichkeiten machen es einfach, ein zur Veranschaulichung beitragendes Porträtbild einzufügen.[19]

Nicht erst mit dem Beginn des Pontifikates Johannes Pauls II., sondern schon zu Beginn des 20. Jahrhunderts stieg die Zahl der Selig- und Heiligsprechungen deutlich an.[20]

---

17 Ebd. 5

18 Siehe: https://dli.institute/wp/wp-content/uploads/2017/06/ Martyrologium-Romanum-deutschVorlaeufige-Arbeitsuebersetzung_2016_Liturgiekommission-DBK-web.pdf.

19 Siehe: http://www.vatican.va/news_services/liturgy/saints/index_saints_ge .html.

20 *Klaus Nientiedt*, Neue Heilige – immer zahlreicher und umstrittener. Zur Selig- und Heiligsprechungspraxis unter Johannes Paul II., in: Herder Korrespondenz 45 (1991) 572-577.

„Von Beginn dieses Jahrhunderts bis 1985 gab es bereits 77 Heiligsprechungen, also mehr als doppelt so viele wie zwischen 1588 und 1900."[21] So interessant der Hinweis auf diese Entwicklung auch ist – unter Papst Johannes Paul II. hat sich die Entwicklung nochmals verstärkt. Natürlich führte die hohe Zahl der Kanonisationen während des Pontifikates zu kontroversen Diskussionen, die nicht selten hitzig ausgetragen wurden. Das gilt besonders für den deutschsprachigen Raum, dessen publizistisches Leben sich dem polnischen Papst gegenüber meist reserviert zeigte. Alte wiederkehrende Stereotypen waren in diesem Zusammenhang zu hören. Die lange Prozessdauer wurde kritisiert und als antiquiert empfunden. Immer wieder nahmen Berichterstatter Anstoß an den angeblich hohen Prozesskosten, die von vornherein Selig- und Heiligsprechungen nur für die zulassen würden, die über starke finanzielle Rückendeckung verfügten.
Auch in kirchlichen Kreisen war die Rede von einer „Inflation der Selig- und Heiligsprechungen". Der Vorwurf lautete, die Prüfung der Akten wäre nicht gründlich genug. Man verlieh damit der Sorge Ausdruck, dass die Vielzahl der abgeschlossenen Verfahren zu einem Wertverlust bzw. zu einer Abwertung des Gutes der Selig- und Heiligsprechung beitrüge. Es sei ohne Sinn, den ohnehin vollen Kalender der Kirche zu überfrachten und „außerdem gebe es doch sicher viele Millionen Christen, die ihr Leben vorbildlich vollbracht hätten und dennoch noch nicht zur Ehre der Altäre gelangt seien – weshalb also dieser zweifelhaft Aufwand?"[22]

---

21 Ebd. 574.
22 *Winfried Schulz*, Das neue Selig- und Heiligsprechungsverfahren (Paderborn 1988) 14.

4 Die Seligen und Heiligen unter Papst Benedikt XVI.

Die Heiligen bilden im Pontifikat des deutschen Papstes Benedikt XVI. eine außerordentliche Besonderheit und Fülle.[23] Vor allem stellt er heilige Frauen und Mütter dar.[24] Zugleich bekräftigte er die geltenden Richtlinien für Selig- und Heiligsprechungsverfahren. Die Instruktion *Sanctorum Mater vom 16. Dezember 2006 soll die Bestimmungen der geltenden Vorschriften bezüglich der Heiligsprechungsverfahren klären, ihre Anwendung erleichtern und ihre Durchführung sowohl in den jüngeren als auch in den älteren Prozessen erläutern.*[25]

In den Jahren 2005 bis 2013 nahm der deutsche Papst folgende wichtige Selig- und Heiligsprechungen vor: der sel. Bischof von Münster, Clemens August Graf von Galen (1878-1946) am 9. Oktober 2005, die sel. Konvertitin Sr. Maria Theresia vom heiligen Joseph (Anna Maria) Tauscher (1855-1938) am 13. Mai 2006, den sel. Speyrer Diözesanpriester und Gründer der „Mallersdorfer Schwestern" Paul Josef Nardini (1821-1862) am 22. Oktober 2006, die sel. Sr. Maria Luise Merkert, Gründerin der Kongregation der Schwestern von der hl. Elisabeth (1817-1872) am 30. September 2007, der sel. Familienvater und Märtyrer Franz Jägerstätter (1907-1943) am 26. Oktober 2007, die Gründerin der Kongregation der Waldbreitbacher Franziskanerinnen der allerseligsten Jungfrau Maria von den Engeln Maria Rosa (Margaretha) Flesch (1826-1906) am 4. Mai 2008, die sel. Sr. Josepha (Hendrina) Stenmans, Mitgründerin des Ordens der Missionskongregation der Dienerinnen des Heiligen Geistes (1852-1903) am 29. Juni 2008, die hl. Schweizer Ordensgründerin Maria Bernarda (Verena) Bütler (1848-1924) am 29. Oktober 2008, den sel. Frater Eustachius

---

23 *Kurt Koch*, „Artists of Sanctity". Sanctity and Theology in the Thougt of Joseph Ratzinger/Benedikt XVI.: Annales Theologici 28 (2014) 261-274.

24 *Benedikt XVI.*, Figure femminili del medioevo (Città del Vaticano 2011).

25 Congregatio de Causis Sanctorum, Sanctorum Mater (16. 12. 2006), in: AAS 99 (2007) 465-510.

(Joseph) Kugler von den Barmherzigen Brüdern vom hl. Johannes von Gott (1867-1946) am 4. Oktober 2009, der sel. Märtyrerpriester Gerhard Hirschfelder (1907-1942 KZ Dachau) am 19. September 2010, der sel. Würzburger Pfarrer Georg Häfner (1900-1942 KZ Dachau) am 15. Mai 2011, der sel. Dresdner Kaplan Aloys Andritzki (1914-1943 KZ Dachau) am 13. Juni 2011, die sell. Märtyrer der Lübecker Christenheit Johannes Prassek (1911-1943), Eduard Müller (1911-1943) und Hermann Lange (1912-1943) (25. Juni 2011), der sel. Provikar Dr. Carl Lampert (1894-1944, Zuchthaus Halle) (13. November 2011), die sel. ehemals jüdische Sozialpolitikerin und Ordensgründerin der Caritas Socialis Dr. Hildegard Lea Burjan, geb. Freund (1883-1933) am 29. Januar 2012, die hl. Benediktinerin und Kirchenlehrerin Hildegard von Bingen (1098-1179) am 10. Mai 2012, die aus dem Bistum Regensburg kommende hl. Anna Schäffer (1882-1925) und die hl. Marianne (Barbara Koop) Cope (1838-1918) beide am 21. Oktober 2012.

5 Selige und Heilige unter Papst Franziskus

In seinem Apostolischen Schreiben *Gaudete et Exsultate* vom 19. März 2018 „über den Ruf zur Heiligkeit in der Welt von heute“ betont Papst Franziskus: „Die Heiligen, die bereits in der Gegenwart Gottes sind, unterhalten mit uns Bande der Liebe und der Gemeinschaft“ (Nr. 4). „Lassen wir uns anregen von den Zeichen der Heiligkeit, die uns der Herr durch die einfachsten Glieder dieses Volks schenkt, das auch teilnimmt ‚an dem prophetischen Amt Christi, in der Verbreitung seines lebendigen Zeugnisses vor allem durch das Leben in Glauben und Liebe‘ (Lumen Gentium 12) (Nr. 8). Die Heiligkeit ist das schönste Gesicht der Kirche“ (Nr. 9).[26]

---

[26] Apostolisches Schreiben GAUDETE ET EXSULTATE des Heiligen Vaters *Papst Franziskus* über den Ruf zur Heiligkeit in der Welt von heute (19. März 2018), in: Verlautbarungen des Apostolischen Stuhls Nr. 213 (Bonn 2018).

Seit dem Jahre 2013 hat der argentinische Papst Franziskus (* 1936) folgende deutschsprachige Selig- und Heiligsprechungen vorgenommen: die sel. Ordensgründerin der „Armen Schwestern von der ewigen Anbetung“ Maria Theresia (Regine Christine Wilhelmine) Bonzel (1830-1905) am 10. November 2013, der sel. Mariannhiller Missionar P. Engelmar (Hubert) Unzeitig (1911-1945 KZ Dachau) am 24. September 2016, die 38 Märtyrer von Albanien, unter ihnen die sell. Antonius Joseph Marxen (1906-1946) und Alfons Tracki (1896-1946) am 5. November 2016, der sel. Familienvater Josef Mayr-Nusser (1910-1945) am 18. März 2017, die sel. Ordensgründerin der „Armen Schwestern vom Kinde Jesus“ Sr. Clara Fey (1815-1894) am 5. Mai 2018, die sel. Ordensfrau Alfonsa Maria (Elisabeth) Eppinger (1814-1867) am 9. September 2018, die hl. Ordensgründerin Maria (Katharina) Kasper (1820-1898) am 14. Oktober 2018, der sel. Pallottinerpater Richard Henkes (1900-1945 KZ Dachau) am 15. September 2019, der sel. Gründer der Salvatorianer Franziskus Maria vom Kreuze (Johann Baptist Jordan) (1848-1918) am 15. Mai 2021, die sel. Sr. Maria Paschalis (Magdalena) Jahn (1916-1945) und ihre neun Gefährtinnen am 11. Juni 2022, der selige Jesuitenpater Philipp Jeningen (1642-1704) am 16. Juli 2022.

5 Zusammenfassung

An dieser Stelle kann nochmals fruchtbar gemacht werden, die Kannonisationsverfahren im Licht der Communio-Ekklesiologie zu sehen. Bisher war dieser Zusammenhang von mir mehr in einer historischen Perspektive aufgezeigt worden. Nun kann die theologische Tiefe der Selig- und Heiligsprechungen im Leben der Kirche sichtbar gemacht werden.

Die Selig- und Heiligsprechungen verengen sich in einer Sicht, die sich nur auf das individuelle Heil des Einzelnen ausrichtet. Die Seligen und Heiligen sind, wie Johannes Paul in *Novo Millenio ineunte* sagte, eben keine „Genies der Heiligkeit“[27]. Sie sind auch keine „‚Glückstreffer‘ einer abstrakten

[27] Vgl. Anm. 11.

Heilsanstalt Kirche, deren heroisch geübter Tugendgrad sie als Vorbilder aus dem sündigen Alltag der ‚normalen' Gläubigen abhebt und denen man deshalb die schuldige Heldenverehrung entgegenzubringen hat."[28] Heiligenverehrung verkürzt sich dann zu einer Art Heldenverehrung. Übrig bliebe nur eine Art Ansporn zur Nachahmung. Diese wiederum erweist sich schnell als drückende Last, die kaum zu tragen ist. Die Seligen und Heiligen sind dann entrückt, auf einer anderen Ebene, einem anderen Niveau. Ihr Stimme und Strahlkraft erlöschen.

Im Licht der Communio-Ekklesiologie zeigen sich die Selig- und Heiligsprechungen als ein Ausfluss des Wesens der Kirche. Die Heiligkeit der Kirche ist nicht ihr Verdienst, sondern gnadenhafte Gabe Gottes. LG 39 formuliert: „Es ist Gegenstand des Glaubens, dass die Kirche, deren Geheimnis die Heilige Synode vorlegt, unzerstörbar heilig ist. Denn Christus, der Sohn Gottes, der mit Vater und dem Geist als ‚allein Heiliger' gepriesen wird, hat die Kirche als seine Braut geliebt und sich für sie hingegeben, um sie zu heiligen (vgl. Eph 5,25-26), er hat sie als seinen Leib mit sich verbunden und mit der Gabe des Heiligen Geistes reich beschenkt zur Ehre Gottes." Die Seligen und Heiligen sind die Verwirklichung der konkreten Heilszusage Gottes an seine Kirche. Nicht sie selbst stehen im Vordergrund und leuchten in ihren heroischen Taten. Die Seligen und Heiligen werden durchsichtig auf das Wirken und die Gegenwart Gottes hin.

Die Heilszusage Gottes ereignete sich geschichtlich in der Inkarnation seines göttlichen Sohnes. Sie richtete sich an den Menschen in der ihm aufgetragenen Geschichte und Weltlich-

---

28 *Georg Gänswein*, „Das ist es, was Gott will: Eure Heiligung". Anmerkungen zum Selig- und Heiligsprechungsverfahren, in: Winfried Aymans, Stephan Haering, Heribert Schmitz (Hrsg.), Iudicare Inter Fidelis. Festschrift für Karl-Theodor Geringer zum 65. Geburtstag (Sankt Ottilien 2002) 104.

keit. Wenn sich daher die Kirche zu den Seligen und Heiligen bekennt, bekennt sie sich zu sich selbst, zu dem Ruf und der Erwählung, der an sie erging – bei aller Anerkennung der Sündenhaftigkeit der Glieder der Kirche. Wenn sich daher Gottes Heilsweg dem konkreten Menschen öffnet, stellt er sich in Seligen und Heiligen in konkreten Menschen in ihrer geschichtlichen Situation dar. Daher hält es Papst Franziskus in seinem Apostolischen Schreiben *Gaudete et exsultate* über den Ruf zur Heiligkeit in der Welt von heute vom 19. März 2018 für unerlässlich zu zeigen, dass die Heiligkeit den Menschen nichts an „Kraft, Leben und Freude“[29] nimmt.

---

[29] *Papst Franziskus*, Apostolisches Schreiben *GAUDETE ET EXSULTATE*, Nr. 32, zitiert nach: Verlautbarungen des Apostolischen Stuhls Nr. 213 (Bonn 2018) 20.

Selig– Und Heiligsprechungen unter Papst Paul VI.

Hl. Adelheid von Vilich († 1008/21)	Sel. Maria von den Aposteln (Maria Theresia Wüllenweber) (1833-1907)	Sel. Liborius Wagner (1593-1631)

Sel. Johannes Heinrich Karl Steeb (1773-1856)	Sel. Arnold Jansen (1837-1909)	Sel. Josef Freinademetz (1852-1908)

Sel. Maria Theresia Gräfin v. Ledóchowska (1863-1922)	Sel. Dorothea von Montau (1347-1394)	Sel. Maria Kasper (1820-1898)

Sel. Franziska Schervier (1819-1876)	Sel. Maria Droste zu Vischering(1863-1899)	Sel. Pater Rupert Mayer (1876-1945)

Selig- und Heiligsprechungen unter Papst Johannes Paul II.

Sel. Pauline von Mallinckrodt (1817-1881)	Sel. Peter Friedhofen (1819-1860)	Sel. Maria Theresia von Jesus Gerhardinger (1797-1879)

Sel. Marcel Callo (1921-1945)	Sel. Ulrika Nisch (1882-1913)	Sel. Blandine Merten (1883-1918)

Selig- und Heiligsprechungen unter Johannes Paul II.

Sel. Kaspar Stanggassinger (1871-1899)	Sel. Niels Stensen (1638-1686)	Sel. Adolph Kolping (1813-1865)

Sel. Maria Virgo Stollenwerk (1852-1900)	Sel. Maria Theresia Scherer (1825-1888)	Sel. Maria Bernarda Bütler (1848-1924)

Sel. Neupriester Karl Leisner (1915-1945)	Sel. Otto Neururer (1882-1940)	Sel. Pater Jakob Gapp (1897-1943)

Sel. Pater Jakob Kern (1897-1924)	Sel. Maria Restituta Kafka (1894-1943)	Sel. Anna Schäffer (1882-1925)

Sel: Regina Protmann (1552-1613)	Johannes Duns Scotus (um 1266-1308)	Sel. Pater Antonius Maria Schwartz (1852-1929)

H. Moll, Selige und heilige Ehepaaree	Sel. Kaplan Alois Andritzki (1914-1943)	Sel. Kaiser Karl I. von Österreich (1887-1922)

Selig- und Heiligsprechungen unter Benedikt XVI.

Sel. Pater Franz Xaver Seelos (1819-1867)	Sel. Nikolaus Groß (1898-1945	Sel. Maria Eythymia Üffing (1914-1955
		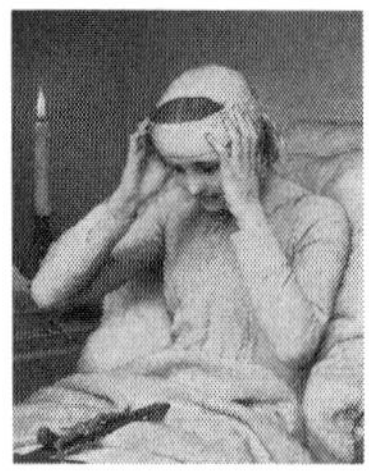
Sel. Ladislaus Batthyány-Strattmann (1870-1931)	Hl. Ursula Gräfin von Ledóchowska (1865-1939)	Sel. Anna Katharina Emmerick (1774-1824)

Hl. Pater Arnold Janssen (1837-1909)	Hl. Pater Joseph Freinademetz (1852-1908)	Hl. Maria Crescentia Höß (1682-1744)

Selig- und Heiligsprechungen unter Papst Franziskus

Sel. Maria Theresia Bonzel (1830-1905)	Sel. Pater Engelmar Unzeitig (1911-1945)	Sel. Pfarrer Antonius Joseph Marxen (1906-1945)

Sel. Josef Mayr-Nusser (1910-1945)	Sel. Clara Fey (1815-1894)	Sel. Alfonsa Maria Eppinger (1814-1867)
		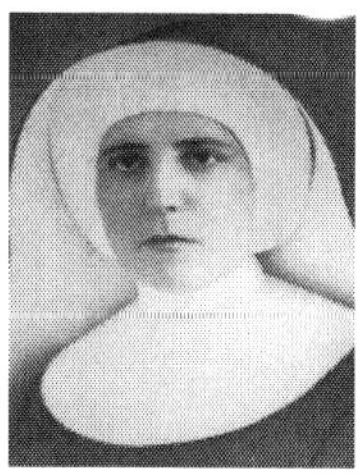
Sel. Pater Richard Henkes (1900-1945)	Sel. Franziskus Maria vom Kreuze (Johann B. Jordan) (1848-1918)	Sel. Paschalis Jahn (1916-1945)

Sel. Pfarrer Alfons Tracki (1896-1946)

Hl. Maria Kasper (1820-1898)

Sel. Philipp Jeningen (1642-1704)

Dompropst Bernhard Lichtenberg (1875—1943) selig gesprochen durch Joh. Paul II.

„Was ihr auch tut in Wort und Werk, tut alles im Namen des Herrn Jesus Christus und sagt Gott Dank und dem Vater durch ihn“ (Kol 3, 17). Die Fruchtbarkeit des Apostolates hängt von der lebendigen Vereinigung mit Christus ab. (vgl.AA4). Sanguis martyrum est semen Christianorum.

Predigten

Maria – unsere Mutter und Fürsprecherin

Gerhard Ludwig Card. Müller

Maria ist in der Heilgeschichte die wichtigste Person nach Jesus, dem Sohn Gottes und einzigen Mittler zwischen Gott und den Menschen (1 Tim 2,5). Durch ihr Ja-Wort – auf die Botschaft des Engels hin – ist sie in gläubiger Bereitschaft die Mutter des ewigen Sohnes Gottes geworden: „Siehe, ich bin die Magd des Herrn, mir geschehe, wie du es gesagt hast" (Lk 1,38). Aus Maria hat das ewige Wort, das mit dem Vater und dem Heiligen Geist der eine und wahre Gott ist, unsere menschliche Natur angenommen.

Und wir wissen, dass sich im historischen Jerusalem das Geschick Jesu erfüllte. Es handelt sich also nicht um eine mythologische oder poetische Einkleidung einer allgemeinen Idee, dass der Mensch etwas mit dem göttlichen Grund der Welt zu tun habe. Geboren in Bethlehem, aufgewachsen in Nazareth gab der Prediger des Reiches Gottes in Galiläa und Judäa auf dem Berg Golgatha sein Leben hin zum Heil der Welt. Und eben hier ereignete sich die Auferstehung von den Toten, durch die Gott sich offenbarte als der Gott des Lebens. Christus, der Sohn Marias, hat unsere Leiden und unseren Tod auf sich genommen und diese Mächte des Unheils ein für alle Mal besiegt. Christus offenbarte das Geheimnis seiner Person und Sendung, indem er sagte: „Ich bin die Auferstehung und das ewige Leben. Wer an mich glaubt, wird leben, auch wenn er stirbt, und jeder, der lebt und an mich glaubt, wird auf ewig nicht sterben" (Joh 11, 25).

Maria ist eine historische Gestalt, ein wahrer Mensch, eine Tochter Israels. Aber was sie für Jesus ist und was sie für uns, seine Kirche, bis heute bedeutet, das kann man nicht mit mythologischen Metaphern auf überzeitliche Wahrheiten auslegen, existentialistisch auf ein Psychodrama reduzieren. Entscheidend ist es, ihre Person und ihre einmalige Aufgabe zu verstehen im Horizont des Heilsplans Gottes, den er geschichtlich verwirklichte in Jesus Christus.

Im Blick auf Maria und die ganze Kirche gilt das Wort Gottes im Munde des Propheten Sacharja: „Juble und freue dich, Tochter Zion, denn siehe, ich komme und wohne in deiner Mitte" (Sach 2, 14). In Maria nimmt der ewige Sohn Gottes unser Fleisch an und wohnt neun Monate in ihrem Leib und tiefer gesagt: unter ihrem Herzen. Als er von der Jungfrau Maria geboren wurde, trat er hervor aus seiner heiligen Wohnung und wurde sichtbar in der Welt, so dass die vom Osten nach Jerusalem gekommenen Weisen sagen können: „Wir haben seinen Stern aufgehen gesehen und sind gekommen, ihn anzubeten" (Mt 2, 2). Er bleibt gegenwärtig mitten in seinem erwählten Volk und allen Völkern, die sich seiner Kirche anschließen, um die eine Familie Gottes zu sein. Das ist seine bleibende Gegenwart im neuen Jerusalem, das seine historische Grenzen übersteigt „Das obere Jerusalem ist frei; und dieses ist unsere Mutter" (Gal 4, 26).

„Der kann Gott nicht mehr zum Vater haben, der die Kirche nicht zur Mutter hat" (De unitate Ecclesiae 6). So hat es der heilige Bischof Cyprian von Karthago formuliert gegen alle, die sich hochmütig oder auch nur enttäuscht – wegen der menschlichen Schwächen ihrer Repräsentanten – von der Kirche, ihrer Mutter, trennen. Die Kirche als Braut und Leib Christi und Tempel des Heiligen Geistes ist die sakramentale Gegenwart des Wortes Gottes, das aus Maria unser Fleisch angenommen und unter uns sein Zelt aufgeschlagen hat. „Und ich sah die heilige Stadt, das neue Jerusalem, von Gott her aus dem Himmel herabkommen; sie war bereit wie eine Braut, die sich für ihren Mann geschmückt hat … Seht die Wohnung Gottes unter den Menschen“ (Offb 21, 2f).

Die größte Inklusion der ganzen Geschichte ereignet sich hier. Wir werden Bürger der Stadt Gottes. Maria war bereit, Gott das Leben als Mensch zu schenken. So wird sie auch unsere Mutter, weil wir aus ihrem Glauben geboren werden als Kinder Gottes und als Brüder und Schwestern Jesu. Sie führt uns in die Jüngerschaft ein, weil sie von der Empfängnis und der Geburt bei Jesus war bis zum Golgatha, als der Schmerz über das Todesleiden ihres Sohnes wie ein Schwert durch ihre Seele drang (Lk 2, 35).

Maria ist das Urbild und Paradigma für die Erfüllung des Willens Gottes, den Jesus als „mein himmlischer Vater“ anspricht und offenbart. Das Verhältnis Jesu zu seinen Jüngern damals und heute ist heilsgeschichtlich, geistlich und theozentrisch aber auch marianisch auszulegen. Das II. Vatikanische Konzil erklärt dies mit lehramtlicher Autorität so: „Diese Mutterschaft Marias in der Gnadenökonomie dauert unaufhörlich fort, von der Zustimmung an, die sie bei der Verkündigung gläubig gab und unter dem Kreuz ohne Zögern festhielt, bis zur ewigen Vollendung aller Auserwählten. In den Himmel aufgenommen hat sie diesen heilbringenden Auftrag nicht aufgegeben, sondern fährt durch ihre vielfältige Fürbitte fort, uns die Gaben des ewigen Heils zu erwirken. In ihrer mütterlichen Liebe trägt sie Sorge für die Brüder ihres Sohnes, die noch auf der Pilgerschaft sind und in Gefahren und Bedrängnissen weilen, bis sie zur seligen Heimat gelangen. Deshalb wird die selige Jungfrau in der Kirche unter dem Titel der Fürsprecherin, der Helferin, des Beistandes und der Mittlerin angerufen. Das aber ist so zu verstehen, dass es der Würde und Wirksamkeit Christi, des einzigen Mittlers, nichts abträgt und nichts hinzufügt.

„Keine Kreatur nämlich kann mit dem menschgewordenen Wort und Erlöser jemals in einer Reihe aufgezählt werden. Wie

vielmehr am Priestertum Christi in verschiedener Weise einerseits die Amtspriester, andererseits das gläubige Volk teilnehmen und wie die eine Gutheit Gottes auf die Geschöpfe in verschiedener Weise wirklich ausgegossen wird, so schließt auch die Einzigkeit der Mittlerschaft des Erlösers im geschöpflichen Bereich eine unterschiedliche Teilnahme an der einzigen Quelle in der Mitwirkung nicht aus, sondern erweckt sie. Eine solche untergeordnete Aufgabe Marias zu bekennen, zögert die Kirche nicht, sie erfährt sie auch ständig und legt sie den Gläubigen ans Herz, damit sie unter diesem mütterlichen Schutz dem Mittler und Erlöser inniger anhangen“ (Lumen gentium 62).
Nach dem Vorbild Mariens wollen auch wir gemäß der Gnade, die wir empfangen haben, mitwirken an der Ausbreitung des Reiches Gottes in dieser Welt.
„Heilige Maria, Mutter Gottes, bitte für uns, jetzt und in der Stunde unseres Todes.“

Evangelium Joh 15,26-16,3.12-15

Augsburg, St. Margareth

Gottes Werk nicht Menschenwerk

Ralph Weimann

Ohne Bezug zum lebendigen Gott keine Theologie

Mit dieser heiligen Messe beginnt die 30. Theologische Sommerakademie in Augsburg. Der Anfang ist gut gewählt, denn im Mittelpunkt der Theologie steht Gott. Ohne den Bezug zum lebendigen Gott gibt es keine Theologie, sondern bestenfalls Philosophie, Soziologie oder gar Ideologie. Weil die Theologie die Lehre von Gott ist und weil Gott lebendig ist, wenden wir uns Ihm zu, um zunächst mit Ihm und dann über Ihn zu sprechen.

Die besondere Gegenwart Gottes im Sakrament

Er ist im Sakrament auf besondere Weise gegenwärtig, wobei die heilige Messe das Sakrament der Sakramente ist. Mehr noch, die Kirche lebt von der heiligen Eucharistie, die nicht Menschenwerk, sondern Gotteswerk, *Opus Dei*, ist. Hier ist der dreifaltige Gott nicht nur gegenwärtig, sondern Er selbst ist der eigentlich Handelnde, so dass unsere Erlösung Gegenwart wird. Sie wird gewirkt durch den dreieinen Gott, so dass der Sohn, im Heiligen Geist dem Vater das vollendete Werk der Erlösung darbringt. Das Geheimnis der heiligsten Dreifaltigkeit kann an dieser Stelle nicht vertieft werden, wohl aber soll der Heilige Geist in den Mittelpunkt der Ausführungen treten, über den das heutige Evangelium spricht und der als die „Seele der Theologie“ bezeichnet werden kann. Denn das Verstehen der Geheimnisse Gottes erschließt sich nur im Heiligen Geist, der zum Verständnis der Wahrheit führt (vgl. Joh 16,13).

Das Geheimnis Gottes ergründen

Genau darum muss es in einer theologischen Sommerakademie gehen. Ihre eigentliche Aufgabe besteht darin, das Geheimnis Gottes zu ergründen. Dabei geht es nicht primär um eine Erkenntnis, die sich auf menschliche Überlegungen und Analysen stützt, sondern es geht darum, aus jenem Schatz zu schöpfen, der Altes und Neues hervorbringt (vgl. Mt 13,52). Dabei ist das „Alte" nicht im Sinne von „alt" und „überholt" zu verstehen, sondern als ursprünglich. Ursprünglich ist Gott allein, und wer aus diesem Ursprung schöpft, der ist Teil der Hierarchie, also des heiligen Ursprungs, der von Gott ausgeht. Diese Aufgabe ist der Theologie zu eigen, denn Gott selbst ist Alpha und Omega, Anfang und Ende, der Erste und der Letzte (vgl. Offb 22,13). Dabei kommt dem Heiligen Geist eine besondere Rolle zu, denn Er ist der Beistand, Er macht lebendig (2 Kor 3,6) und führt uns ein in das Geheimnis Gottes und damit zum Verstehen der göttlichen Dinge. Damit kommen die Ausführungen zum eigentlichen Zentrum.

Die Offenbarung göttlicher Wahrheit

Wenn von göttlichen „Dingen" gesprochen wird, geht es um die göttliche Wahrheit, denn Gott hat sich nicht als Gewohnheit geoffenbart, sondern als *die* Wahrheit. Jesus Christus erhebt diesen Anspruch eindeutig, wenn Er beispielsweise von sich sagt: „Ich bin der Weg und die Wahrheit und das Leben; niemand kommt zum Vater außer durch mich" (Joh 14,6). Daher steht im Mittelpunkt des Glaubens nicht eine Meinung, nicht eine Idee oder eine mehr oder weniger große Gewissheit, sondern die Wahrheit Gottes. Erst wer diese Wahrheit annimmt und ihr folgt, der wird frei (vgl. Joh 8,32), denn Freiheit ohne Wahrheit wäre genauso eine Utopie, wie Barmherzigkeit ohne Gerechtigkeit, oder wie Liebe ohne Wahrheit. Wie viele Christen leben demnach in einer Utopie! Doch der Glaube ist Wirklichkeit und Wahrheit. Jesus Christus hat mit Nachdruck vor Pilatus bekräftigt, dass er dazu geboren wurde und in die Welt gekommen ist, um „für die Wahrheit Zeugnis" abzulegen. Er fügt hinzu: „Jeder, der aus der Wahrheit ist, hört auf meine Stimme" (Joh 18,37).

Aus dieser Perspektive wird auch deutlich, wer der Heilige Geist ist. Jesus Christus spricht in seinen Abschiedsreden von Ihm und sagt: „Wenn aber jener kommt, der Geist der Wahrheit, wird er euch in der ganzen Wahrheit leiten. Denn er wird nicht aus sich selbst heraus reden, sondern er wird reden, was er hört, und euch verkünden, was kommen wird" (Joh 16,13). Der Heilige Geist ist der Geist der Wahrheit. Diese Wahrheit kommt aber nicht automatisch zu uns.

Vielmehr kann niemand von sich behaupten, an dem Heiligen Geist Anteil zu haben, der nicht in der geoffenbarten Wahrheit verharrt oder der sich gar von dieser Wahrheit abwendet. Die göttliche Wahrheit erlaubt auch nicht, durch Zweideutigkeiten Abstriche davon zu machen. So heißt es: „Eure Rede sei: Ja ja, nein nein; was darüber hinausgeht, stammt vom Bösen" (Mt 5,37). Aus dieser Perspektive wird deutlich, was die Sünde gegen den Heiligen Geist ist und warum sie so schwerwiegend ist. Es ist die Sünde gegen die Wahrheit (vgl. Mt 12,31 -32). Wer die Wahrheit Gottes – wie bei jeder schweren Sünde – wissentlich und willentlich ablehnt und sie lästert, „dem wird nicht vergeben, weder in dieser noch in der zukünftigen Welt" (Mt 12,32).

Diese Aussagen sind weitreichend, zumal die Wahrheit in unserer Zeit selbst von Theologen als „gefährlich" eingestuft wird. Sie wird gemieden, es wird gesagt, man könne sie nicht erkennen oder sie habe sich nach den Lebensumständen der Menschen und der jeweiligen Zeit zu richten. Doch das Evangelium spricht eine ganz andere Sprache, denn so wie Gott ewig ist, so auch seine Wahrheit. Sie ist der unwandelbare

Maßstab, dem der Gläubige folgt und der erst dadurch – durch die Annahme derselben – zum Gläubigen wird.

Dies hat auch im Kirchenrecht Eingang gefunden, in dem es in can. 1364 § 1 heißt: „Der Apostat, der Häretiker oder der Schismatiker ziehen sich die Exkommunikation als Tatstrafe zu." Was ein Häretiker ist, wird in can. 751 erklärt: „Häresie nennt man die nach Empfang der Taufe erfolgte beharrliche Leugnung einer kraft göttlichen und katholischen Glaubens zu glaubenden Wahrheit oder einen beharrlichen Zweifel an einer solchen Glaubenswahrheit."

Die Wahrheit und das ewige Leben

Diesen Normen liegt das oben geschilderte Verständnis zugrunde, denn die Wahrheit ist nicht gleichgültig für einen Christen und kann es auch nicht sein, denn sie ist die Grundlage unseres Glaubens. Dabei geht es nicht um irgendeine Wahrheit, sondern um die Wahrheit Gottes. Mehr noch, die Erkenntnis und die Annahme dieser Wahrheit sind notwendig, um in das ewige Leben zu gelangen. So schrieb Paulus im ersten Brief an Timotheus: „Das ist recht und wohlgefällig vor Gott, unserem Retter; er will, dass alle Menschen gerettet werden und zur Erkenntnis der Wahrheit gelangen" (1 Tim 2,4-5).

Weil der Heilige Geist, der Geist der Wahrheit ist, macht die Annahme dieser Wahrheit lebendig. So ist Er der Beistand, der uns vom Vater gesendet wird. Er kann nichts lehren, was der Wahrheit entgegengesetzt wäre, denn Er ist Licht vom Licht und in Gott ist weder Lüge, noch Falschheit. Vielmehr führt Er hin zum Verstehen der ganzen Wahrheit.

Demut ist die dafür notwendige Voraussetzung. Dabei handelt es sich keineswegs um eine „Tugend der Schwachen", sondern – im Gegenteil – es geht um den Mut, sich der göttlichen Wahrheit unterzuordnen. Es braucht nämlich Mut, um den Eigenwillen hinten anzustellen und das Leben nach dem Willen Gottes auszurichten. Es geht um den Mut, für die Wahrheit Zeugnis abzulegen, „ob gelegen oder ungelegen" (2 Tim 4,2), an der gesunden Lehre festzuhalten (vgl. 2 Tim 4,3). Der Apostel Paulus weist in diesem Kontext darauf hin, dass eine Zeit kommen wird, in der man sich Lehrer nach eigenen Begierden sucht, die dem eigenen Ego schmeicheln und – so fügt er hinzu – „man wird von der Wahrheit das Ohr abwenden, sich dagegen Fabeleien zuwenden“ (2 Tm 4,4). Er weist darauf hin: „Du aber sei in allem nüchtern, ertrage das Leiden, verrichte dein Werk als Verkünder des Evangeliums, erfülle treu deinen Dienst!“ (2 Tim 4,5). Demut ist das Gegenteil von Schwachheit, diese Tugend steht für jene Menschen, die mutig an Gott festhalten und nichts diesem höchsten Gut vorziehen.

In Demut und mit dem Beistand des Heiligen Geistes

Wer sich mit dieser Haltung der Demut und des Empfangens dem Heiligen Geist nähert, der wird überreich beschenkt werden. Er erhält Anteil an den sieben Gaben des Heiligen Geistes. Vier davon richten sich an unseren Verstand und wollen nichts anderes bezwecken, als uns hinzuführen zu einem tiefen Verständnis der göttlichen Wahrheit. Dazu dienen: Weisheit, Einsicht, Rat und Erkenntnis. Die anderen drei Gaben des Heiligen Geistes richten sich an unseren Willen. Denn es genügt nicht, bloß mit dem Verstand die Gaben Gottes anzunehmen, sondern das als gut Gewusste, muss auch gewollt werden. Dazu dienen: Stärke, Gottesfurcht und Frömmigkeit.

Bitten wir den Heiligen Geist in diesen Tagen um seinen Beistand. Bitten wir inständig darum, er möge unseren Geist erleuchten und unseren Willen auf das ausrichten, was allein bleibt und erfüllt: die Gegenwart Gottes, deren Bedeutung wir in diesen Tagen zu ergründen suchen. Amen.

Referenten

Prof. Dr. Dr. h. c. mult. Gerhard Ludwig Müller

Bischof emeritus von Regensburg
Honorarprofessor an der Ludwig-Maximilians-Universität München

geb. 31.12.1947 in Mainz-Finthen, Studium der Theologie mit Promotion und Habilitation (1985). Er empfing die Priesterweihe 1978, war dann in der Pfarrseelsorge und in Schulen als Religionslehrer tätig. 1986 erhielt er den Ruf an die Ludwigs-Maximilians-Universität in München. Einen weltkirchlichen Auftrag nahm er mit seinen Gastprofessuren wahr, Gerhard Ludwig Müller war von 1998 bis 2003 Mitglied der Internationalen Theologischen Kommission im Vatikan. Er förderte die Ökumene in der Gemeinschaft der christlichen Glaubensbekenntnisse und erhielt zahlreiche Ehrungen für seinen Dienst in Lehre und Forschung. 2002 wurde er zum Bischof ernannt und geweiht. Im Jahr 2005 führte Bischof Müller aus kirchenrechtlichen und pastoralen Gründen eine Neuordnung des diözesanen Laienapostolates durch. Das Anliegen war die effizientere Gestaltung der Strukturen, sowie die vollständige Anpassung an das aktuelle Kirchenrecht (CIC 1983), um so das Laienapostolat in der Diözese ganz im Sinne des II. Vatikanischen Konzils weiter zu entwickeln und zu fördern.

Er gründete „das Institut Papst Benedikt XVI". Unter der Leitung von Prof. Dr. Rudolf Voderholzer, Professor für Katholische Dogmatik in Trier und gegenwärtig Bischof von Regensburg,, unterstützt es Bischof em. Müller bei der Herausgabe der gesammelten Werke Joseph Ratzingers.

Am 20.12.2007 berief Papst Benedikt Bischof Gerhard Ludwig in die Glaubenskongregation. Papst Benedikt hatte seine Wertschätzung der theologischen Arbeit Müllers mehrfach betont. So sei dessen Lehrbuch ‚Katholische Dogmatik' ein „Meisterwerk dieser Disziplin", in dem Müller die kritischen Fragen unserer Zeit durchdringe und Antworten finde, „die dem Glauben neue Gegenwartskraft verleihen".

Eine weitere Berufung aus Rom kam 19. Januar 2009 zum Mitglied im Päpstlichen Rat für die Kultur. 2014 wurde er zum Kardinal ernannt. Im Juni 2021 berief ihn Papst Franziskus für eine fünfjährige Amtszeit zum Mitglied des „Supremo Tribunale", der Apostolischen Signatur, also zum Richter am höchsten Kirchengericht.

Dr. Monika Born ist 1942 in Essen geboren. Sie studierte Germanistik und Pädagogik. Nach ihrem Studium wirkte sie als Erzieherin, Lehrerin und Fachleiterin für Deutsch. 1977 promovierte Frau Dr. Born in Pädagogik und erhielt Lehraufträge für Kinder- und Jugendliteratur an der Universität Essen. Von 1979 bis 2006 war sie Dozentin für Deutsch und Pädagogik am Institut für Lehrerfortbildung in Mülheim, einer Einrichtung der fünf Bistümer des Landes NRW. Von 1989 bis 2001 war sie Mitglied der Jury zum Kath. Kinder- und Jugendbuchpreis. Ihre Veröffentlichungen befassen sich mit Themen der Pädagogik, der Deutschdidaktik sowie der Kinder- und Jugendliteratur. Dr. Born war Bundesvorsitzende des Verbandes Deutscher Katholischer Lehrerinnen. In ihren Vorträgen greift sie gerne Themen katholischer Autoren auf. Veröffentlichungen u. a.: „Wegen der Kinder", Würzburg,, 2004; Jugendtrends – anpassen oder gegensteuern, Köln, 1994; Sexueller Missbrauch – ein Thema für die Schule?, Pfaffenweiler, Centaurus-Verl.Ges., 1994

2003: Kinder und Jugendliche brauchen Freiräume und Grenzen. Gewissensbildung bei jungen Menschen
2011: Konversion und literarisches Werk. Gertrud von le Fort
2016: Bekenner und Kämpfer für den Glauben. GK Chesterton
2018: Das Lied von Bernadette. Roman von Franz Werfel
2019: Georges Bernanos: Das Tagebuch eines Landpfarrers
Welt der Sünde – Welt der Gnade
2020: Feindesliebe verwandelt. Literarische Texte als Beispiele
2021:Der Weg des Konvertiten J.H. Newman in die katholische Kirche – in die wahre Freiheit – Was sagt er dazu in seiner „Apologia"?
2022: Martin Mosebach, ein Schriftsteller der Gegenwart und Zeuge des Glaubens?
2023 Josef Piepers Schriften – als notwendige Klärungsversuche – in Reaktion auf Konzil und Liturgiereform

„Das ist der von Benedikt XVI. immer wieder beklagte Relativismus, der heute konkret ist z. B. im Genderwahn, in der willkürlichen Veränderung der Sprache und des Geschlechts, in der Abwertung der Ehe von einem Mann und einer Frau, in Abtreibung und Euthanasie als angeblichen „Menschenrechten", leider auch in der Anmaßung, die Kirche, ihre Lehre und Liturgie in eigener Machtvollkommenheit konstruieren zu wollen."

Sr. Dr. Theresia Mende OP

Aufgewachsen ist Schwester Theresia Mende im Pfälzer Wald an der Grenze zu Frankreich. Schon in der Grundschule bewunderte sie eine Tante, die ebenfalls Dominikanerin war. Immer wieder schaute sie auf ein Foto, auf dem diese auf einem Esel durch eine schöne Gebirgslandschaft in Peru ritt – sie war dort in der Mission. „Das war eigentlich meine Motivation, aufs Gymnasium zu gehen, um später auch als Missionarin in Peru auf einem Esel reiten zu können."

Das Abitur legte Sr. Mende an der Edith-Stein-Schule in Speyer ab, die von Dominikanerinnen betrieben wurde. Anschließend studierte Sr. Theresia in Trier Diplom-Theologie und Lehramt für Deutsch an Gymnasien. Danach promovierte sie in katholischer Theologie über das Buch Ijob im Fach Alttestamentliche Exegese.

Eigentlich wäre sie gerne in die Mission gegangen, aber ihr Orden überzeugte sie, dass sie in Deutschland dringender gebraucht werde. An ihrer alten Schule arbeitete sie zuerst als Lehrerin, dann in den letzten 13 Jahren als Schulleiterin. 2010 wurde die Schule aus Mangel an Berufungen einer Stiftung übergeben.

Danach schickte sie der Bischof zurück in den Pfälzer Wald, in den kleinen Wallfahrtsort Maria Rosenberg. Dort baute sie mit zwei Schwestern ein geistliches Zentrum auf. 2015 wechselten die drei Schwestern ins Kloster Wettenhausen. Sr. Theresia empfindet es als großen Vertrauensbeweis, dass sich der Konvent bei der Wahl der Priorin für sie entschied.

Baulich ist das größte Problem der neuen Priorin die Renovierung des Ostflügels, wo sich der Kreuzgang befindet und die Klausur, wo die Schwestern wohnen. Die dafür veranschlagten zwölf Millionen werden aufgrund von Preissteigerungen vermutlich nicht mehr reichen. Obwohl es einen Geschäftsführer gibt, liegt die letzte Entscheidung über die baulichen Anliegen bei der Priorin und den drei Ratsschwestern.

Die neue Priorin widmet sich mit Optimismus dem gemeinschaftlichen Leben im Kloster. .und lässt sich gerne in Projekte einbinden, in denen sie den Heiligen Geist am Werk sieht, und der Ruf nach Arbeitern im Weinberg Gottes unüberhörbar ist.

Pfarrvikar Dr. Achim Dittrich wurde ab Mai 2020 der Seelsorgeeinheit Herz Jesu – St. Johannes in Weiden zugeteilt.

Dr. Dittrich ist am 28.8.1970 in Landau in der Pfalz geboren. 1990 legte er das Abitur ab und leistete anschließend den Wehrdienst. Ab 1991 studierte er Theologie in Münster, Rom und München.

Mit dem Pastoralkurs 1997-1999 in Speyer schloss er das Theologiestudium ab und bereitete sich auf die Priesterweihe am 19.06.1999 im Dom zu Speyer vor.

In der folgenden Kaplanszeit in Ludwigshafen und Pirmasens wurde er vertraut mit städtischer Seelsorge. Als Pfarrer wurde er danach in Hütschenhausen, St. Ingbert, und Otterberg eingesetzt.

Er ließ sich zu einem Promotionsstudium freistellen und wurde zum Dr. theol. in Bonn 2009 promoviert.

Seit März 2020 erhielt er als Mariologe die Stelle als wissenschaftlicher Mitarbeiter am Institutum Marianum in Regensburg und wurde als Pfarrvikar zur seelsorgerlichen Mitarbeit in Weiden, Herz Jesu und St. Johannes eingesetzt.

2023 organisierte er eine Wallfahrt „Maria in Böhmen“ und führte so eine stattliche Anzahl von Wallfahrern an kirchlich bedeutende Stätten, die als Marienwallfahrtsorte zugleich der Völkerverständigung dienen.

Prälat Prof. Dr. Helmut Moll

Beauftragter der Deutschen Bischofskonferenz für das Martyrologium des 20. Jahrhunderts

Geboren in Euskirchen 1944, Studium der Kath. Theologie und Geschichte in Bonn, Tübingen, Rom, Regensburg und Münster, Promotion 1973 bei Prof. Dr. Joseph Ratzinger in Regensburg.

Priesterweihe 1976, 1984 bis 1995 im Dienst der römischen Kurie, 1993 bis 2004 zusätzlich theologischer Konsultor für die Selig- und Heiligsprechungsverfahren; seit 1998 Beauftragter für Selig- und Heiligsprechungsverfahren im Erzbistum Köln. Ab 1996 Beauftragter der Deutschen Bischofskonferenz für das Martyrologium des 20. Jahrhunderts;

2004 Professor für Exegese und Hagiographie an der Wissenschaftlichen Hochschule, Gustav-Siewerth-Akademie, in Weilheim– Bierbronnen.

Seit 2015 ist Moll Mitglied im wissenschaftlichen Beirat der Görres-Gesellschaft.

Epochales Werk:

Zeugen für Christus, 2 Bde„Martyrologium des 20. Jahrhunderts,
Verlag Ferdinand Schöningh. ISBN 978-3-506-78012-6

„Die Kirche sah sich immer wieder der Verfolgung ausgesetzt. Die Märtyrer starben erstens eines gewaltsamen Todes, sie starben zweitens wegen ihres Bekenntnisses zu Christus und drittens, nicht einmal der nahe Tod hatte sie davon abbringen können, ihren Feinden zu verzeihen und sie zu lieben. So starben die Märtyrer wie Christus. Das deutsche Martyrologium hat deshalb den Titel „Zeugen für Christus“ gewählt. Die Verehrung der Märtyrer gilt daher im Letzten auch nicht ihrer Person, sondern demjenigen, als dessen Zeugen sie starben, nämlich Christus selbst.“

2006 Die Lehre von der Eucharistie als Opfer in den beiden ersten christlichen Jahrhunderten.

2018 Das christliche Martyrium im Spiegel seiner theologischen Kriterien.

2019 Heilige Ehepaare als Vorbilder für gebrochene Biografien von heute.

2020 „Die Liebe ... muss so in uns brennen, dass sie sogar die natürliche Todesfurcht überwindet“ (hl. Augustinus). Martyrium als Ausdruck christlicher Freiheit.

2021 Zeugen für Christus. Missionare und Missionarinnen in Asien aus dem deutschen Martyrologium des 20. Jahrhunderts

2022 „Die allgemeine Berufung zur Heiligkeit“ nach Lumen Gentium und die Heiligsprechung deutscher Glaubenszeugen in nachkonziliarer Zeit.

Prof. Dr. Marius Reiser (*1954) ist Professor für Neues Testament und war im Katholischen Fachbereich der Johannes-Gutenberg Universität in Mainz von 1991-2009 tätig. Wegen des Bologna-Prozesses, durch den er Lehre und Forschung an der Universität eingeengt und eingeschränkt sieht, hat er die Universität verlassen. Er forscht weiterhin in seinem Fachbereich und hält wissenschaftliche Vorträge in Akademien, Bildungsstätten und religiös engagierten Gemeinschaften. Seine Forschungsschwerpunkte sind Philologie, hellenistische Umwelt und Eschatologie des Neuen Testaments. Er verfasst zahlreiche Rezensionen, Aufsätze, Lexikonartikel und Monographien. Seine Veröffentlichung 2021: Und er wurde vor ihren Augen verwandelt, Herder-Verlag ISBN-10 3451391600

„Ein gründlicher Blick in die Geschichte macht demütig. Die Maria des Magnifikats hat einen solchen Blick getan und gilt der gesamten christlichen Tradition als Muster der Demut, ja als die Demütigste der Demütigen.“

Benedikt XVI., Jesus von Nazareth, Bd II, S. 11: „Besonders wichtig scheint mir das Buch *Bibelkritik und Auslegung der Heiligen Schrift (2007)* von Marius Reiser, der eine Reihe von vorher veröffentlichen Aufsätzen aufnimmt, zu einem Ganzen formt und wichtige Orientierungen für neue Wege der Exegese bietet, ohne das bleibende Bedeutende der historisch-kritischen Methode aufzugeben. ...Natürlich ist diese Verbindung zweier ganz unterschiedlicher Weisen von Hermeneutik eine immer neu zu bewältigende Aufgabe. Aber sie ist möglich, und durch sie werden in einem neuen Kontext die großen Einsichten der Väter-Exegese wieder zur Wirkung kommen können, wie gerade das Buch von Reiser zeigt.“

2016 Was geht uns die Apokalypse an
2017 Demut und Geschichte im Magnificat der niedrigen Magd
2018 Weltliches Christentum nach John Henry Newman
2019 Die Neugestaltung von Ehe und Familie im frühen Christentum
2021 Jesus und die Kinder
2022 Die Jungfrau von Orléans und ihre Tugenden
2023 Die Befreiung der katholischen Exegese im 20. Jahrhundert

Pfarrer Wolfgang Tschuschke

ist 1948 in Göttingen geboren. Er absolvierte das Studium der ev. Theologie in Göttingen, Tübingen und Heidelberg. 1976 erhielt er die Ordination als lutherischer Hilfspfarrer und Pfarrer in Sibbesse bei Hildesheim. Er ist verheiratet und seiner Familie sehr verbunden. Nach 10 Jahren im Dienst der evangelischen Kirche entschied er sich 1986 zur Konversion. Nach einer Übergangszeit in Behringersdorf bei Nürnberg erhielt er 1991 die Priesterweihe. Danach wurde er mit verschiedenen Seelsorgsaufgaben in der Erzdiözese Bamberg betraut. Ab 2004 übernahm er die Seelsorge im Klinikum am Bruderwald in Bamberg und wirkte dort bis zu seiner Emeritierung 2018. „Meine Grunderfahrung als evangelischer Pfarrer und katholischer Priester: Der Priester wird in ganz anderem Maß in Anspruch genommen, und zwar durch Gebet und Gottesdienst und von den Gläubigen." Im Protestantismus gibt es hier keine Verpflichtungen. Freilich soll ein Pfarrer ein Leben des Gebetes führen und mit der Heiligen Schrift leben. Aber er hat keine verpflichtende Regel."

2020: Leitplanken auf dem Weg – Gebote (Dekalog, Kirchengebote und Hauptgebot der Liebe) als Schutz für die Freiheit
2022 Die lichtreichen Geheimnisse des Rosenkranzes
2023 „... die katholische Kirche in ihrer Autorität und Präzision"(Romano Guardini) – Religiös gegründeter Gehorsam des Willens und Verstandes gemäß den Weisungen des Zweiten Vatikanischen Konzils.

Am Kreuz zeigt sich die Ablehnung Jesu als Herrn, Christus und Sohn Gottes. „Er aber erträgt diese Ablehnung und gibt sich in den Tod, nimmt den Tod auf sich. Damit erweist er sich als der Gottesknecht, den der Prophet Jesaja verkündet hat. „Mein Knecht, der gerechte, macht die vielen gerecht; er lädt ihre Schuld auf sich" (Jes 53,11). Jetzt zeigt sich, dass das, was Mose in den kultischen Bestimmungen des Gesetzes verkündet hat, seinen Sinn nicht in sich selbst hatte. Vielmehr war es Vorausbild. Am Kreuz wird das mosaische Kultgesetz erfüllt und kommt damit an sein Ende. Tieropfer und Tempelgottesdienst sind jetzt Vergangenheit. Das Blut Christi besiegelt den Neuen Bund. Jetzt gilt ein neuer Kult. Beim Letzten Abendmahl setzt Jesus, der Herr, ihn ein: „Nehmt und esst, das ist mein Leib … das ist das Blut des Neuen und ewigen Bundes."

Prof. Dr. Dr. Ralph Weimann, geboren 1976 in Bremen als zweites von sieben Kindern, ließ sich nach dem Abitur zum Reserveoffizier für die deutschen Fallschirmjäger ausbilden. Anschließend absolvierte er ein Studium der *Humanities* am Cheshire College (USA) mit dem Diplom. Es folgte ein zweijähriges Pastoralpraktikum in Mexiko-Stadt. 2004 erwarb er den Bachelor in Philosophie am Pontificio Ateneo *Regina Apostolorum* in Rom. Das Studium der katholischen Theologie schloss er 2006 mit dem Diplom an der KU Eichstätt ab. Im selben Jahr erfolgte die Diakonatsweihe. Nach seiner Priesterweihe 2007 promovierte er 2010 zum Thema „Dogma und Fortschritt bei Joseph Ratzinger". 2013 erwarb er einen weiteren Doktorgrad in Bioethik mit dem Thema „Bioethik in einer säkularisierten Gesellschaft. Ethische Probleme der Präimplantationsdiagnostik". Seit 2008 doziert Ralph Weimann vor allem an der Päpstlichen Universität des Heiligen Thomas von Aquin (*Angelicum*), und der Internationalen Online-Universität *Domuni*. Seit 2008 ist Ralph Weimann Mitglied im „neuen Ratzinger Schülerkreis" und in der Görresgesellschaft. Er hat das einjährige Studium (Master/Diplom) der Theologie J. Ratzingers/Benedikt XVI. bereits zweimal in Rom organisiert. Seit 2015 ist Ralph Weimann Militärpfarrer im Nebenamt für die deutschen Soldaten und deren Familien in Italien.

Publikationen :

„Wegweisung für verunsicherte Christen" (erschienen Juni 2021 im Fe-Medienverlag). ISBN-13: 9783717113348

Dogma und Fortschritt bei Joseph Ratzinger. Prinzipien der Kontinuität. (Deutsch) Taschenbuch. ISBN-10: 3506773755

Bioethik in einer säkularisierten Gesellschaft. Ethische Probleme der PID (Politik- und Kommunikationswissenschaftliche Veröffentlichungen der Görres-Gesellschaft) (Deutsch) Taschenbuch ISBN-10: 9783506782748

„Unter Mariens Schutz und ihrem Beispiel folgend, wird es möglich sein, die großen Herausforderungen unserer Zeit zu meistern und den Blick vertrauensvoll auf den Herrn zu richten. Denn die Welt braucht Gott und die Zeugen aus seiner Kirche."

2019 Kirchenkrise – Glaubenskrise. Lösungsansätze und Sackgassen
2021 Glaubensweitergabe heute. Worauf es wirklich ankommt.
2021 Ort der Sehnsucht und Geborgenheit: die Kirche
2022 Der Glaube und die Kirche – notwendig für das ewige Leben
2023 Schwierigkeit mit der richtigen Interpretation des Konzils. Ursachen, Hintergründe und Lösungsansätze